中国人民大学研究报告系列

中国对外贸易环境与贸易摩擦研究报告

2018

REPORT ON FOREIGN TRADE ENVIRONMENT AND TRADE FRICTIONS OF CHINA

王孝松 著

中国人民大学出版社
· 北京 ·

总　序

陈雨露

当前中国的各类研究报告层出不穷，种类繁多，写法各异，成百舸争流、各领风骚之势。中国人民大学经过精心组织、整合设计，隆重推出了由人大学者协同编撰的研究报告系列。这一系列主要是应用对策型研究报告，集中推出的本意在于，直面重大社会现实问题，开展动态分析和评估预测，建言献策于咨政与学术。

"学术领先，内容原创，关注时事，咨政助企"是中国人民大学研究报告系列的基本定位与功能。研究报告是一种科研成果载体，它承载了人大学者立足创新，致力于建设学术高地和咨询智库的学术责任和社会关怀；研究报告是一种研究模式，它以相关领域的指标和统计数据为基础，评估现状，预测未来，推动人文社会科学研究成果的转化应用；研究报告还是一种学术品牌，它持续聚焦经济社会发展中的热点、焦点和重大战略问题，以扎实有力的研究成果服务于党和政府以及企业的计划、决策，服务于专门领域的研究，并以其专题性、周期性和翔实性赢得读者的识别与关注。

中国人民大学推出研究报告系列，有自己的学术积淀和学术思考。我校素以人文社会科学见长，注重学术研究咨政育人、服务社会的作用，曾陆续推出若干有影响力的研究报告。譬如自2002年始，我们组织跨学科课题组研究编写的《中国经济发展研究报告》《中国社会发展研究报告》《中国人文社会科学发展研究报告》，紧密联系和真实反映我国经济、社会和人文社会科学发展领域的重大现实问题，十年不辍，近年又推出《中国法律发展报告》等，与前三种合称为"四大报告"。此外还有一些不同学科的专题研究报告也连续多年出版，在学界和社会上产成了一定的影响。这些研究报告都是观察分析、评估预测政治经济、社会文化等领域的重大问题的专题研究，其中既有客观数据和事例，又有深度分析和战略预测，兼具实证性、前瞻性和学术性。我们把这些研究报告整合起来，与中国人民大学出版资源相结合，再进行新的策划、征集、遴选，形成了这个研究报告系列，以期放大规模效应，扩展社会服务功能。这个系列是开放的，未来会依情势有所增减，动态成长。

中国人民大学推出研究报告系列，还具有关注学科建设、强化育人功能、推进协同创新等多重意义。作为连续性出版物，研究报告可以成为本学科学者展示、交流学术成果的平台。编写一部好的研究报告，通常需要集结力量，精诚携手，合作者随报告之连续而成为稳定团队，亦可增益学科实力。研究报告立足于丰厚素材，常常动员学生参与，而这可使他们在系统研究中得到学术训练，增长才干。此外，面向社会实践的研究报告必然要与政府、企业保持密切联系，关注社会的状况与需要，从而带动高校与行业、企业、政府、学界以及国外科研机构之间的深度合作，收“协同创新”之效。

为适应信息化、数字化、网络化的发展趋势，中国人民大学的研究报告系列在出版纸质版本的同时将开发相应的文献数据库，形成丰富的数字资源，借助知识管理工具实现信息关联和知识挖掘，方便网络查询和跨专题检索，为广大读者提供方便适用的增值服务。

中国人民大学的研究报告系列是我们在整合科研力量，促进成果转化方面的新探索，我们将紧紧把握时代脉搏，敏锐捕捉经济社会发展的重点、热点、焦点问题，力争使每一种研究报告和整个系列都成为精品，都适应读者的需要，从而打造高质量的学术品牌、形成核心学术价值，更好地承担学术服务社会的职责。

目录

第一章 “新常态”“逆全球化”与世界贸易规则重构

第一节 国内背景

一、中国经济步入“新常态”

自改革开放以来，中国经济发展取得了举世瞩目的成就，但由于受到2008年金融危机等诸多因素的影响，中国的经济增速在2011年之后明显呈现下行趋势。从历史数据看（见图1-1），在2012年之前，国内生产总值（GDP）增速仅有3次连续2～3年低于8%，这3次分别在1979—1981年、1989—1990年、1999—2001年，而这3次回落主要是因为受到外部短期因素的干扰，每次过后GDP又回到了高速增长的轨道上。2013年，我国GDP增速再次跌破8%，至2016年GDP增速为6.9%，经济增速并未像之前3次回升至10%左右的水平，这表明这次降速与之前有所区别，我国正在进入经济增速换挡期。现阶段，在国内资源环境约束加强、国际经济复苏依旧不稳定的双重压力下，中国经济正从高速增长转向中高速增长、从规模速度型粗放增长转向质量效率型集约增长、从要素投资驱动转向创新驱动，中国经济已步入“新常态”。

从中国经济发展的阶段性特征和趋势性变化来看，中国经济进入“新常态”是指中国经济向形态更高级、分工更复杂、结构更合理的阶段演化，经济发展方式更加合理，质量效率型集约增长成为主体；经济结构更加优化，服务业和消费需求逐步成为主体；经济发展动力更加强劲，创新驱动成为经济增长的主体；经济发展目标更加科学，广大民众成为享受发展成果的主体。

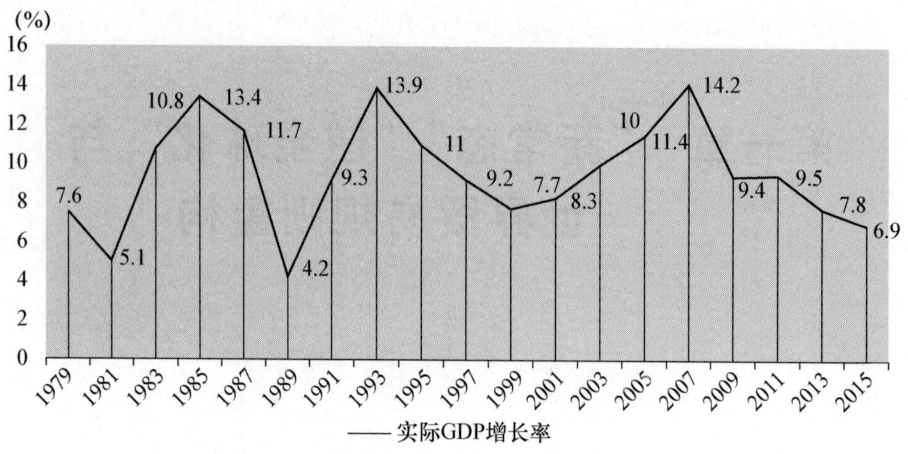

图 1-1　历年中国经济增速（1979—2015 年）

中国经济“新常态”的核心是中国经济进入“新常态”面临的挑战及其对策，主要任务是推进经济转型升级，宁可主动将增长速度降下来一些，也要从根本上解决经济长远发展问题，把提高增长质量和可持续发展能力放在第一位。从时间维度上看，“新常态”指的不是短期的一两年，也不是长期的二三十年，而是一个中期的概念。总体来看，“新常态”的特征可主要概括为以下四个方面：中高速、优结构、新动力、多挑战。

首先，从经济增速角度来看，我国的经济增速换挡回落，从之前 10%左右的高速增长转为 7%左右的中高速增长。环顾世界，一个经济体在经历了一段时期的高速增长后，通常会出现经济增速一定程度回落的现象。例如：日本 GDP 在 1950—1972 年，以年均 9.7%的增速高速增长，但在 1973—1990 年，经济增速降为 4.3%；韩国 GDP 在 1961—1996 年，年均增速为 8.0%，而在 1997—2012 年，年均增速下降为 4.0%；中国台湾地区 GDP 在 1952—1994 年，年均增速为 8.6%，而 1995—2013 年，年均增速仅为 4.2%。由此可见，我国的经济增速回落符合历史规律，但又与其他经济体有所区别，经济增速并未快速回落至 4%的中速挡，而是回落至 7%左右的中高速挡。经济增速换挡回落是“新常态”的特征之一。

其次，从结构层面来看，我国的经济正发生全面而深刻的变化，经济结构不断优化升级，第三产业逐步成为产业主体（见图 1-2）。2013 年，中国的产业结构出现了历史性的转变——第三产业的增加值占 GDP 的比重达 46.7%，首次超过第二产业，标志着中国经济正式迈入“服务化”时代。2015 年，这一比例攀升至 50.2%，而美国等发达国家服务业的增加值已占 GDP 的 80%以上。“新常态”下，我国产业结构由中低端向中高端提升将是长期发展趋势。

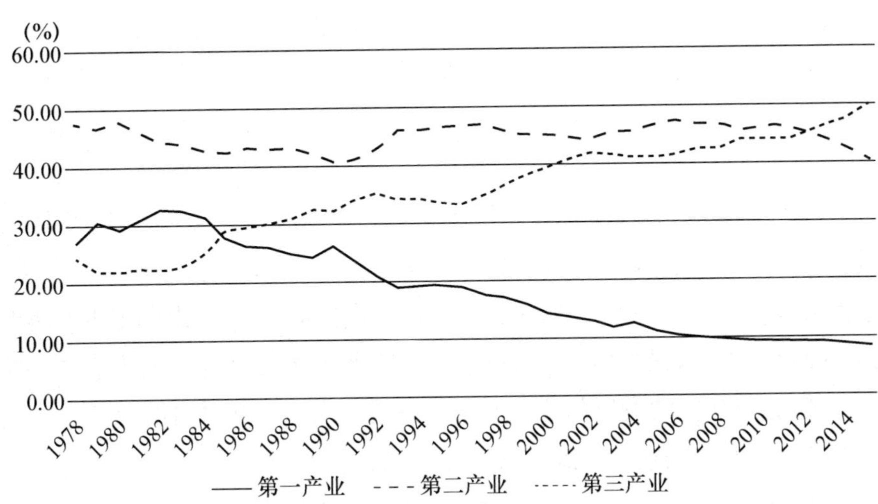

图 1-2　三次产业构成（占 GDP 的比重）

再次，从增长动力角度看，随着我国劳动力成本、资源成本、环境成本等的上扬，依赖低要素成本驱动的传统经济发展方式已难以为继，必须把发展动力转移到科技创新上来。“新常态”下，如果实施创新驱动战略，经济增长速度就可能会放缓，因为要为结构调整腾出空间、留出时间。

最后，从风险层面看，“新常态”下面临更多新挑战。当前，世界形势复杂多变，一些不确定性风险逐渐显性化。一方面，“逆全球化”浪潮、民粹主义、地方保护主义兴起，美元进入实质性加息通道，种种因素迫切要求我国在公平合理的国际政治经济新秩序的构建上增加更多的话语权，也对我国发展对外贸易、加强国际合作提出了新的挑战；另一方面，国内房地产去库存任务依然艰巨，企业债务风险、金融风险等潜在风险仍然存在，如何有效发挥政策合力，防止资本脱实向虚，使实体经济健康发展，也是当前面临的严峻挑战。

二、“新常态”下中国经济发展的总体形势

（一）经济发展面临多重挑战

2008 年金融危机席卷全球，给世界经济的发展造成了极大的冲击和破坏。受世界经济周期的影响，2010 年后中国经济增速下降明显。国内方面，人口红利、成本优势等支撑经济高速增长的因素不断减弱。总体来看，虽然 2016 年中国经济延续企稳的态势，信贷、通胀和投资均有所回升，但现阶段中国的经济发展仍面临

内外部多重挑战。

从外部因素看，受2008年金融危机的影响，世界经济复苏乏力。美国大力推行“制造业回归”以促进制造业回暖，日本实施“安倍经济学”促使日元贬值，而欧元区则深陷主权债务危机泥淖而无法自拔，主要贸易伙伴的经济情况不佳，使得中国的出口受到严重打击。与此同时，一些国家贸易保护主义、民粹主义重燃，受国内经济基本面不佳的影响，“逆全球化”浪潮抬头。英国脱欧、美国大选特朗普上台都是“逆全球化”的重要标志。各国为了刺激国内经济，尤其是实体经济的发展，纷纷采取各类贸易保护以及非关税壁垒等措施，加大了中国产品进入国际市场的难度。

从国内因素看，国民经济生产总成本较前期有较大提升，主要表现在四个方面：第一，伴随着社会的发展与收入水平的提升，劳动力成本不断上升，人口红利在下降，人口结构老龄化，社保、公积金等支出大幅提高；第二，在自然资源方面，虽然我国地大物博、资源丰富，但人均资源禀赋较低，现阶段土地、能源、原材料等价格均有不同程度的上涨，资源稀缺性更加显著；第三，在环境保护方面，由于改革开放初期经济较落后，经济发展是第一要务，我国对环境保护的重视程度不足，随着生活质量的提高，居民对环境的要求越来越高，环境保护成本大幅上升；第四，在技术创新方面，前期我国的技术水平较落后，主要依靠技术模仿，但随着技术飞速进步，加之知识产权保护逐渐严格，技术创新需要投入更高的研发成本，技术进步的成本也在上升。

（二）供给侧改革势在必行

改革开放初期，我国经济面临的主要问题是短缺，即供给不足。因此，供给与需求的矛盾更多地表现在供给总量方面，供给侧是矛盾的主要方面。随着我国经济步入“新常态”，在供给与需求的矛盾中，供给侧再次成为矛盾的主要方面。其主要原因在于，传统粗放型供给模式不能满足现阶段的消费与投资需求，制约了全要素生产率的提高，加剧了供给与需求总量和质量的矛盾。

当前，供给侧结构性改革的任务是“三去一降一补”，即去库存、去杠杆、去产能、降成本、补短板。第一，去库存。去库存主要针对房地产市场，房地产库存主要在三、四线城市，而城镇化的未来趋势是特大城市群，这导致了房地产供给的区域错配。从长远角度看，加快中西部城市群的建设应作为主要方向。为了化解三、四线城市的房地产危机，需要在中西部地区加大城市群建设力度，将空间开发的指导思想从区域开发向城市群建设转移。通过城市群辐射周边，将中西部城市缺乏中心的网状格局向星形格局转变，以中心带动周边，促进市场繁荣。第二，去杠杆。去杠杆主要针对金融市场，当前我国企业的负债率水平较高，蕴含了较大的金融风险，我国现阶段高杠杆率的主要原因是生产关系与生产力不相适应。一方面，要以推进利率市场化和宏观审慎监管不断完善市场机制；另一方面，要加快完善股市的制度建设，对过剩产能的债务可以通过减记、债转股等方式处理，在企业的重组过程中合理安排债务，提升企业经济绩效。第三，去产能。中国现阶段的产能过剩一方面与世界经济下行导致出口增长乏力有关，另一方面也与现阶段的生产结构不能充分挖掘并适应大众的需求有关。因此，去产能需要依靠市场化的手段加以解决，淘汰落后产能，升级产业结构；同时建立健全社会保障机制，对去产能过程中出现的失业与僵尸企业所引发的金融风险进行有效控制与防范。第四，降成本。随着生活质量的提高、收入水平的提升，现阶段我国人工成本、资源成本、环境成本较前阶段有较大提升。因此，降成本要以两个方面为切入点：一方面要优化政府管理，提高管理效率，营造良好的市场环境与经营环境，激发微观市场主体的积极性与创造性；另一方面要推进税制改革和完善收费机制，切实降低企业税费负担。第五，补短板。就产业角度来说，不合理的规章制度是短板的所在之处，不完善的制度以及不良的市场环境导致全社会自主创新的动力不足，内生性的自主创新机制难以形成。政府一方面要构建一个良好的知识产权保护的机制，有效地保护专利；另一方面要完善市场机制，创造公平竞争的环境，激发企业家的创新精神以及微观市场主体自主创新的动力。

（三）“一带一路”为经济发展提供新机遇

中国国家主席习近平在2013年9月和10月分别提出建设“丝绸之路经济带”和“21世纪海上丝绸之路”的战略构想。“一带一路”倡议是以中国与“一带一路”沿线国家和地区既有的区域合作平台为依托，高举和平与发展的旗帜，更加主动地发展与沿线国家和地区的经济合作伙伴关系，共同打造政治互信、经济融合、文化包容的利益共同体、命运共同体和责任共同体。“一带一路”倡议不仅为中国与沿线国家和地区之间提供了商业贸易与经济合作的平台，也为区域的政治互动、文化沟通提供了有效的渠道。

在当前的全球政治经济形势下，西方发达国家民粹主义兴起，贸易保护主义复燃。美国作为近年来全球政治经济发展的引领者，其国民本身就具有较强的主权意识与民族优越感，“美国主义”论调在特朗普赢得大选后占据了舆论制高点。作为世界上最大的发达国家和第一大经济体，美国如果与全球化的理念背道而驰，无疑会使未来的世界经济走向面临巨大的风险与不确定性，为全球化、区域化的深度合作蒙上阴影。此外，虽然改革开放后中国通过参与全球化，国际地位稳步提升，但作为全球化主要动力的中国企业却缺乏西方跨国公司的金融和法律支撑体系，并且中国企业在走向世界的过程中，常常受到西方国家制定的“游戏规则”的限制。中国一向秉承互利共赢、多元共生的价值观，在国际政治经济秩序中获得更多的话语权，既是中国自身的需要，也符合世界大多数国家发展的利益。现阶段，世界贸易组织（WTO）对制定国际贸易规则力不从心，形形色色的贸易保护措施层出不穷。“一带一路”倡议不仅有利于中国进一步走向世界，在国际贸易规则的制定中增加话语权，而且为中国经济的发展提供了新的动力。

三、国内主要宏观经济指标研判

（一）固定资产投资

2007年以来，我国的固定资产投资总额呈现稳定上升趋势，但2011年之后增速回落明显（见图1-3）。面临去产能和去库存的压力，制造业投资与房地产投资增速放缓。实体经济利润不佳，民间投资热情不能有效激发。基建投资成为未来拉升投资的主要因素，但亦难以改变整体投资增速放缓的势头。

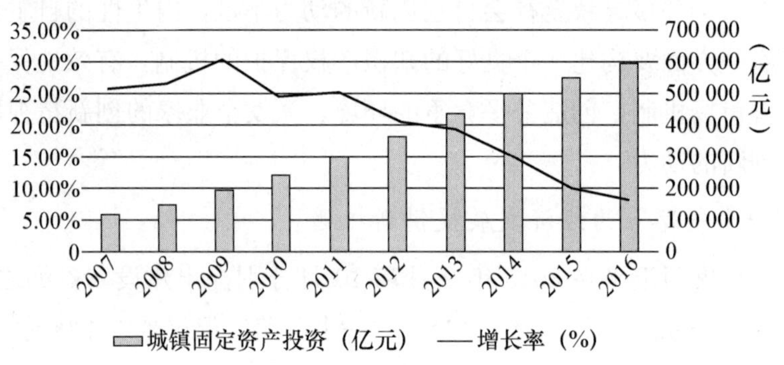

图1-3　固定资产投资

资料来源：国家统计局。

（二）消费

2007年以来，消费增速稳中趋缓（见图1-4）。2016年，社会消费品零售总额为332 316亿元，与上年相比增长10.4%。其中，限额以上单位消费品零售额为154 286亿元，比上年增长8.1%。在现阶段，就业及居民收入平稳增长，居民消费倾向与消费信心相较于金融危机时有所恢复。具体来看，作为传统消费热点，汽车消费保持较快增长，住房消费增速有所回落。在政府实行乘用车购置税减半和促进二手车便利交易等政策的刺激下，汽车消费有望保持较快增长。但伴随商品房销售回暖势头暂缓，家具和建筑装潢类等与住房有关的消费增速也将趋于回落。同时，网上零售等新兴消费业态将保持快速增长。

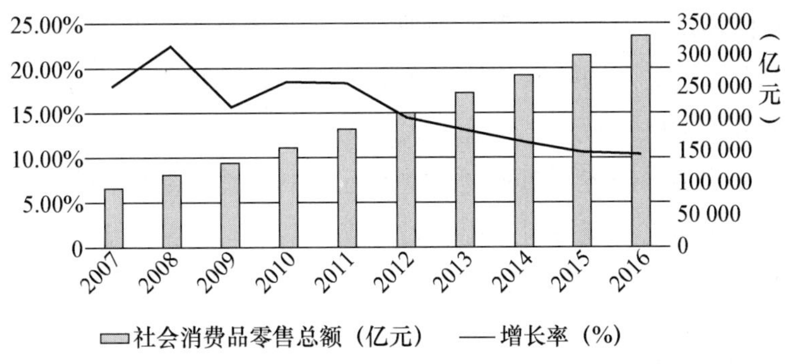

图 1-4 消费

资料来源：国家统计局。

（三）进出口

2008 年金融危机后，受内外需求疲软的影响，外贸整体表现低迷，出口增速放缓，且 2015 年和 2016 年连续两年出口总额负增长（见图 1-5）。从进出口总额方面看，金融危机后增速缓中趋稳。进出口差额方面，长期看依然维持增长趋势，2016 年比 2015 年略有下降。2016 年，尽管个别月份增速由于季节性及基数因素的影响出现剧烈波动，但整体维持弱势。总体来看，全球经济复苏动能趋弱，地缘政治纷争、发达国家民族主义和民粹主义兴起，贸易保护主义愈演愈烈。虽然人民币汇率小幅走低有利于刺激出口，但难以扭转出口颓势。

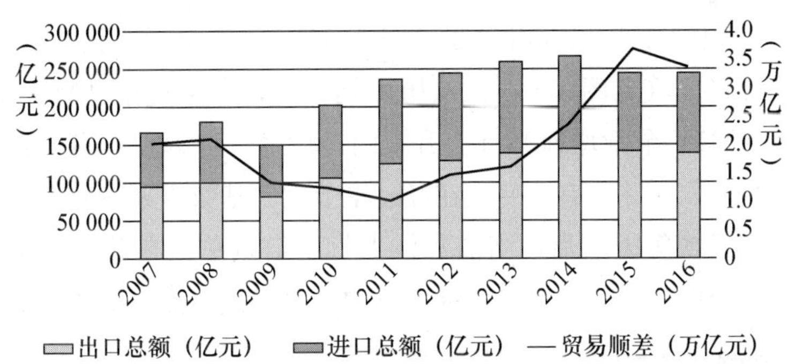

图 1-5 进出口总额与贸易顺差

资料来源：国家统计局。

（四）价格指数

2016 年全年居民消费价格指数（CPI）和工业品出厂价格指数（PPI）分别为 2.0%和−1.4%，从图 1-6 中可以发现，CPI 与 PPI 在 2010 年经历了波动后已经趋稳，没有出现市场所担心的滞胀。具体来看，非食品价格上涨是 CPI 上升的主要因素，食品价格环比增速远低于季度增速。非食品价格上涨与 PPI 大幅回升有关，特别是与油价上涨有关，国际原油价格在 2016 年 12 月创全年新高。蔬菜价格略有下降，猪肉价格基本保持平稳。受益于大宗商品价格上涨，2016 年 PPI 有所回升，有利于企业盈利改善和经济预期修复。重点行业中，黑色金属冶炼和压延加工、石油加工、化学原料和化学制品制造业涨幅均较上年增大；煤炭开采和洗选、有色金属冶炼和压延加工、非金属矿物制品业涨幅较上年有所回落。

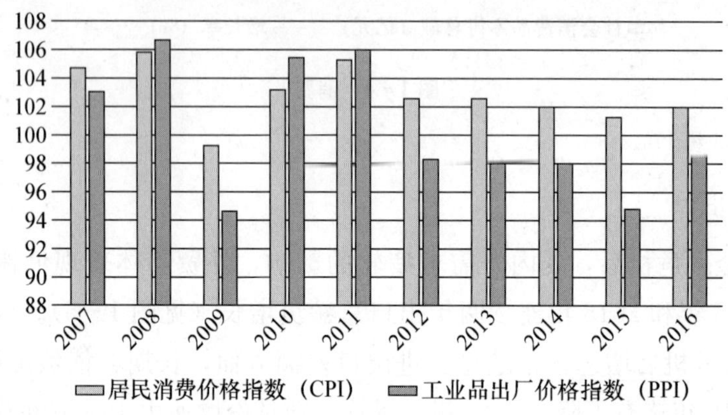

图 1－6　价格指数

资料来源：国家统计局。

（五）货币供应

2016 年，我国广义货币（M2）供应量为 155.01 万亿元，狭义货币（M1）供应量为 45.43 万亿元（见图 1－7）。从历史趋势看，广义货币（M2）余额增速放缓，狭义货币（M1）余额增速略有上升，两者增速“剪刀差”有所扩大。总体来看，稳健货币政策取向并没有改变，在经过季节性、基数因素调整并考虑地方政府债券发行和债务置换等因素后，当前总体上货币信贷总量在总体上正常且保持平稳，银行体系流动性合理、充裕，各种市场利率也保持在低位平稳运行。

（六）社会融资规模

2016 年，我国社会融资规模为 15.6 万亿元（见图 1－8），比 2015 增长 1.25%。从历史数据看，2012 年后我国社会融资规模总体趋稳。具体来看，受表外融资转表内和监管层加强票据市场规范监管的影响，人民币贷款在社会融资规模增长中的主力地位更为凸显，表外融资进一步萎缩。除人民币贷款外，企业债券净融资也是拉动社会融资规模增长的重要力量，人民币贷款和企业债券净融资分别约占社会融资规模增量的 75%和 18%。

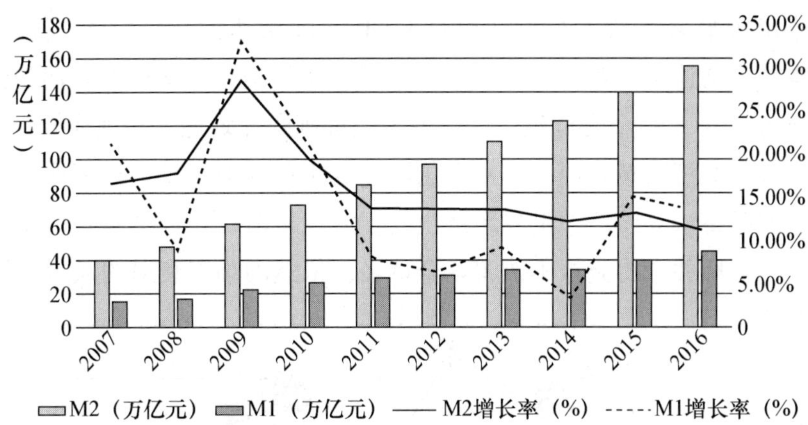

图 1-7 货币供应

资料来源：国家统计局。

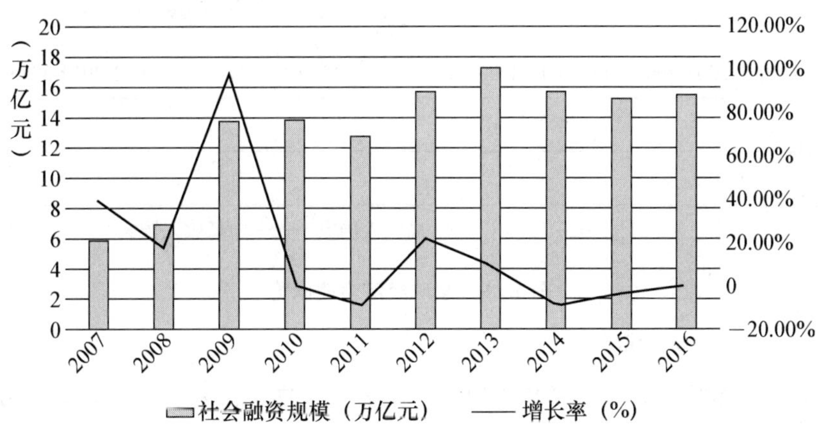

图 1-8 社会融资规模

资料来源：国家统计局。

第二节 国际背景

一、世界经济总体运行情况

（一）金融危机后全球经济缓慢复苏

2007 年 8 月美国次贷危机爆发，2008 年 9 月，危机失控引发了金融机构震荡，对实体经济造成了巨大冲击并蔓延全球，引发了全球金融危机，给世界经济造成了沉重的打击。根据国际货币基金组织（IMF）的调查报告，金融危机发生后，世界经济增长率出现显著下滑，2009 年全球 GDP 实际增速为－1.74%（见图 1－9）；其中，欧盟经济增速为－4.38%，高收入国家经济增速为－3.42%，而中低收入国家经济增速为 2.36%。金融危机以后，各国经济刺激计划逐步显现成效，全球经济增速缓慢回升，经济回暖，但整体水平仍明显低于危机前水平，这表明全球经济正处于较长期的调整恢复阶段。世界经济正处于后危机时代，经济运行的不确定性因素增加，整体环境并未得到根本改善，全球经济依然面临着衰退的风险。

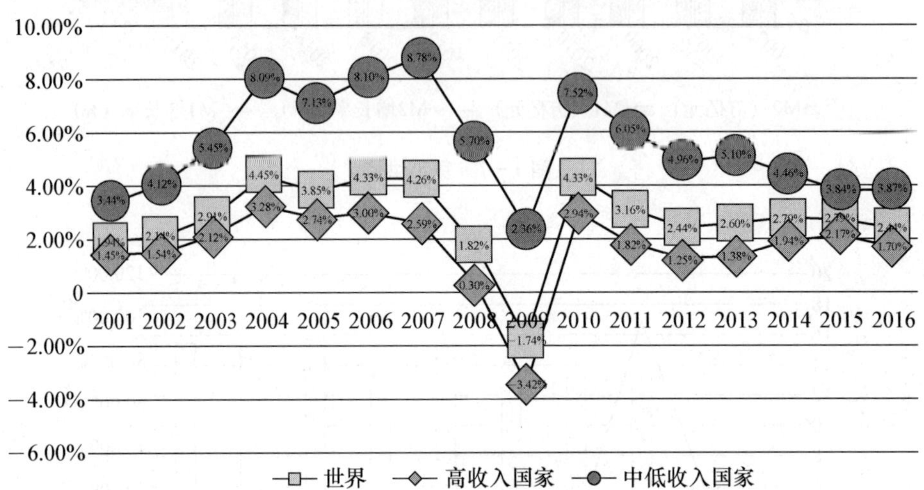

图 1－9 全球经济增速概览

资料来源：世界银行统计数据库。

受金融危机的影响，全球贸易也出现了大幅度的波动。图 1－10 显示了 2001—2016 年全球商品贸易和服务贸易情况。从图中可以发现，2009 年之前，商品贸易和服务贸易

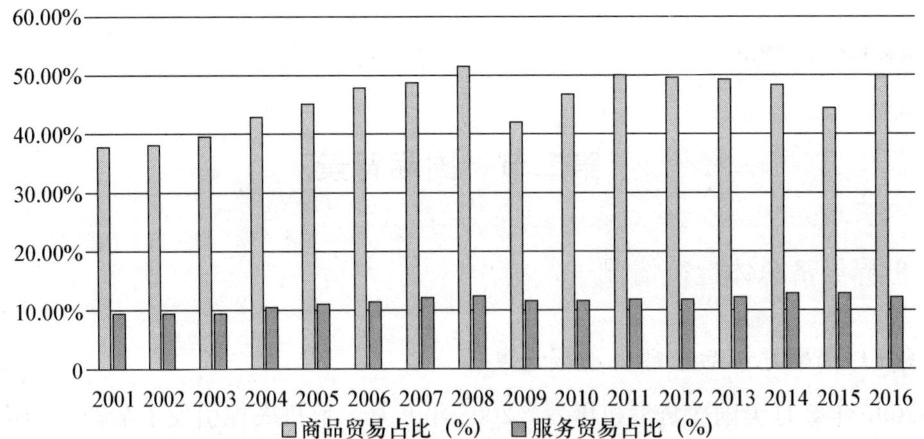

图 1－10 商品贸易、服务贸易占 GDP 的比重

资料来源：世界银行统计数据库。

占 GDP 的比重呈现稳定上升趋势，而金融危机爆发后，全球商品贸易和服务贸易出口出现了大幅度的缩水。据世界银行的报告，2009 年的贸易总量缩水幅度超过 20％，而随后几年的出口增长率则出现了较大幅度的波动，商品贸易额占 GDP 的比重也在 40％和 50％之间震荡，这表明全球贸易仍处于复苏阶段。对于新兴市场和发展中经济体来说，由于其已经成为全球贸易的重要出口方，因此由发达国家金融危机导致的需求缩水将对实体经济中的出口部门造成较大的冲击，危机过后的全球贸易结构面临调整。

总体来看，全球金融危机对世界各经济体造成了巨大的冲击，打破了世界经济原有的平衡格局，加速了世界经济秩序的调整，同时，部分经济体深陷危机，为了快速振兴国内产业，民粹主义兴起，贸易保护主义重燃，这对全球贸易以及世界经济的整体复苏构成了障碍。随着世界经济步入后危机时代，经济增速放缓、贸易结构调整已经成为一种新常态，世界经济将较为长久地维持在低速增长状态，世界各经济体尤其是新兴市场和发展中经济体将出现深刻的经济结构调整，并将深刻影响世界贸易格局。

（二）全球主要经济体的经济运行状况

1. 美国

美国是全球综合实力最强的国家，在世界政治经济格局中扮演着举足轻重的角色。2007—2009 年的全球金融危机沉重地打击了美国经济，2009 年美国的经济增速为－2.78％（见图 1－11）。近年来，美国经济的各项指标有所回升，经济总量缓慢回升，经济总体形势向好的方向发展。消费者信心指数虽然有一定的波动，但总体而言仍

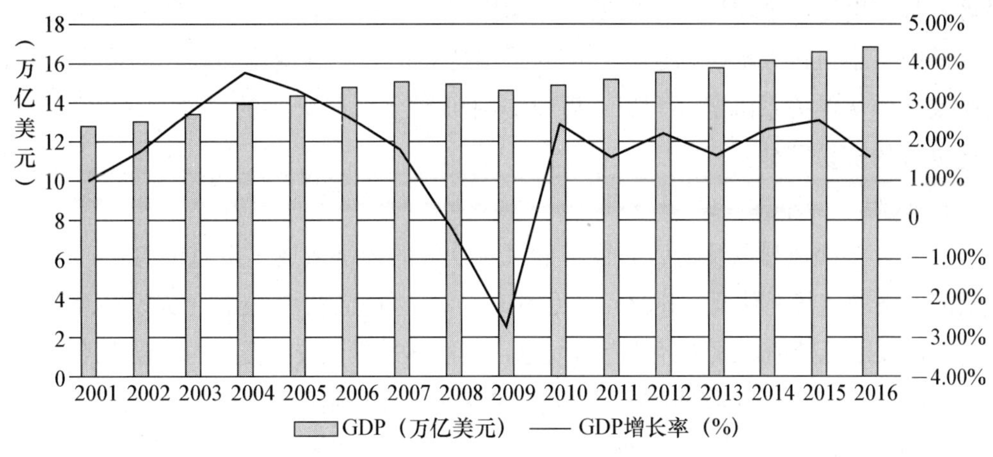

图 1－11 美国经济增速

资料来源：世界银行统计数据库。

旧呈上升趋势，并逐渐恢复到危机前的信心水平，与此同时，美国的个人总支出也在缓慢上升。

美国政府虽然在金融危机中的市场操作方面取得了显著的成效，避免了美国经济的进一步下滑，但是，其为了提振经济也付出了巨大的代价，如美国国债规模迅速飙升。2007 年末，美国未偿国债总额约为 9.01 万亿美元，占当年 GDP 总额的 62.22%；2014 年末，美国未偿国债总额约为 17.82 万亿美元，占当年 GDP 总额的 102.33%。同时，2014 年末美国外债总额达到 17.11 万亿美元，占当年 GDP 总额的 96.67%。随着债务偿付期限的逐渐到来，美国面临的偿债压力将越来越大，同时有可能再次出现债务违约风险，造成联邦政府停摆，并对美国经济的正常运行造成不利的影响。

在货币政策方面，随着美国经济逐渐好转，2013 年 12 月，美联储宣布缩减政策规模。2014 年 10 月，美联储正式宣布退出量化宽松货币政策。在退出量化宽松政策后，美联储实行了较为稳健的货币政策。2016 年 9 月，美联储明确了年内的加息，并确定 2017 年加息两次。2016 年 12 月，美联储明确加息 25 个基点至 0.5%～0.75%，美元或进入实质性升值周期。

在实体经济方面，为了促进就业、提振经济，美国政府提出了“制造业回归”，尝试改写全球制造业格局。2010—2016 年，美国最终产品的工业总产值同比增长率均保持在 2.5%～4%的区间，同时失业率也不断下降，说明美国政府推动“制造业回归”取得了一定的成效。但是，美国“制造业回归”的基础并不稳固。尽管有美国政府的政策支持，但相较于新兴经济体，美国在劳动力成本等方面的劣势依然显著。当今世界，全球化深入发展，全球价值链格局基本形成，因此美国在对外商品贸易中很难扭转大幅度的逆差。而为了维持和扩大“制造业回归”的成果，在退出跨太平洋伙伴关系协定（TPP）后，美国可能会采取更多的“逆全球化”政策，制造更多的贸易壁垒。

2. 欧盟

2008 年金融风暴以及随后的经济危机对欧盟的经济造成了沉重的打击，2009 年欧盟的经济增速甚至跌至－4.38%（见图 1－12），危机过后，受益于大宗商品价格低位徘徊以及欧元贬值，欧盟经济有所复苏，但复苏过程比较缓慢，内生动力不足。

根据欧盟统计局的数据，欧盟 28 国和欧元区 19 国经济增速在 2009 年降至 20 多年来的最低点，平均跌幅分别为 4.37%和 4.52%。在 2010 年反弹后，2012 年增长率再次分别下跌至－0.5%和－0.9%。在这之后，经济才缓慢回升，但增长依然比较脆弱，有些国家的增长还很乏力。例如，2015 年希腊、芬兰和意大利的经济增长率分别为－0.2％、0.2％和0.8％。相较于经济增长率，欧盟和欧元区的失业率激增后并无明显好转。2009年欧盟和欧元区的失业率分别激增至9.0％和9.6％，2013年达到10.9％和12％。直到2015年末，欧盟和欧元区的失业率依然维持在9.4％和10.9％的高水平。此外，欧盟内依然存在着青年失业率高的结构性问题，直到2015年末，青年失业率仍然超过20％，远高于金融危机爆发前16％及以下的水平。

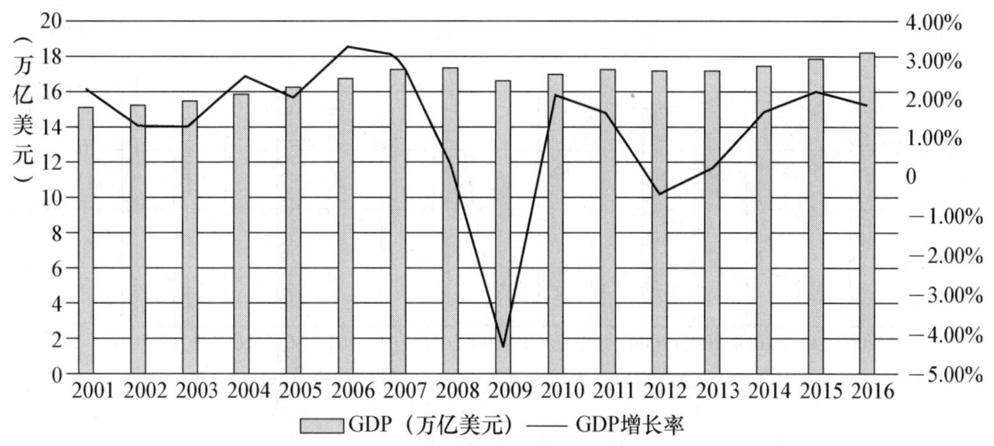

图1-12 欧盟经济增速

资料来源：世界银行统计数据库。

为了提振欧元区经济、刺激经济回暖，2015年1月，欧洲央行（ECB）宣布了一项印钞购买公债的计划。根据该计划，欧洲央行将每月购买600亿欧元的公债、欧洲公共机构发行的债务证券和私营部门债券，这标志着欧元区量化宽松货币政策的正式实施。2016年以来，欧盟的经济增速再次放缓：一方面，难民的因素对欧洲的社会稳定造成不利影响；另一方面，英国脱欧这一“黑天鹅”事件的发生，使得整个欧盟经济前景的不确定性增加，带来负向预期。难民问题与恐怖主义威胁相互交织的趋势明显，暴露了欧盟的体制性缺陷和功能性危机，加剧了民众对欧盟行动能力的不满。欧洲的恐怖袭击与难民有千丝万缕的关系，每一次恐袭都成为反移民的民粹主义力量成长的催化剂，撕裂欧盟政治和社会。而对于难民问题，各国之间观念、利益分歧严重，欧盟内部尚未达成统一共识。在当前阶段，欧盟仍将面临难民问题与恐怖主义威胁交织带来的双重压力。

3. 日本

日本经济发展状况对亚洲乃至整个世界的经济发展都具有重要影响。图1-13是2001—2016年日本的经济增速情况。20世纪90年代至21世纪初期，日本经济增速缓慢。2009 年，由于受到全球金融危机的影响，日本经济出现了较大幅度的缩水。2011 年，受到东日本大地震以及由此引发的福岛核电站泄漏事故的影响，日本的生产秩序遭受了严重的打击，经济也一度陷入衰退。2012 年后，日本经济逐渐复苏，并显示出较快的增长势头。2015—2016 年日本连续两年经济增速在 1% 以上。

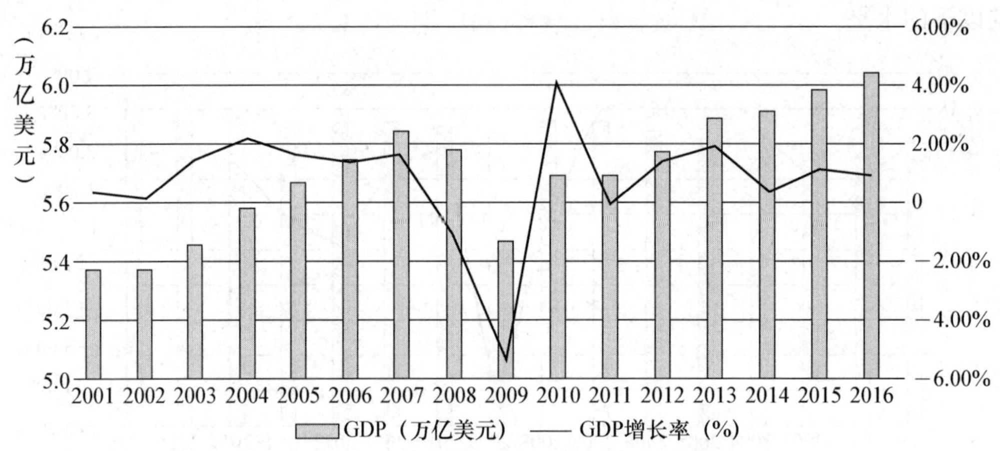

图 1-13 日本经济增速

资料来源：世界银行统计数据库。

2012 年底日本现任首相安倍晋三上台后，出台了“安倍经济学”一揽子经济刺激方案，其主要内容包括大胆的货币政策、机动的财政政策和唤起民间投资的增长战略。2013 年 1 月，日本政府与各大银行签署共同声明，确定了在两年内实现“通货膨胀率达到 2%”的目标。随后，日元兑美元汇率大幅贬值，“安倍经济学”的“第一支箭”——货币之箭开始产生效果。同时，安倍政府还射出了“第二支箭”——财政之箭，通过了 2012 财年的预算修订方案，大幅度追加公共投资，大手笔发行国债，以刺激经济增长。至 2016 年，“安倍经济学”实施已逾三年，效果由盛转衰。其原因之一在于，日本所面对的核心问题以及经济低迷的最重要原因之一是人口结构问题。日本步入老龄化社会后整体人口结构失衡，导致财政负担加重、社会经济缺乏活力、消费能力不足等问题。虽然“安倍经济学”治标不治本，但随着商业投资环境的改善以及就业形势的好转，预计日本经济将会继续缓慢复苏。

二、世界经济面临“逆全球化”冲击

（一）三次经济全球化浪潮回顾

经济全球化是指经济活动超越国界，世界各国依托国际贸易、资本流动、技术转移等途径而形成全球范围内相互依存的有机经济整体。经济全球化，不仅有利于资源和要素在全球的合理配置，也有利于产品和服务在全球范围内的流动，同时刺激科技的创新，促进区域经济的发展。经济全球化是人类发展进步的表现，是不以人的意志为转移的客观规律。迄今为止，世界大致经历了三次经济全球化浪潮。

1. 伴随工业革命的第一次经济全球化浪潮

在《德意志意识形态》一书中，马克思与恩格斯曾写道：“大工业创造了现代交通工具和现代化的世界市场，控制了商业，把所有的资本都变为工业资本，从而使流通加速资本集中……它首次开创了世界历史，因为它使每个文明国家以及这些国家中的每一个人的需要的满足都依赖于整个世界，因为它消灭了各国以往自然形成的闭关自守的状态。”工业革命改变了人类史，工业生产使物质财富大量积累。早期的工业国不久后便不能满足于国内市场，基于资本家逐利的本性和无限的占有欲望，依托国家的武力，大肆在世界范围内瓜分殖民地、扩大市场。虽然伴随着战争与冲突，但这一时期的全球化贸易也不断深化。随着两次世界大战的结束、殖民体系的瓦解，民族国家纷纷获得独立，第一次经济全球化浪潮也宣告结束。

2. 以冷战为基调的第二次经济全球化浪潮

第二次世界大战结束后，世界格局逐渐形成为以苏联和美国为首的东、西两大阵营。与第一次以武装冲突为背景的经济全球化浪潮不同，这一时期的经济全球化表现为苏联和美国在意识形态方面的对抗，此时的经济全球化是被“割裂”的全球化，两大阵营内部的国家加强分工与合作，而阵营之间缺少联系。随着苏联解体和东欧剧变，全球化二元结构被打破，第二次经济全球化浪潮终结。

3. 以和平与发展为时代特色的第三次经济全球化浪潮

随着苏联解体、“冷战”结束以及 WTO 的建立，经济全球化的政治壁垒进一步减弱，以中国为代表的新兴经济体增长态势强劲，世界各国之间的贸易往来不断深化。这一时期的经济全球化以和平与发展为时代特色，和平竞争是其主要表现形式，国际性、区域性的经济合作层出不穷，以跨国公司为主要依托，在世界范围内形成了一条产业链，经济全球化也迎来了新的历史发展阶段。

（二）“逆全球化”事件频现

在本轮始于 20 世纪 90 年代、以美国为主导以及西方发达国家引领的全球化进程中，经济全球化已经成为全球经济增长的强大动力，但在 2008 年金融危机爆发之后，国际贸易萎靡不振，国际投资下滑，贸易保护主义重燃，“逆全球化”的趋势日益显著。

“逆全球化”浪潮始于20世纪末。1996年3月，第一届亚欧会议在泰国首都曼谷召开，近千人在会议地点附近的广场上静坐示威，反对经济全球化与自由贸易，呼吁关注国内问题，消除贫困。1998年5月，日内瓦举行了关税和贸易总协定成立50周年庆祝活动，大规模的示威群众干扰了活动的正常进行。进入21世纪后，“逆全球化”的活动愈发频繁。2002年初，世界经济论坛在美国纽约召开，会议期间爆发了大规模的反自由贸易示威活动。

2008年金融危机后，“逆全球化”迎来了新一轮高潮。2009年4月，第二次G20领导人峰会在英国伦敦举行，峰会前几天，就至少有3.5万人参与了从英国泰晤士河畔到议会大楼、唐宁街10号，再到海德公园的游行，抗议声直指全球化，将失业、贫穷归罪于全球化。随后数天，在伦敦金融街的示威活动升级，甚至一度爆发流血冲突事件。

金融危机过后，世界经济持续低迷，一些西方国家的失业率居高不下，引发了一部分民众的排外情绪。对于欧洲而言，难民危机的爆发进一步加剧了民众的不满，民粹势力在此背景下得以扩张，一些国家的政局出现动荡。例如：在法国和意大利，右翼民粹政党国民阵线和五星运动已经有望挑战统治者的执政地位；德国另类选择党崛起的势头也令人瞩目；英国独立党在英国脱欧公投过程中也发挥了摇旗呐喊的作用；波兰的法律与正义党、匈牙利青年民主主义者联盟甚至已经上台执政。这些右翼民粹政党尤其在2014年5月的欧洲议会选举中成为最大赢家。

进入2016年，世界经济继续呈现缓慢复苏的态势。世界各国之间更加需要加强经济合作与贸易往来以共同应对恢复经济发展的难题，但“逆全球化”浪潮却不减反升，英国脱欧事件与美国大选的结果便是最好的例证。从英国脱欧事件来看，公投的结果反映出相当部分的国民对欧洲一体化的现状不满意。支持脱欧的民众主要为英格兰地区的老年人与工人，而英格兰北部是工业区的集中地，欧洲一体化却使这里的经济长期低迷，故英格兰北部地区居民对贸易自由化以及资本、投资自由化多持反对的态度。此外，英国脱欧事件使欧盟其他成员国中反对全球化的政治力量逐渐壮大。再从美国大选结果来看，新总统——共和党人特朗普是民粹主义的代表，他曾公开声称“美国主义”为其信条，不仅宣称上任第一天就要退出TPP，甚至还反对美国加入北美自由贸易区和世界贸易组织。特朗普的“逆全球化”立场，在美国选民中获得了广泛支持，“逆全球化”浪潮在美国不断升级。

（三）“逆全球化”的原因与对策

上述一系列“逆全球化”表现，反映出随着经济全球化的不断深入，跨国公司在民族国家的影响正不断增大，同时跨国公司与民族国家之间的矛盾也在日益激化，不断升级。经济全球化在为一部分人带来利益的同时，也伤害了另一部分人的利益，利益的分配不均使一些国家内部不同团体间的矛盾激化；内部利益的协调不善，使一部分群体不能享有经济全球化带来的果实，终究导致国内民粹主义泛滥，对经济全球化产生巨大的抵触。经济全球化的推进，跨国公司的逐利，形成了一条全球产业链，导致社会中部分群体的就业岗位流失，从而对国家的主权让渡产生反感。

当前世界经济正在缓慢复苏，2008 年金融危机波及之广、影响之深，事前鲜有人预料，任何一个国家都不能置身其外。为了摆脱金融危机，各个国家都出台了很多充满“逆全球化”色彩的政策，以求振兴国内的实体经济，恢复经济增长。与此同时，一些国家和地区的极端党派抬头，地缘政治冲突加剧，贸易保护主义、投资保护主义抬头。

经济全球化促进了世界经济的发展是不争的事实，那么在此背景下为何世界各地会涌现“逆全球化”的浪潮？这是因为当今的“全球化”运行机制并不完善，归根结底是“全球化”损害了一部分群体的利益，“逆全球化”的根源是利益分配的不公平、不合理。自 20 世纪末以来，经济全球化快速推进，很多国家从中受益。但是，由于不同国家处于全球产业链的不同地位，因此发达国家与发展中国家在国际政治经济关系中的地位是不平等的，一部分群体受益巨大，而另一部分群体苦苦挣扎，从而形成了世界“丰裕中的贫困”。

因此，解决“逆全球化”问题的关键在于如何构建新的国际政治经济秩序，如何改善分配制度，做到利益共享。在过去的几十年，利用俄罗斯的能源，利用中国的廉价劳动力生产的产品在美国、欧洲市场上销售，已经司空见惯。全球产业链的形成促进了世界市场上资源的有效配置。但是，与这种生产方式相适应的分配机制还不够完善，一方面表现为发达国家与发展中国家之间的利益分配不均，另一方面表现为国家内部不同群体间不能合理共享贸易的利益。经济全球化带来的国际分工是经济发展的自身规律，开放和封闭的实质不是“全球化”与“逆全球化”之间的对抗，而是能否构建公平、合理的国际政治经济新秩序。

对于中国而言，应该继续坚定全球化的信念，继续推进“一带一路”建设，努力实现贸易自由化与贸易便利化，加快国际产能合作，继续推进全球经济治理结构与体制的建设和完善。同时，“逆全球化”浪潮涌现也启示我们，推进“一带一路”建设与推动区域经济合作，其成功的核心是如何实现和平衡各个国家之间的利益以及大众的利益。

第三节　世界贸易规则重构

一、当代世界贸易规则的形成与发展

（一）当代世界贸易规则的形成

贸易规则是国际贸易中常用的避免纠纷与误解的相关法律和国际惯例，以及为获得对贸易相关的共同理解而制定的一些规则。当代世界贸易规则的形成始于第二次世界大战后，战争中很多国家遭受重创，百废待兴，而战争期间贸易保护主义盛行，国际贸易的相互限制是造成世界经济萧条的一个重要原因，因此西方主要国家均希望能充分利用国际合作的优势共同走出困境。多边贸易谈判在第二次世界大战后不久开始酝酿，最初，各国设想成立国际贸易组织（ITO），在该组织的主持下制定贸易规则。由于该组织迟迟未能正式运作，1947 年，由 23 个发起国组成的群体在临时性的准则指导下进行贸易谈判，该准则即关税和贸易总协定（简称关贸总协定，GATT）。

关贸总协定并不是一个正式的组织，最初只是一个临时的协定，是在国际贸易组织成立前的一个过渡性步骤，它的大部分条款在《国际贸易组织宪章》被各国通过后纳入其中。但是，鉴于各国在对外经济政策方面的分歧，以及多数国家政府在批准《国际贸易组织宪章》这样涉及范围广泛、具有严密组织性的国际条约过程中所遇到的法律困难，该宪章在短期内难以被通过。因此，关贸总协定的 23 个发起国于 1947 年底签订了《关贸总协定临时适用议定书》，承诺在今后的国际贸易中遵循关贸总协定的规定。该议定书于次年 1 月 1 日生效。此后，关贸总协定的有效期一再延长，并为适应情况的不断变化，多次加以修订。于是，关贸总协定便成为确立各国共同遵守的贸易准则，为日后协调国际贸易与各国经济政策发挥了重要的作用。

（二）当代世界贸易规则的发展

随着各国之间贸易、投资体量的不断增加，世界贸易规则也在不断完善，各国以贸易回合谈判的方式聚集在一起，就一系列降低关税和贸易促进的措施进行磋商。迄今为止，关贸总协定共进行了九轮贸易回合谈判，前八轮谈判取得了丰硕的成果（见表 1-1）。2001 年 11 月，在波斯湾的多哈市正式开始第九轮谈判，议程原定于 2005 年 1 月 1 日前全面结束谈判，但至 2005 年底为止仍未能达成协议，最终于 2006 年 7 月 22 日在世界贸易组织总理事会的批准下正式中止。多哈回合是第一次以没有签订任何协议而失败的回合。

表 1-1　　关贸总协定前八轮贸易回合谈判主要成果

轮次	主要成果
第一轮：瑞士日内瓦	本轮贸易回合谈判历时 7 个月，23 个关税与贸易总协定创始缔约方（包括中国）参加谈判，就 123 项双边关税减让达成协议，涉及 45 000 种商品，平均下调关税 35%。同时制定了包含关税减让和关税约束两份减让表，并绘制成总表。在双边基础上达成的关税减让，无条件地、自动地适用于全体参加方。这轮谈判第一次依照关税与贸易总协定的规则，在众多商品项目上，达成了较大幅度的关税减让协议，为战后资本主义国家经济贸易的恢复和发展开辟了道路，成为大规模多边关税谈判的成功范例。这次谈判虽然在关贸总协定草签和生效之前举行，但人们仍习惯将其作为关贸总协定主持的第一轮多边贸易谈判
第二轮：法国安纳西	本轮谈判的参加方除原缔约方外，又增加了瑞典、丹麦、芬兰、意大利、希腊、海地、尼加拉瓜、多米尼加、乌拉圭和利比里亚 10 国。本轮谈判的另一成果是美国关税水平大幅下降。第二轮谈判总计达成 147 项关税减让协议，涉及减税商品 5 000 余项，平均降低关税 35%
第三轮：英国托奎	本轮谈判的主要议题之一是讨论当时的联邦德国、韩国，以及奥地利、秘鲁、菲律宾和土耳其的加入问题。由于参加谈判的缔约方增加，关贸总协定缔约方的贸易额占世界贸易总额的 80%以上。在关税减让方面，美国与英联邦国家谈判进展缓慢。英联邦国家不愿在美国未作出对等减让条件下，放弃彼此间的贸易优惠，使美国与英国、澳大利亚和新西兰未能达成关税减让协议。此轮谈判共达成 150 项关税减让协议，涉及商品 8 700 多项，平均降低关税 26%
第四轮：瑞士日内瓦	本轮谈判中英国作出了较大幅度的关税减让，以弥补其在前两轮的保留。另外，日本在对关贸总协定的各缔约方作出了相当的关税减让后，加入了该组织。本轮谈判的最终成果是关税减让商品涉及 3 000 余项，平均降低关税 15%
第五轮：狄龙回合	谈判先后分两个阶段，前一阶段自 1960 年 9 月至年底，后一阶段于 1961 年 1 月开始。本次谈判，就新关税减让项目及新加入成员关税减让项目进行谈判，并因欧共体加入关贸总协定而展开了关于关税联盟的谈判。关贸总协定工作组检查了欧共体实施统一对外关税的法律后，决定可按关贸总协定关税同盟条款进行谈判。最后，欧共体的统一关税约束取代了欧共体国别的关税约束，欧共体对由此导致的任何单一国家（包括欧共体以外成员）的收支不平衡都将予以补偿。本轮谈判关税减让商品涉及 4 400 多项，平均降低关税 20%。欧共体六国统一对外关税也达成减让，平均税率降低 6.5%，然而农产品和某些政治敏感性商品仍被排除在最后的协议之外
第六轮：肯尼迪回合	本轮谈判共 54 国参加，谈判第一次涉及了非关税壁垒，关贸总协定第六条虽然规定了反倾销和反补贴税的定义、征收这两类税种的要件和幅度，但各国为保护本国产业，滥用关贸总协定第六条的情况时有发生。这轮谈判制定了第一个反倾销协议，即关贸总协定第六条的实施细则。美国、英国、日本等 21 个国家签署了该协议，反倾销协议于 1968 年 7 月 1 日生效
第七轮：东京回合	本轮谈判历时五年多，取得的主要成果涉及多个方面：第一，从 1980 年起八年内关税削减幅度为 25%～33%，减税范围除工业品外，还包括部分农产品；第二，禁止工业品补贴，除国防、通信和部分能源设备外，各国用竞争性的国际投标方式进行采购；第三，制定海关评估进口关税的准则，消除歧视性海关估价。本轮谈判最终的关税减让和约束涉及 3 000 多亿美元贸易额

续前表

轮次	主要成果
第八轮：乌拉圭回合	在关税减让方面，发达成员对工业品的关税减让幅度达 40%，即加权平均税率从 6.3%减为 3.8%；发展中成员工业品的关税减让水平低于发达成员，贸易加权平均税率由 15.3%减为 12.3%。在制定规则方面，乌拉圭回合达成《1994 年关税与贸易总协定》（简称 GATT1994），它是原来的《1947 年关税与贸易总协定》（简称 GATT1947）的修订版本，并通过了关于如何履行“谅解”和减让表的《1994 年关税与贸易总协定马拉喀什议定书》。此外，本轮谈判决定建立世界贸易组织

二、世界贸易规则重构的原因与趋势

（一）世界贸易规则重构的原因

随着经济全球化形势的发展和世界贸易与投资格局的形成，加之多哈回合的结果不尽人意，世界贸易规则面临重构。具体来说，世界贸易规则重构有以下三方面的原因：

首先，现有的世界贸易规则与国际经济秩序在内容与制定权上均存在不公平、不合理因素。现有的世界贸易规则与国际经济秩序框架形成于第二次世界大战后，初期为第二次世界大战战胜国所主导，后期则为西方发达国家所主导，而处于第三世界的各国由于经济实力较弱、贸易体量较小等，在规则制定上几乎没有话语权。进入 21 世纪后，全球价值链逐渐形成与发展，随着全球政治、经济格局的变迁，世界贸易与投资格局发生了天翻地覆的变化。以中国为首的新兴市场主体，无论在综合实力、贸易体量、全球价值链分工的参与程度方面都成为不可忽视的重要力量，影响力也日益增强。昔日以美、欧、日等发达经济体主导的三大区域经济集团为中心的、较为明晰的世界贸易与投资格局已变得多元化、复杂化，日益复杂化的世界贸易与投资格局打破了过去美、欧、日等发达经济体垄断世界贸易的局面。

就世界贸易规则的内容而言，由于新兴经济体在发展水平上与发达国家相比存在不同程度的差距，在国际分工和生产网络中的地位与角色也不相同，原来的由发达国家主导制定的贸易投资规则更多地考虑了发达国家自身的利益，存在诸多不合理之处。就世界贸易规则的制定权而言，当前贸易规则的制定，仍旧由美、欧、日等发达经济体把控，而新兴经济体的话语权较少。因此，随着世界贸易投资与格局不断明朗，世界贸易规则重构是世界经济不断发展的内在要求。

其次，科学技术日新月异，生产力发生了根本变化。国际贸易的本质是资源配置的过程，虽然商品、服务与生产要素跨境流动这一特征未变，但随着科技的发展及生产力的提高，世界贸易与投资格局、产业体系发生了巨大变化，这就必然要求重构新的世界贸易规则。21 世纪以来，全球价值链和互联网技术的飞速发展，根本改变了世界产业体系和经济格局，新产业、新经济层出不穷，世界经济高度一体化。美国在这一轮创新过程中仍然处于领先地位，尽管其在传统制造业领域的优势逐渐丧失，但在新经济和经济全球化方面则仍然明显领先。这为美国等发达国家构建与新经济和经济全球化相适应的新的国际经济与贸易投资规则创造了客观基础，并提供了经济条件，这也是世界贸易规则重构的一个重要原因。

最后，金融危机加速了世界贸易规则重构的进程。2008 年的金融危机始于美国，最终席卷全球，给世界经济造成了沉重的打击。金融危机进一步引发经济危机，世界主要经济体面临经济衰退。在多哈回合谈判未能取得令人满意结果的背景下，世界贸易规则的制定有从全球化向区域化发展的趋势，而 2008 年的金融危机加速了这一趋势。为了快速走出经济危机，扶持国内产业，在贸易保护主义抬头的同时，一些地理相邻、文化相近、发展阶段相似的国家开始建立区域化的经贸合作组织。其中包括美国主导的《跨太平洋伙伴关系协定》（TPP）、美欧主导的《跨大西洋贸易和投资伙伴关系协定》（TTIP）以及东盟十国与中国、日本、韩国、澳大利亚、新西兰和印度共同参与的《区域全面经济伙伴关系协定》（RCEP）等。

（二）世界贸易规则发展的趋势

世界贸易与投资格局的演变及世界贸易规则的重构，本质上是由国际产业结构的变迁和各国经济竞争力的变化决定的。随着经济全球化的不断升级，进入 21 世纪后，全球价值链的发展改变了世界贸易的本质。科学技术的发展尤其是网络信息技术的突破大大降低了运输及通信成本，跨国公司通过内部贸易和供应商之间的网络在不同国家间寻求比较优势，推动全球贸易、投资、服务日益紧密结合。全球价值链的发展增加了世界商业格局的复杂性，国与国之间的贸易、投资相互交织，国际贸易政策与国内政策相互影响系数增大，从而使国与国之间的政策磋商成为必然，产生了制定新的世界贸易规则的需求。新一轮世界贸易规则重构就是要通过新的贸易谈判，扩大贸易规则的调整范围，提高贸易规则的约束水平，以回应全球价值链的发展对制度的需求。

在新一轮世界贸易规则重构中，推动市场进一步开放、削减贸易与投资壁垒仍是规则制定与完善世界贸易规则的基本方向。无论是传统议题还是新议题的谈判，都力求实质性地消除现存的贸易与投资壁垒，提高全球市场的开放程度。而无论是多边、诸边层面，还是区域、双边层面的贸易谈判，都是在以不同方式推进全球和区域市场开放。总体来看，当前世界贸易规则重构的趋势有三个特征：

宽领域、高标准、多元化。

1. 世界贸易规则重构走向“宽领域”

“宽领域”意味着世界贸易规则涉及的议题更广泛，调整的内容更丰富，既包括对现有规则的完善和改革，也包括对新规则的谈判和建立。从世界贸易规则的演进过程不难发现，随着经济全球化的深入发展，国际经济贸易活动内容不断丰富，世界贸易规则的制定范围也持续扩大：从关税减让到削减非关税壁垒，从货物贸易到服务贸易，从单纯的贸易到与贸易有关的投资措施、知识产权保护等。新一轮世界贸易规则重构维持了这一趋势，同时引入了更多、更广泛的议题，议题大体包括三类：

第一类是市场准入议题。该议题主要包括商品关税、服务贸易壁垒、政府采购的歧视性政策以及外国投资保护等。在新贸易规则制定中，发达国家对传统的市场准入议题的谈判目标是在现有基础上做进一步的开放，即实现高标准的市场准入，实现高水平的货物贸易、服务贸易和投资自由化。

第二类是边境后措施议题。该议题包括监管一致性、知识产权、贸易便利化、竞争政策等。边境后措施属于一国经济主权范畴，涉及一国的政策体制、经济体制、文化体制等。随着全球价值链发展，关税已不再是国际贸易中的主要障碍，非关税壁垒以及严格的行政管理已成为当今世界贸易与投资的重大阻碍。由于经济发展水平的不同，发达国家与发展中国家在该议题上出现了较大分歧，前者较为重视边境后措施对贸易投资自由化的影响，而由于边境后措施涉及较大的主权让渡，后者通常不愿就此类议题进行磋商。

第三类议题主要针对电子商务、环境保护、劳工问题等。由于发达国家与发展中国家在收入水平、制度完善等方面的差异，故此类议题对双方而言都较为敏感，难以形成共识。由此，美欧转而在双边或区域谈判中推广其理念和规则，无疑，这些议题体现出很强的针对性和进攻性，一旦达成新规则，客观上将增加发展中国家所应承担的义务和成本。

2. 世界贸易规则重构走向“高标准”

“高标准”即更高的市场开放程度以及更广泛的贸易议题，是在大幅取消现有贸易投资壁垒的同时，制定解决共同关注的全球贸易问题的新规则。

新一轮世界贸易规则重构强调高标准，这体现了发达国家在新贸易规则制定中的话语权优势，反映出美欧等发达经济体抢占未来世界经济发展和国际竞争的制高点、确保其竞争优势的目的。随着全球分工从最终产品转向以产业链为基础的生产要素分工，发达国家在经济全球化中的政策关注重心会更多地从货物贸易转向服务贸易、从最终产品转向价值链、从获取资源转向要素整合，通过推进制定世界贸易新规则和新标准，维护其利益与诉求。发达国家服务业发展具有强大优势，美国、欧盟、加拿大、澳大利亚等积极推动《国际服务贸易协定》诸边谈判，目标在于大幅度降低或取消针对服务贸易的市场壁垒，其水平高于现有的WTO《服务贸易总协定》和多哈发展议程相关谈判。在投资领域，新的投资规则更加注重推进投资自由化，准入前国民待遇和负面清单的做法被更多的国家接受。

3. 世界贸易规则重构走向“多元化”

第二次世界大战之后，多边贸易体制、区域贸易体制及双边贸易自由化相互交织、此起彼伏，共同推动了经济全球化的发展。世界贸易组织体制下的多边贸易谈判在世界贸易规则的形成与调整中发挥了重要作用，是推进贸易自由化的主要力量，而自贸协定是其扩展与补充，二者相互促进、共同发展。在新一轮世界贸易规则重构中，不同层级、不同类型的贸易协定谈判是新贸易规则重构的路径。美欧等发达经济体积极谋求规则制定路径的多元化，通过双边或区域、诸边或多边贸易谈判，推动新规则和新标准的制定。

面对多边贸易谈判进展缓慢，加之金融危机席卷全球，出于自身经济利益考量，美欧等发达经济体率先将贸易谈判的主战场从多边谈判转向区域或双边谈判，积极搭建引领世界贸易规则调整的区域贸易框架体系。《跨太平洋伙伴关系协定》《跨大西洋贸易和投资伙伴关系协定》《区域全面经济伙伴关系协定》等谈判的启动，使区域经济集团日趋“大型化”。美欧带头商谈规模庞大、标准更高的自贸协定，通过区域合作推进其贸易发展进程，探索满足自身利益的世界贸易规则的新版本，以打造全球经贸规则的“新标杆”，保持在全球贸易谈判中的领航地位。

在现阶段，诸边协定谈判日益受到各国青睐。诸边协定是在WTO多边体制框架内开展谈判，该谈判致力于规范某一领域的贸易规则，并且仅对参加谈判的成员方有约束力。从历史经验看，诸边协定可以通过谈判成员方达到临界数量的方式转化为多边协定。在新一轮世界贸易规则重构过程中，诸边协定谈判成为规则重构的主要实现途径之一。《政府采购协定》《国际服务贸易协定》《环境产品协定》《信息技术协定》等谈判就是以这种途径推进的。

通过更加注以重自贸协定、双边谈判等谈判方式来推进和探讨新贸易规则，反映了美国关于全球治理的新思路及贸易策略的重大调整，其实质就是暂时放弃多边主义框架，通过吸引部分志趣相投的国家组成共同阵线，先行达成贸易与投资规则。WTO体制下多边谈判进展缓慢，多哈回合自2001年启动至今已十余年，谈判各方一直没有达成共识。多边谈判久拖未决，自贸协定谈判不断取得突破，严重损害了多边贸易体制在规则重构中的领导力，使其在国际贸易体系中的中心地位受到挑战。随着各国对自贸协定的日益青睐，双边或区域贸易与投资一体化迅速发展，WTO 规则成为仅维持和保障最低共同标准的一揽子承诺。

越来越多的例证表明，当下自贸协定不再仅是促进贸易与投资，而是与 WTO 一样拥有复杂的机制，即在区域层级上建立一套完整的规则和完善的实践体系，并有可能对多边贸易体制产生影响。美欧这两大 WTO 核心成员选择优先推动自贸协定谈判和诸边协定谈判，对多边贸易谈判造成了不利的影响：损害了 WTO 框架下的贸易谈判，削弱了 WTO 的影响力和凝聚力，使多边贸易体制面临被边缘化的风险。从现实看，WTO 虽然占据了多边主义优势，但却不能为制定宽领域、高标准的世界贸易规则提供动力，世界贸易规则重构难以在 WTO 框架下完成。即便如此，多边贸易体制对促进世界经济贸易增长的作用仍然不可替代。

三、世界贸易规则重构对中国的影响

1978 年后，中国通过改革开放不断融入世界经济体系，对全球价值链分工的参与程度不断提高，已成长为世界第二大经济体。中国自 2001 年 11 月加入 WTO 以来，积极遵守入世承诺，加快改革与开放的步伐，逐步建立起开放型经济。中国是已有的世界贸易规则的重要参与者，也是重要获益者，对世界贸易规则的变迁应保持高度的敏感性。由发达国家主导推行的世界贸易新规则，极大地冲击了现有 WTO 框架下的多边贸易体系以及旧有的区域贸易投资格局，这无疑将对以中国为首的新兴市场国家的开放型经济产生复杂的影响。对于中国而言，世界贸易规则重构既是挑战又是机遇。

（一）世界贸易规则重构使中国面临诸多挑战

世界贸易规则重构所涉领域众多，新规则还在探索和形成之中，存在诸多不确定性，对中国开放型经济也有诸多挑战。

从新规则所涉及的议题来看，许多议题已经超出传统的贸易投资领域，如环境保护、劳工权利、互联网规则等，表现出向社会领域乃至价值观领域延伸的趋势。反腐败与透明度、法治建设、国内管制一体化、竞争中立原则与国有企业等问题更是涉及一国内政，直指国家主权的边界问题。经济一体化与传统国家主权的关系之争由来已久，但在世界贸易规则中如此大规模地对一国及其政府作出明文制约无疑会触动国家主权的敏感神经。

世界贸易规则重构的方向是“宽领域”“高标准”“多元化”，这符合欧美发达经济体尤其是美国的经贸利益和战略需求。从议题选取到标准制定，欧美发达经济体都试图超越 WTO 现有框架和标准，以有效制定和实施符合自身利益的新规则，加速国际贸易与投资自由化进程，并在全球价值链中牢牢把握话语权与主导权。美国等发达国家在技术创新、知识技术密集型产业、高端服务业等领域有明显优势，高知识产权标准将有助于其继续保持这方面的优势。全面减免关税、统一原产地规则、高标准的劳工与环境标准和竞争中立原则等都明显有利于提升发达国家的竞争力，扩大出口，占领更大的市场，其中美国无疑将是最大的赢家。

世界贸易规则的改变必然会对中国部分进出口贸易与投资产生影响，也会使国内的出口企业面临更为激烈的国际竞争，加大中小出口企业的生存压力，但不同的行业、不同的领域所受的影响有所区别。从谈判议题来看，新贸易规则将在货物贸易、服务贸易、国际投资和知识产权等方面对中国产生持续作用，影响中国经济的结构布局和产业升级进程，进而改变中国在世界贸易与投资格局中的地位与影响力。从数据来看，中国 2015 年货物进出口总额为 24.57 万亿人民币，为世界第一大货物贸易国。而 2016 年，中国货物贸易进出口总额为 24.33 万亿人民币，比 2015 年下降 0.9%。而 2016 年全年美国进出口贸易额比中国多出 200 多亿美元，继 2013 年中国首次超越美国跃居世界第一大货物贸易国后，美国再次将中国反超。综上，世界贸易规则重构对中国的影响已然显现，面对挑战，中国应当积极应对。

（二）世界贸易规则重构给中国提供新机遇

2009 年中国成为全球第一大贸易出口国，随后又在 2013 年首次超越美国，跃居世界第一大货物贸易国，虽然在 2016 年货物进出口贸易额被美国以微弱的优势反超，但中国在世界贸易与投资格局中的地位与作用无疑举足轻重。

未来发展前景与经济全球化和国际规则演变紧密相关。多边贸易谈判进展缓慢，欧美贸易战略调整和转向，特别是英国脱欧与特朗普上台等一系列“黑天鹅”事件由可能变为现实，加速了世界贸易规则重构，种种事件是未来数年中国发展不可忽视的重大外部因素。面对矛盾凸显与竞争激烈的大环境，规则重构虽然挑战重重，但也给中国提供了机遇，中国应该更积极主动地参与其中。这不仅是顺应世界经济发展大势的客观要求，也是保障自身发展需要的必然选择，同时是履行大国责任与义务的表现。

进一步降低关税和减少非关税壁垒将增强中国的优势产业，提高市场竞争力，扩大世界市场份额，同时也对受保护的企业造成竞争压力，迫使其提高生存能力，促进中国制造的转型升级。促进服务贸易自由化是世界贸易规则重构的重要方向。中国近年来十分重视服务业发展，但行业整体竞争力还远落后于欧美国家，尤其是高端服务业如金融服务等还严重滞后，这不符合中国经济的长远发展要求。服务贸易自由化的加速无疑将冲击中国服务业，倒逼中国服务业提升整体的竞争力，优化服务业内部结构。

国际投资方面，中国既是世界外商直接投资（FDI）最大的流入国，也是重要的资本流出国。通过实施准入前国民待遇加负面清单的管理模式，推进外资准入、国家安全审查与监管、外资促进和保护等一系列制度改革，中国将进一步优化引资环境。伴随着“一带一路”倡议的推进，中国资本“走出去”的步伐加快。更为有效地利用外资，防范金融风险，保护中国资本在海外的各项权益，优化海外投资布局，降低海外投资风险，无一不需要有效的投资协定加以保障。高标准投资规则有利于对海外资产权益的整体保护，然而作为投资规则新趋势之一的竞争中立原则，主要为限制国家给予国有企业各种优惠和保护，这对中国倒逼国企改革亦起了促进作用。

综上，中国应以此为契机，一方面，在世界贸易规则重构进程中发挥大国作用，为新兴市场国家争取更大的话语权，为公平合理的国际经济贸易新秩序的建立履行一份大国的责任；另一方面，中国应化新的挑战为动力，加快市场改革，完善市场制度，逐渐有序提高环境保护、知识产权等各方面的标准，为适应世界贸易规则重构的大趋势而积极改变。

四、世界贸易规则重构背景下的中国对策

（一）积极参与世界贸易规则重构

深刻理解并接纳基于全球价值链分工和可持续发展制定的“宽领域”“高标准”“多元化”的世界贸易规则理念，以积极、开放、包容的态度客观认识世界贸易规则重构的影响及作用。作为世界贸易与投资格局中举足轻重的影响力量以及世界贸易的受益者，中国要更加积极主动地参与世界贸易规则重构，前瞻性地思考全球贸易自由化问题及我国的全面对外开放战略，将开放、包容、公平、互利共赢的理念体现其中。坚持世界贸易规则，坚持推动贸易和投资自由化、便利化，积极维护多边贸易体制在推进全球贸易与投资自由化中的作用，对符合 WTO 规则、有助于区域经济一体化的制度建设持开放态度。全方位积极参与世界贸易规则重构，争取把我国不断提高的综合国力逐步转化为规则制定中更加有力的话语权，努力构建公平的规则环境。

以包容、自信、有为的姿态参与和世界贸易规则重构有关的讨论与规则制定，不回避敏感问题的讨论，主动提出完善世界贸易规则的方案，在相关规则的制定中

注入中国元素，更加有力地开展围绕规则制定的国际协调工作，提升对世界贸易规则制定的话语权，为世界贸易新规则的形成做出中国的贡献。一方面，中国要坚定维护自身的核心利益；另一方面，中国要履行与大国地位和自身实力相称的国际义务，善于求同存异，追求各方共赢的“包容性利益”，在促进国际经济贸易新秩序不断完善方面体现出更大的政治意愿，付出更多的努力。同时，中国还要将自主开放与对等开放结合，积极稳妥地推进“一带一路”建设、高标准自贸区和自贸园区建设、中美中欧投资协定、世贸组织多边谈判等重大开放举措，把握对外开放的主动权。

（二）加快推进高水平自贸协定谈判

顺应世界范围内自贸区蓬勃发展的大趋势，加快实施自由贸易区战略，在区域层面和双边层面推进贸易与投资自由化和便利化，参与并引导国际经济贸易新秩序的建立。在自贸区战略布局上，综合考虑全球政治、经济、外交格局的变化，以及中国在世界政治经济格局中的战略定位等因素。统筹考虑和综合运用国内、国际两个市场、两种资源，坚持共商、共建、共享，秉持“亲诚惠容”，推进“一带一路”建设，把握开放主动和维护国家安全，逐步构筑起立足周边、辐射“一带一路”、面向全球的高标准自由贸易区网络。

要加强与不同区域、不同特点和较大规模经济体的接触和深度探讨。在进行更广泛的自贸协定谈判时，注意提高协定的标准，积极吸收或适当加入符合国际贸易发展趋势的合理内容，提高贸易自由化的水平。在中国-东盟自贸区升级谈判结束的基础上，继续推进其他自贸协定的升级谈判，稳步推进中日韩自贸区谈判，促进RCEP谈判和亚太自由贸易区（FTAAP）的建设进程。

（三）加快国内改革以有效回应世界贸易规则的变迁趋势

世界贸易规则重构不是一堵墙，而是一个门槛。我国如果不能加速国内体制改革，将难以适应新的国际经贸秩序。面对世界贸易规则重构的新形势，我们要将全球价值链与可持续发展观嵌入新时期的经济结构改革设计蓝图中，制定主动调整与转变的战略和实施规划，通过深度改革开放与世界经济贸易发展新趋势相向而行。我们要将世界贸易规则重构作为动力和机遇，自觉地向世界贸易规则的高标准靠拢，完善法制化、国际化、便利化的营商环境，健全同世界贸易规则相适应的体制机制。要构建新型的政府与企业关系，主动深化市场化经济体制改革，努力破除体制机制障碍，加快转变经济发展方式，推进国内产业结构升级，提升产业标准，最终促进产业和企业竞争力的提升。加快自贸实验区建设是我国应对世界贸易规则重构的一个突破口和着力点，要推动自贸实验区建设沿着从试点到推广的路径与世界贸易规则对接，为深化改革开放提供可推广、可复制的做法。

第四节　中国对外贸易环境总体判断

一、中国对外贸易环境概述

当前阶段，国内外不稳定的因素较多，且中国经济增速下行压力增大。世界经济从整体看虽然呈现缓慢复苏的态势，但基础并不稳固，各国之间增长速度差别较大，经济结构问题较为突出。多边贸易谈判对完善世界贸易规则的作用渐弱，区域化与双边贸易合作快速发展，国际竞争愈加激烈且贸易保护主义、民粹主义有所抬头，整体来看，中国对外贸易环境仍然严峻而复杂。

从国际环境看，世界经济增长缓慢且分化严重，全球经济低速增长局面尚未出现明显改善，不同国家之间经济复苏进程的差异性进一步显现。目前，世界经济处于后危机时代和深度调整阶段。自 2008 年金融危机爆发以来，全球 GDP 平均增速为 3.5%，与危机前相比下降了 1.6 个百分点。世界经济长期低迷源于结构性改革滞后、有效需求不足、生产效率下降等多重因素。此外，各国为了刺激国内经济，尤其是实体经济部门的发展，倾向于采取一系列贸易保护措施和补贴政策。从当前看，上一轮科技革命带来的增长动能逐渐衰减，新一轮科技创新尚未形成有效驱动力，世界经济仍然无法摆脱金融危机的深层影响。

从国内环境看，2016 年以来，中国政府积极适应经济发展新常态，不断创新和完善宏观调控，加快创新发展体制机制，积极推进供给侧结构性改革，经济运行总体平稳，部分领域出现积极变化。经济增长保持在预期合理区间，就业总体稳定，物价温和上涨，居民收入保持平稳增长，结构调整取得新的成效，增长新动能不断积聚。现阶段，国内经济正处于结构调整的关键时期，有效需求不足的矛盾突出，新旧动能转换面临诸多阻碍，就业、金融、房地产等领域还存在一定的风险。因此，宏观经济虽然总体稳定运行，但依然面临诸多挑战。

二、国际环境特征

（一）全球总体需求偏弱

2008 年金融危机加速暴露了世界经济增长模式的缺陷，相关结构性问题迄今仍未得到有效解决，世界经济增速始终在低位徘徊。发达国家居民消费和企业投资缺乏增长动力，世界贸易持续低迷，全球市场需求偏弱。新兴经济体受到内生增长动力不足和政策空间有限的双重制约，经济下行压力不断加大，市场需求普遍萎缩。据世界贸易组织的报告，2016 年世界商品贸易进口总额为 15.79 万亿美元，同比下降 3.2%。

（二）发达国家仍然处于世界贸易与投资格局核心地位

全球经济危机使主要发达国家经济遭到重创，经济增长放缓甚至出现负增长。经济危机后，发达国家经济出现回暖迹象，特别是美国经济复苏总体稳定，房地产市场稳步回升，制造业恢复扩张，劳动力市场不断改善，居民消费需求提高，技术进步和商业模式创新热点纷呈，但经济增长水平仍低于危机前的，企业投资波动性较大。欧元区经济在量化宽松政策的刺激下，经济增长有所回升，但需求不足问题依然突出，难民问题成为欧盟成员国之间的主要矛盾，政治纷争的激化增加了经济政策的不确定性。

虽然发达国家在后危机时代复苏缓慢，但依然保持着在世界贸易与投资格局中的话语权。近年来，新兴经济体不断地挑战发达国家在世界贸易与投资格局中的主导地位，但是在国际性组织中的话语权、贸易规则的制定权和贸易政策的影响力方面，发达国家仍然是世界贸易与投资格局的核心。

（三）新兴经济体成为推动世界贸易发展的主力

新兴经济体虽然在经济危机后面临出口萎缩、产能过剩的压力，但仍然保持着总体年均 5%～7%的较高速增长，而同期发达经济体总体经济增速则低于 2%①，显示出新兴经济体强大的经济活力。作为出口商品的主要提供者，在经济危机期间，在发达国家面临严重衰退时，新兴经济体有效地推动了世界经济的发展。同时，以中国为首的新兴经济体正在通过双边、多边经济贸易合作，如中国-东盟自由贸易区（CAFTA）、金砖国家新开发银行（NDB）、亚洲基础设施投资银行（AIIB）等，增强自身的影响力，突破发达经济体的封锁，挑战现行的世界贸易与投资格局。

在新兴经济体内部，各国之间的竞争也在加剧。中国作为新兴经济体中体量最大的，在经济规模、生产效率和科研技术等方面都有一定的优势，然而刺激中国对外贸易快速发展的红利正在逐渐减少，在生产成本上的优势地位也逐渐被东盟国家、印度等经济体取代。在后危机时代，其他新兴经济体的产能增长和成本优势将进一步挤压中国在出口方面的增长空间，各国出口将面临更加激烈的

① 数据来源：国际货币基金组织数据库。其中新兴经济体的增长数据为新兴市场和发展中经济体（EMDE）的数据。

竞争。

（四）贸易摩擦案件数量增加

在全球工业产能过剩、国际贸易大幅下滑、份额竞争日趋激烈的情况下，一些经济体试图通过贸易限制手段保护国内产业，全球范围内民粹主义涌现，贸易保护主义抬头，“逆全球化”浪潮升温，世界贸易的政策环境有所恶化，贸易摩擦有增无减。就中国而言，2016 年，共遭遇来自 27 个国家（地区）发起的 119 起贸易救济调查案件。其中，反倾销案件 91 起，反补贴案件 19 起，保障措施案件 9 起；涉案金额 143.4 亿美元，案件数量和涉案金额同比分别上升 36.8%、76%。其中，几近半数的贸易救济案件针对中国钢铁产品，由 21 个国家（地区）发起，立案调查的有 49 起，涉案金额 78.95 亿美元，案件数量和涉案金额同比分别上升 32.4%、63.1%。其他遭遇贸易摩擦较多的产品主要集中在化工和轻工领域。

（五）金融市场波动增强

一方面，“黑天鹅”事件频现导致金融市场剧烈波动。例如，英国脱欧对于国际金融市场造成严重冲击，当日世界主要股指急速下跌，幅度超过 5%，脱欧公投次日的英镑币值跌幅超过 10%，伦敦股市开盘重挫 8.7%。另一方面，发达国家宏观政策调整可能加剧全球经济、金融风险。譬如，特朗普在胜选后的讲话中宣称，美国政府的主要关注点将放在更新基建设施和增加就业上，未来十年将大兴基建，这让投资者对美国政府的预期发生了转变。受此影响，市场预期特朗普会加大财政支出、推行减税政策，这些政策将推高美国通货膨胀，促进经济增长，促使美联储加快提升短期利率的进程，从而导致美元汇率走强。

当前，美元已进入实质性加息通道，伴随着美元指数走强，国际资本流入美国预期加强，导致新兴经济体融资环境趋紧，全球股市也经历了剧烈震荡。而欧元区与日本通货紧缩压力未减，预期欧洲央行和日本短期内不会改变宽松货币政策，与此同时，部分新兴经济体也倾向于进一步降低利率。由此可见，各国货币政策走势分化，将加剧国际资本流动的无序性，进而威胁全球金融的稳定。

（六）大宗商品价格走势不明

2016 年初，国际大宗商品市场价格出现一轮上涨行情，石油、铁矿石、有色金属价格均明显反弹。当前，世界经济尚未进入稳固复苏阶段，政治经济领域不确定因素较多，全球市场需求不振，加上大宗商品产能过剩问题依然突出，商品价格持续上行缺乏有力支撑。在供需呈现脆弱平衡的背景下，国际市场面对突发事件和政策变动的敏感度上升，反复震荡将成为市场的新常态。中东、北非、俄罗斯等主要原油出口地区均面临较高地缘政治风险，全球石油供应的不确定性较大，可能成为短期油价波动的重要诱发因素。大宗商品价格持续低迷不仅影响矿山、油田的正常经营和新能源行业的发展，而且使得依赖大宗商品出口的新兴经济体经济遭受重创，给大宗商品进口国带来输入性通货紧缩压力，进一步延缓世界经济复苏进程。

（七）国际贸易投资面临变局

当前世界经济增长乏力，大宗商品价格和主要货币汇率大幅震荡，贸易保护主义抬头，这些都成为全球贸易企稳回升的重要阻碍。据世界贸易组织发布的全球贸易统计报告，2016 年全球货物贸易出口额为 15.46 万亿美元，下降 3.3%；2016 年全球货物贸易进口额为 15.79 万亿美元，下降 3.2%。当时世界贸易组织预测 2017 年全球货物贸易量将增长 2.4%，高于 2016 年 1.3%的增速，但经济及贸易情势的高度不确定性可能使增幅落在 1.8%～3.6%区间内。

2017 年 1 月下旬，美国总统特朗普签署行政命令，正式宣布美国退出《跨太平洋伙伴关系协定》，这一行政命令签署预示美国贸易政策进入新的时期，即特朗普政府未来将与美国盟友和其他国家重点发展双边贸易。当今，发达国家贸易保护主义、民粹主义等思潮渐成气候，世界经济全球化进程正面临严峻威胁。如何在经济全球化进程中趋利避害，已是各国在面临严峻形势背景下必须思考的问题。

（八）地缘政治风险上升

2016 年后，世界进入了地缘政治衰退期，政治风险动荡加剧，其对全球市场的影响与 2008 年的金融危机不相上下。特朗普的“美国优先”理念和“让美国再次伟大起来”的口号建立在美国最核心的价值观——独立——上。这意味着美国不再有意承担其国际责任，将摆脱其在多边机构和盟友间的负担。欧盟的政治风险将继续风起云涌，有些还会成为现实。英国脱欧谈判将进一步加深英国和欧洲的互不信任。土耳其的极权统治趋势将加强，该国与欧盟签订的难民协议可能会瓦解。大规模的恐怖主义对欧洲的威胁仍比对其他发达国家都要严峻。从英国脱欧到意大利公投失败、从特朗普胜选到菲律宾新总统与美国的“分手”、从跨大西洋联盟的失速到美国退出《跨太平洋伙伴关系协定》，种种事件均标志着地缘政治风险的上升以及国际安全和经济机制的弱化，主要经济体之间的不信任日益加深。

三、国内环境特征

（一）人口红利逐渐减弱

人口红利是支撑过去近 40 年中国经济高速增长的重要力量，中国经济亦长期依赖充足的劳动力供给和高储蓄率。随着人口结构的变化，老龄化趋势愈加显现。从年龄构成看，2016 年我国 16 周岁至 60 周岁（不含 60 周岁）的劳动年龄人口为 90 747 万人，占总人口的比重为 65.6%，与 2015 年相比减少 0.9 个百分点。2013—2016 年我国 16 周岁至 60 周岁（不含 60 周岁）的人口数量和比重都逐年下滑，对我国改革开放发挥过重要作用的人口红利已经逐年减弱。随着我国经济的发展，工资、价格、社会保障福利均在不断提高，劳动年龄人口的减少无疑将造成劳动力成本的上升，对劳动密集型的出口企业产生不利影响。

（二）资源价格有所上涨

由于自然资源的稀缺性，包括土地、能源、原材料等的价格均有所上升。具体来看，2016 年，受去产能和其他因素的影响，煤炭、钢铁涨幅较大，化工产业、造纸业以及物流运输的成本均有不同程度的上涨。原材料成本上涨直接抬高了出口企业的生产成本。与此同时，由于国际原材料成本的上涨，中国在战略资源储备领域的布局也越来越多地面临着来自美、日等发达国家的挑战。

（三）环境保护成本上升

在改革开放初期，由于中国的经济发展水平较为落后，且在特殊阶段经济发展是第一要务，故环境保护意识较薄弱。随着经济水平的提高，居民对环境质量的要求越来越高，环境变得越来越宝贵，成为越来越稀缺的资源，对整个经济发展的约束力度越来越强。如何降低对环境的污染是当今世界面临的一个重要问题，我国也越来越注重保护环境、节能减排工作。由于目前我国还处于全球价值链的中低端，出口企业多为对环境污染较大的加工制造企业，因此，随着我国环保法规的愈加严格与完善，污染控制、节能减排的力度加大，出口企业的成本将有所上升。

（四）国家政策支持力度加大

国家对于外贸发展的政策支持力度不断提升，陆续出台了一批促进外贸稳增长、调结构的政策措施，通过提升贸易便利化水平、规范进出口环节收费制度、提升融资保险支持等政策降低贸易成本，鼓励发展跨境电子商务等新型商业模式，为外贸发展营造更加有利的政策氛围，增强进出口企业的信心，提升其竞争力。

2016 年 1 月，针对加工贸易竞争力弱化的问题，国务院出台了《关于促进加工贸易创新发展的若干意见》，该意见分为 8 个部分，共 33 条。第一部分是总体要求，提出了“始终坚持稳中求进、着力推动转型升级、大力实施创新驱动、合理统筹内外布局、不断优化营商环境”五项基本原则，明确了到 2020 年加工贸易创新发展的目标。第二部分到第五部分是加工贸易创新发展的主要任务，包括：延长产业链，提升加工贸易在全球价值链中的地位；发挥沿海地区示范带动作用，促进转型升级提质增效；支持内陆、延边地区承接产业梯度转移，推动区域协调发展；引导企业有序开展国际产能合作，统筹国际国内两个市场、两种资源。第六部分到第八部分是组织实施的要求，包括：改革创新管理体制，增强发展动力；完善政策措施，优化发展环境；组织保障。

2016 年 4 月，国务院常务会议又确定了促进进出口回稳向好的政策措施。第一，鼓励金融机构对有订单、有效益的外贸企业贷款，扩大出口信保保单融资，增加短期出口信保规模，提高部分机电产品出口退税率。第二，完善加工贸易政策，取消加工贸易业务审批，健全事中事后监管机制。实施支持中西部承接加工贸易转移的政策。鼓励中西部到东部招商引资，对东部地区加工贸易转移腾退用地经批准可转变为商业、旅游、养老等用途。第三，扩大跨境电子商务、市场采购贸易方式和外贸综合服务企业试点，支持企业建设境外营销和服务体系。培育外贸自主品牌。第四，实行积极的进口政策，重点支持先进设备和技术进口。更好地发挥利用外资和对外投资对贸易的促进作用。第五，在符合条件的海关特殊监管区域探索货物状态分类监管试点，在税负公平、风险可控的前提下，赋予具备条件的企业增值税一般纳税人资格。进一步降低出口平均查验率，年内将国际贸易“单一窗口”建设推广到有条件的中西部地区。打击侵权假冒等违法行为。

（五）中国对外贸易结构逐渐调整

一方面，随着人口红利下降及要素成本上涨，中国传统出口竞争优势有所弱化，而新的竞争优势尚未形成，导致部分出口产业向东南亚等新兴市场国家转移。另一方面，全球金融危机以后，中国大力推动高铁技术的出口，在技术出口领域做了非常有益的尝试。此外，中国新兴产业、新型商业模式出口发展较快，大型成套设备等资本品出口情况优于过去，但与发达国家相比，在竞争力上仍存在差距，短期内难以弥补传统优势产品出口低迷的影响。由于原有出口模式优势不断弱化，中国亟须改善出口结构，引导出口企业实现技术升级，找到新的出口增长点。

（六）“一带一路”与亚洲基础设施投资银行为发展对外贸易提供平台

2013 年 9 月和 10 月，中国国家主席习近平在出访中亚和东南亚国家期间，先后提出共建“丝绸之路经济带”和“21 世纪海上丝绸之路”的战略构想，得到国际社会的高度关注和有关国家的积极响应。“一带一路”倡议直接指向了中亚、西亚等地区，有利于开拓新的对外贸易市场，寻找新的贸易合作伙伴，互利共赢。2015 年 12 月，亚洲基础设施投资银行正式成立，其成立有着巨大意义，对中国来说有承启内外的作用，是国家最高战略的金融投资配套机制。当下，美国作为近年来全球政治经济发展的引领者，作为世界上最大的发达国家和世界第一大经济体，却逐渐与全球化的理念背道而驰，无疑给未来的世界经济走向带来巨大的风险与不确定性，给全球化、区域化的深度合作蒙上阴影。面对 2008 年金融危机尚未消散的阴影、西方发达国家民粹主义兴起以及贸易保护主义复燃的趋势，中国的“一带一路”倡议和亚洲基础设施投资银行的建立为中国的对外贸易发展提供了新的平台。

从贸易结构看，我国与“一带一路”沿线国家和地区具有很强的互补性。例如：我国的农产品贸易对象主要集中在中亚，因为其土地资源丰富，故在出口土地密集型产品上具有比较优势，而我国在出口劳动和资本密集型产品方面具有比较优势，通过向中亚国家出口劳动和资本密集型农产品，从中亚国家进口土地密集型农产品，可以实现我国与“一带一路”沿线国家和地区在贸易结构上的互补。“一带一路”倡议的实施为我国西部地区的对外贸易发展提供了机遇，有助于平衡我国对外贸易的区域格局，缩小国内区域间经贸水平的差异，促进经济的整体发展。亚洲基础设施投资银行的成立将带动亚洲大量基础设施建设项目，中国企业在基础设施建设方面已经处于全球领先地位，因而将获得重大发展机遇。亚洲基础设施投资银行的投资还能带动中国制造业标准走向国际，为中国制造业带来海外订单，消化过剩产能。综合来看，“一带一路”与亚洲基础设施投资银行为我国的对外贸易发展提供了巨大的平台。

第二章　加入世贸组织：中国对外贸易发展的新起点

历经15年的复关和入世谈判终于在2001年9月17日画上了句号，同年11月10日在多哈会议上中国入世表决获得通过，12月11日，中国正式成为世界贸易组织（WTO）这一世界最大的经济贸易组织的第143个成员。正式加入WTO提升了中国在国际社会中的地位，并有助于其尽快融入世界经济的主流，这是中国现代化建设进程中具有重要意义的大事，同时标志着中国对外开放进入一个新的历史阶段。自加入世界贸易组织以来，中国发生了不曾预见的巨大变化，如以惊人的发展速度成为了全球第二大经济体、世界第一贸易大国、世界第一大吸引外资国、世界第二大对外投资国，可以说中国已深度融入了全球经济。在此基础上，中国还积极抓住战略机遇，主动调适，全面参与，拓展全方位的开放格局，并且积极参与全球经济治理，肩负起世界赋予的责任与使命。与此同时，中国尚处于转型时期，入世给中国企业带来了各种冲击与挑战，在全球价值链中的地位仍有待提升，并且中国企业也面临着愈发严峻的摩擦与争端，对外贸易的持续发展也给中国社会带来了许多新问题。尤其在当前世界经济持续低迷、WTO多边谈判面临困境、未来全球化发展走势尚不明朗的背景下，中国各界要认真反思入世以来的利弊得失，当前推动WTO多哈回合谈判仍应是中国推进全球贸易治理的首要目标，同时对“新全球化”的新形态保持开放心态，积极且有针对性地推进自由贸易区战略，为全球治理规则的重构贡献力量，揭开中国对外开放的新篇章。

第一节　中国入世以来的成就

一、深度融入全球价值链

（一）贸易和国际投资高速发展

（1）以中间品为代表的货物贸易发展异常迅速。入世使得中国可以更好地利用国际市场和国际资源，获得多边、稳定、无条件的最惠国待遇，并以发展中国家的身份获得普惠制待遇等便利，极大地促进了中国开放型经济的发展，进出口总额显著提升。2001—2015 年，中国出口总额从 2 661 亿美元上升至 22 765.7 亿美元，增长了 756％，年均增长 16.6％。同期，世界商品出口总额从 61 910 亿美元上升至 164 820 亿美元，增长了 166％，年均增长 7.2％。中国商品出口的平均涨幅是世界的 2 倍多，明显高于入世前的年均涨幅，中国商品出口占世界的比重从 4.3％提升至 13.8％。同期，中国商品进口总额从 2 435.5 亿美元上升至 16 820.7 亿美元，增长了 591％，年均增长 14.8％，平均涨幅也是世界的 2 倍多，中国商品进口总额占世界的比重从 3.8％上升至 10.1％，特别是中间品和零部件的进出口占比更大，中国在世界贸易中扮演着举足轻重的角色。具体如图 2－1 和图 2－2 所示。

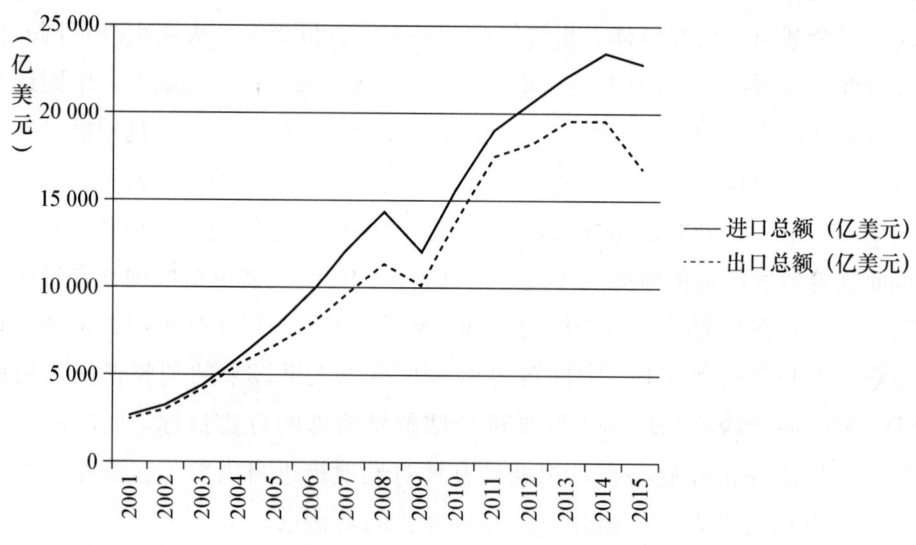

图 2－1　2001—2015 年中国商品进出口总额

资料来源：根据商务部网站和 WTO 数据库整理。

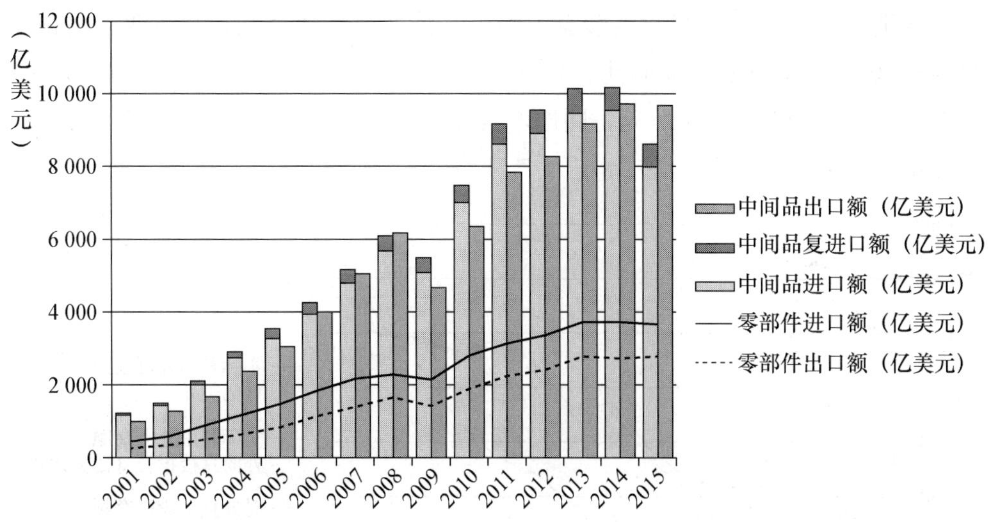

图 2－2　2001—2015 年中国中间品与零部件进出口总额

资料来源：根据联合国商品贸易统计数据库整理。

（2）作为中间投入的服务贸易也取得了快速发展，服务进出口总额继续保持世界第二。2001—2015 年，中国服务出口额从 329 亿美元上升至 2 882 亿美元，增长了 776%，年均增长 16.8%，出口平均增幅是世界增幅的近 2 倍，中国服务出口额占世界的比重从 2.2%提升至 6.1%。同期，中国服务进口额从 390 亿美元上升至 4 248 亿美元，增长了 989%，年均增长 18.6%，进口平均增幅是世界增幅的 2 倍多，中国服务进口额占世界的比重从 2.6%提升至 9.2%。中国服务贸易结构不断优化，传统服务贸易额的比重下降，新兴服务贸易部门出口增速加快，高附加值服务出口增长迅速，这些新兴服务贸易部门都是作为生产性服务而产生并随着商品贸易的快速发展而发展的，作为商品的中间投入，服务的快速发展也是我们深度融入全球价值链的标志之一。

（3）作为全球制造网络的中坚力量，中国的双向 FDI 和跨国公司发展同样引人注目：加入 WTO 使中国获得市场准入、贸易争端解决、贸易规则制定等便利，同时增强了外国企业对中国的信心，中国吸引外资的规模不断扩大，实际利用外资（直接加间接）的规模从 2001 年的 496.7 亿美元增加到 2015 年的 1 356 亿美元，是 2001 年的 2.7 倍。中国对外资的开放涉及各个行业，几乎所有的制造业和大部分服务业，其中服务业所占比重超过 50%。入世以来，中国政府持续简政放权，不断释放企业活力，加之“一带一路”倡议的实施，中国的对外直接投资迈向新台阶，对外直接投资规模由入世之初的几十亿美元上升至 2015 年的 1 456.7 亿美元，占全球流量的 9.9%，创下历史新高，金额仅次于美国，首次位列世界第二位（见图 2－3）。截至2015年底，中国对外直接投资覆盖了国民经济所有行业类别，制造业、金融业、信息传输/软件和信息服务业同比分别增长了108.5%、52.3%、115.2%。流向装备制造业的投资为100.5亿美元，同比增长158.4%，占制造业投资的50.3%，带动了装备、技术、标准和服务“走出去”。

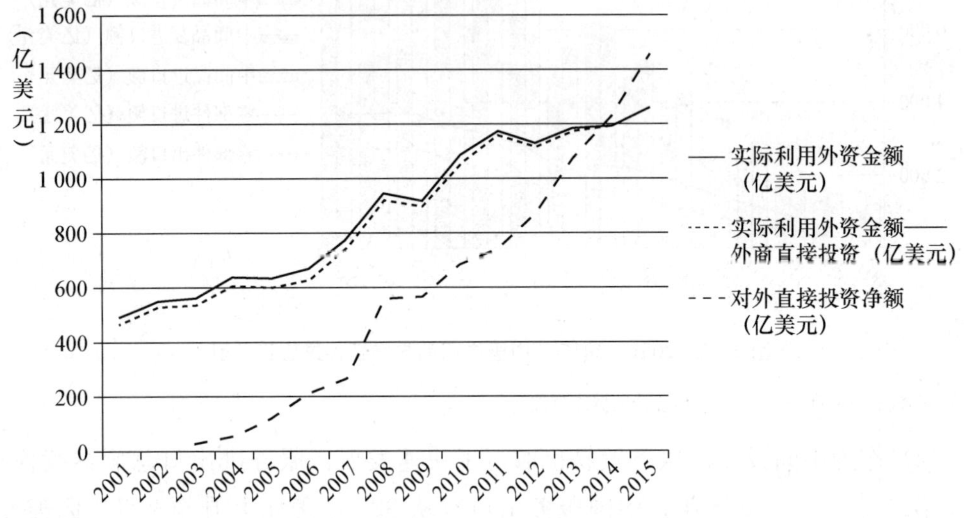

图2-3　2001—2015年中国吸收FDI和对外直接投资流量情况

资料来源：根据中经网统计数据库和国家统计局网站整理。

（二）融入全球价值链的贸易方式和产业结构发生了转变

1. 一般贸易和加工贸易

入世使中国真正全面地、深入地融入全球价值链，不仅体现在经济总量上的空前发展，而且体现在贸易方式、产业结构优化上。从贸易方式上来看，加工贸易长期以来占中国总贸易额的比重为70%～90%。近年来，贸易企业自身资金规模的增加和经验的积累、资源与劳动力成本上升、技术密集程度的提高等内生和外在因素，使全国加工贸易的比重开始由升转降，从2006年的约65%持续下降至2015年的31.5%，一般贸易所占比重除在2009年有所下降外，总体保持增长态势，2007年首次超过加工贸易所占比重，成为拉动出口的主要力量（见图2-4）。

2. 跨境电子商务

随着互联网技术的快速崛起和企业间信息不对称程度的减弱，中国出口企业的外贸订单在一定程度上由标准化的“大单”向个性化的“小单”转变，向小批量、多批次和快速发货方向发展。商务部数据显示，我国跨境电子商务交易额在2012年已达到2万亿元（占当年外贸进出口总额的比重超过9%），2013年超过3万亿元，2016 年则达到了 6.5 万亿元。由于跨境电子商务的发展速度（年均增速维持在约 30%）远超过外贸增速，跨境电子商务在对外贸易中的地位愈显重要。

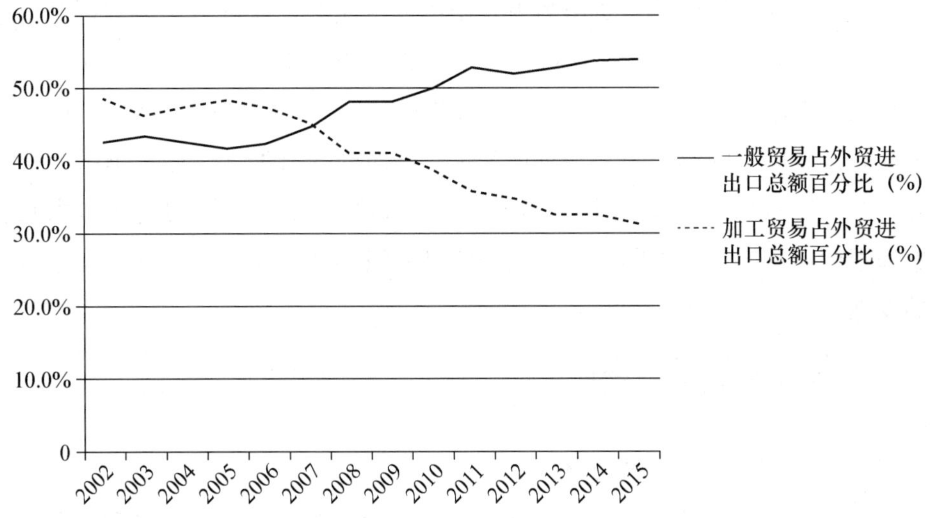

图 2－4　2002—2015 年一般贸易与加工贸易在进出口总额中的占比变化

资料来源：根据商务部网站整理。

3. 产品结构

入世之后，我国的进出口商品结构发生了很大的变化，作为最上游中间投入品的初级产品进口份额由 2001 年的 19%上升至 2014 年的 33%，而工业制品包括化学成品、原料、杂项制品等的进口份额均下降。同期，初级产品的出口份额由 10%下降至 5%，而工业制品中的机械及运输设备的出口份额由 2001 年的 36%上升至 2014 年的 46%，这也说明我国出口商品本身的技术密集度和资本密集度在提高，出口增加值在提升。

（三）积极构建区域价值链，由全球价值链向区域价值链转变

中国制造业凭借低廉的要素成本和不断降低的交易成本优势，在优良的基础设施支持下，以贴牌代工或加工贸易的方式，融入由国际大买家或跨国公司所主导和控制的全球价值链的生产分工体系中，主要定位在全球价值链的底部环节，专注于劳动密集型和低技术含量产品的生产、加工、制造或组装，不仅实现了贸易量的迅速增加和制造业的高速成长，而且推动了中国尤其是东部沿海地区在实现工业化的同时嵌入了全球价值链，实现了从贸易流通领域到生产制造领域的外向型发展。然而，近年来受人民币汇率上升、要素成本提高、环境承载能力下降和外部需求疲软等因素的影响，这种定位于全球价值链底部的增长战略面临着严峻挑战。

在WTO多哈回合谈判无果而终的背景下，各国纷纷转向区域自由贸易协定，另辟蹊径，实施符合本国利益的自由贸易战略。在寻求全球价值链定位攀升受阻和区域经济一体化快速发展的双重压力下，中国积极应对，通过多边和双边开放融入区域价值链。习近平总书记于2013年提出了建设“丝绸之路经济带”和“21世纪海上丝绸之路”的战略构想，即“一带一路”倡议。“一带一路”沿线的60多个国家和地区，以发展中国家和新兴经济体为主。与对外开放加入全球价值链的发展战略不同，“一带一路”倡议通过输出资金、技术和管理经验，推动周边国家和地区的发展和繁荣，从而带动中国自己的经济转型升级和区域发展再平衡，促进区域价值链的发展。

二、制度改革取得了巨大成就

（一）打破外贸经营权的垄断

2004年7月1日正式实施的《中华人民共和国对外贸易法》将外贸经营者的范围扩大到依法从事外贸经营活动的所有市场主体，其配套文件《对外贸易经营者备案登记办法》进一步明确了法人、其他组织和个人经营外贸进行备案登记的具体步骤，意味着我国外贸经营主体的确定由国家审批转向自主备案登记。外贸经营主体全面“解禁”和外贸经营准入门槛完全取消，标志着我国外贸经营权的改革已走完最后一步。

外贸经营权由审批制改为登记制，取消门槛限制使所有履行了法定程序的市场主体都可以成为外贸经营的主体，这更符合“依法经营是每一个市场参与者理应享有的基本权利”这一市场经济的特征。

（二）双边区域贸易协定和双边投资协定战略——以开放促改革

截至2010年，中国加入WTO的关税减让承诺已全部履行完毕，关税平均水平从之前的15.3%降至9.8%，自入世以来，中国认真履行入世承诺，开放程度显著提高，形成了全方位、宽领域的开放格局。中国开放型经济从“多边开放”和“双边开放”转向“单边开放”，三者良性互动、协调发展。面对TPP和TTIP对中国自由贸易区战略的影响，中国积极统筹新时期的国际贸易战略，截至2017年底已签订自贸协定16个，涉及多达24个国家和地区，建立了面向全球的自由贸易网络（见表2-1）。这些贸易协定涉及的条款也在不断丰富中，虽然还达不到高标准版本自贸协定的要求，但我国也在尝试开放新的领域、制定新的标准，如环境标准、原产地规则等。

表 2-1　　中国自贸区签署现状（截至 2017 年底）

已签协议的自贸区	正在谈判的自贸区	正在研究的自贸区	优惠贸易安排
● 中国-马尔代夫 ● 中国-格鲁吉亚 ● 中国-澳大利亚 ● 中国-韩国 ● 中国-瑞士 ● 中国-冰岛 ● 中国-哥斯达黎加 ● 中国-秘鲁 ● 中国-新加坡 ● 中国-新西兰 ● 中国-智利 ● 中国-巴基斯坦 ● 中国-东盟 ● 内地与港澳关于建立更紧密经贸关系的安排 ● 中国-东盟（“10+1”）升级 ● 中国-智利升级	●《区域全面经济伙伴关系协定》（RCEP） ● 中国-海合会 ● 中日韩 ● 中国-斯里兰卡 ● 中国-以色列 ● 中国-挪威 ● 中国-巴基斯坦自贸协定第二阶段谈判 ● 中国-新加坡自贸协定升级谈判 ● 中国-新西兰自贸协定升级谈判 ● 中国-毛里求斯 ● 中国-摩尔多瓦	● 中国-哥伦比亚 ● 中国-斐济 ● 中国-尼泊尔 ● 中国-巴布亚新几内亚 ● 中国-加拿大 ● 中国-孟加拉国 ● 中国-蒙古 ● 中国-巴拿马 ● 中国-巴勒斯坦 ● 中国-秘鲁自贸协定升级联合研究 ● 中国-瑞士自贸协定升级联合研究	亚太贸易协定

资料来源：商务部网站。

双边投资协定（BIT）是两个国家之间签订的针对相互投资的一系列特别协议和条款，是国际投资领域最普遍的国际协定。通过签订相应的协议赋予外国投资者区别于国内投资者的权益，一旦出现纠纷可以通过良好的机制进行调节，保护外国投资者的利益不受损失。1982 年，我国与瑞典签订第一个中外双边投资协定，自加入 WTO 以来，我国加快双边投资协定的签署工作，已与 100 多个国家和地区签署了双边投资协定，其中欧洲国家 36 个、非洲国家 16 个、美洲国家 11 个、大洋洲国家 3 个。双边投资协定的签订不仅可以降低交易费用、减少不确定性，而且可以为投资者提供更稳定的投资环境，极大地促进外商直接投资（FDI）和对外直接投资（OFDI）的发展。

中国签订双边投资协定可分为三个阶段。20 世纪 90 年代前为第一阶段，当时中国的经济实力还较弱，不具备“走出去”的能力，应资本输出国的要求，从鼓励吸引外资来华投资角度签署双边投资协定。20 世纪 90 年代到 2008 年为第二阶段，期间的协定模式比较自由，强调维护投资者自由、保护投资者权益。2008 年后至今为第三阶段，期间的协定更注重在维护东道国主权和投资者自由两者间寻求平衡，条款内容趋于成熟，体现了国际投资协定新的趋势。例如：越来越注重协定的可操作性；有关投资保护的内容越来越细化；在协定定义条款中明确投资特征；对公正与公平待遇进行了具体规定；将间接征税纳入征收条款中，且规定了认定间接征收的条件。除此之外，谈判条款渐趋复杂化，有些国家要求在协定中增加与投资自由化、便利化有关的内容，如市场准入、透明度、禁止业绩要求等；还有些国家要求将与投资有关的其他内容也纳入协定谈判范围，如竞争政策、知识产权、环境保护、劳工、税收、金融等。

随着企业“走出去”步伐的加快，我国签订的BIT内容除了为投资者提供更为稳定的投资环境和制度保障之外，更加注重维护我国投资者在海外的合法权益。据商务部统计，2015年我国境内投资者在全球156个国家和地区的5 090家境外企业实现非金融类直接投资1 180.2亿美元，且相对集中在发展中国家。这些国家法制环境良莠不齐。通过签订协定将对方政府对我国在当地投资的保护义务提升到国际法的层面，这在一定程度上可以减少因其国内立法不健全而对我国海外投资保护不利甚至造成损害的可能性。目前，随着中国企业法律意识的增强和对投资环境的关注，我国有些企业已经将与我国签订投资保护协定作为其选择海外投资市场的决定因素之一。可以预见，双边投资保护协定在促进我国对外投资、保护我国投资者海外利益方面将发挥越来越重要的作用。

（三）自贸区战略——自主、单边的制度改革

在新形势下，为了进一步推进改革开放和促进各个地区以点带面的发展，我国提出建立上海、广东、福建、天津自由贸易试验区的伟大构想并加以实施。与沿海省份相比，内陆和延边地区的开放程度和经济发展程度都较为落后，因此对通过开放和创新来拓宽经济发展空间的需求更为迫切。

负面清单最早由美国、加拿大和墨西哥在1992年签订的《北美自由贸易协定》中引入，是一种国际通行的外商投资管理办法，是指以清单方式列出的所有针对外资的与最惠国待遇和国民待遇不符的管理措施，或高管要求、业绩要求等方面的管理措施。上海自贸试验区借鉴国际通行投资规则，从制度改革试验而不是双边谈判的角度，在自贸试验区内实行“负面清单”管理模式来推进投资自由化。

（四）金融服务业法律框架逐步建立

我国依据《服务贸易总协定》及其附属协定做出了一系列入世承诺。入世以来，为履行相关承诺，深化对外开放进程，我国在金融服务业领域陆续修订和制订了相关法律法规，在制度上为金融市场的充分开放奠定了良好的基础。

加入WTO后，我国银行业随即严格按照入世承诺时间表，认真履行承诺，实现对外开放。2001年，随着中国入世，我国迅速修订出台了《中华人民共和国外资金融机构管理条例》，将承诺时间中允许外资银行经营的业务全部列入了外资银

行业务范围，体现了我国银行业对外开放的决心。在外汇业务方面，允许外资银行将外汇业务客户对象扩展至中国居民个人，无须审批。在人民币业务方面，则按照承诺时间表逐步扩大外资银行经营人民币业务的地域范围和客户对象范围。随着五年过渡期满，2006 年《中华人民共和国外资银行管理条例》和《中华人民共和国外资银行管理条例实施细则》的出台，标志着我国全面兑现承诺，进一步提高了银行业的对外开放水平。

总体上看，入世以来我国在金融服务业相关法律法规的修订和制定上取得了长足的发展，银行业市场开放不断深化，行业监管不断完善。法律制度一方面放松对外资机构的限制，鼓励外资银行业务的开展和创新，另一方面严肃对待市场开放可能带来的监管问题，审慎建立监管制度，保障市场开放的良性发展。可以看到，中国入世对于银行业法律制度的变革起到了积极作用，短短五年便实现了银行业法制建设的重大进展，而高效的法制建设也将反作用于银行业的对外开放进程。

三、参与全球经济治理成绩斐然

中国作为最大的发展中国家，尤其是公认的全球性的经济大国，为世界经济的复苏做出了巨大的贡献，综合国力、全球影响力和国际地位均进一步提升。崛起的中国被推到全球经济治理的前台，成为全球经济治理的新焦点。一直以来，中国秉持以主动参与全球经济治理为先导和中心的总体战略，作为一个负责任的大国，积极承担应尽的义务，在倡导和创新全球治理理念、引导全球经济议程、参与国际规则制定、推进区域经贸安排等方面发挥着积极作用。同时，深度参与全球治理，也有利于中国自身的发展，进一步提升国际影响力和话语权，还可为国际秩序向着更加公平、合理的方向发展提供更多的正能量。

（一）“一带一路”与亚洲基础设施投资银行：倡导能力基础之上的规则观

经济高速增长使中国成为世界能源进口和消费大国，中国原油进口来源和渠道比较单一，加之近年来南海局势紧张，中国能源安全形势恶化。另外，世界经济全球化、区域经济一体化加快推进，全球经济增长和贸易与投资格局正在发生深刻调整，中国需要进一步激发区域内的发展活力和合作潜力。以此为背景，中国提出了建设“丝绸之路经济带”和“21 世纪海上丝绸之路”的倡议。

发端于中国的“一带一路”倡议，贯通中亚、东南亚、南亚、西亚乃至欧洲部分区域，东牵亚太经济圈，西系欧洲经济圈，覆盖约 44 亿人口（占全球人口的 63%），经济总量约 21 万亿美元（占全球经济总量的 29%）。以和平发展、互利共赢为宗旨，以加强亚洲国家之间的互联互通为切入点，中国主动发展与“一带一路”沿线国家和地区的经济合作伙伴关系，从而实现“共同打造政治互信、经济融合、文化包容的利益共同体、命运共同体和责任共同体”这一目标。

在具体措施上，基础设施投资和相应的融资平台建设居于重要地位，中国先后于2013年和2014年提议成立亚洲基础设施投资银行和丝路基金，为“一带一路”倡议的落实提供金融支持。《筹建亚洲基础设施投资银行备忘录》于2014年10月由中国、印度、新加坡等21个意向创始国签署，截至2015年4月15日，亚洲基础设施投资银行创始成员国数量由最初的21个扩大到57个，遍及全球五大洲。

以亚洲基础设施投资银行为金融支撑，推动沿线国家和地区基础设施建设的“一带一路”倡议与60多年前美国的“马歇尔计划”以及20世纪末国际货币基金组织、世界银行和美国政府对拉丁美洲和东欧进行援助所达成的“华盛顿共识”有着根本区别。“马歇尔计划”和“华盛顿共识”意在通过有附加条件的对外援助和贷款，实现对他国经济和政治的双重控制。由于“一带一路”沿线国家和地区油气资源丰富，“一带一路”倡议的实施有助于缓解中国的能源压力，更为重要的是，“一带一路”倡议强调的是能力基础之上的规则观：以和平发展、互利共赢为宗旨，不搞排他性制度规则设计，不针对第三方，不经营势力范围，任何有合作意愿的沿线国家和地区都可参与，通过帮助沿线国家和地区建设良好的基础设施，推动周边国家和地区的发展和繁荣，提升其参与国际经贸往来的软实力和硬实力，在共同发展中带动中国自己的经济转型升级和区域发展再平衡，在共同发展之后再制定规则来促进各参与国有序而深入地合作与发展。

（二）积极稳妥推进人民币国际化

在中国政府实施的人民币国际化发展战略中，中国政府有意愿向合作国家提供大量以人民币计价的金融资源，同时不附加过多的额外条件。人民币的国际使用和汇率的国际协调在微观层面上有利于中国与合作国家之间贸易和投资的便利化，在宏观层面上有利于提升中国在全球政治和经济治理中的影响力。目前，中国人民币国际化取得了很大进展。

中国自2009年启动跨境贸易人民币结算试点以来，跨境贸易人民币结算量迅速增加，试点初期全年结算量仅为36亿元，截至2015年，跨境贸易人民币结算量达到7.23万亿元，2015年直接投资人民币结算量达到2.32万亿元，以人民币进行结算的跨境货物贸易、服务贸易及其他经常项目、对外直接投资、外商直接投资的结算量分别为63 911亿元、8 432亿元、7 362亿元、15 871亿元。

中国的人民币国际化进程不断取得重大进展，标志性事件便是人民币于2016年10月1日正式被纳入国际货币基金组织的特别提款权（SDR），人民币成为自美元、欧元、英镑和日元之后的第五种 SDR 储备货币，可以用于成员间的支付清算、借贷和还本付息。随着我国“一带一路”倡议的实施，“一带一路”沿线国家和地区物流、交通和能源安全等诸多领域的基础设施项目都有较好的投资前景，人民币“入篮”后，我国企业可以使用人民币在境外，尤其是“一带一路”沿线国家和地区开展境外投资，购买资源、劳务、技术，销售成品，进行盈亏核算、银行贷款、利润回收等都更加便利，从而使得企业可以在更大范围内参与国际市场竞争。

（三）G20 峰会：中国参与全球经济治理的主场外交

2016 年 9 月在杭州举办的二十国集团（G20）领导人杭州峰会，使中国推动全球经济治理站上新的起点，也是中国作为全球最大的农业国在成功实现工业化和现代化转型之后，第一次在世界主要国家和组织机构面前系统地展现自身的发展经验和全球治理方案，还是中国首次以创始国和核心成员国身份参与全球治理。

G20 杭州峰会提出了全球治理的新举措。在中国的积极推动及其他成员国的共同努力下，G20 成员在全球贸易、投资、发展等领域的治理方面达成共识。在贸易治理上，中方推动 G20 成员批准了《G20 全球贸易增长战略》；在投资治理方面，中方推动 G20 成员批准了《G20 全球投资指导原则》，为加强全球投资政策协调奠定了坚实基础。

第二节　中国入世以来面临的问题

全球价值链的展开和深化是促成过去 30 年全球贸易和投资高速增长的主要动力，而中国正是抓住了经济全球化这一发展趋势的机遇，在融入全球价值链的过程中通过实施一系列有远见的贸易战略和政策，发挥了自身的比较优势，迅速崛起为全球最主要的贸易大国和经济体之一。种种迹象表明，自中国入世以来，全球价值链在这一阶段的大规模展开和深化过程已告一段落。与入世之初相比，我们将面对的是一个经济全球化的全新发展环境。

一、在全球价值链中的地位亟待提升

伴随着经济全球化和通信信息技术的发展，以跨国公司为主导的要素全球配置催生了新型生产与贸易模式——全球价值链（GVC），即在生产工序不断深化的推进下，生产分割开始盛行，商品生产过程被分为不同的环节并部署于世界各地，各个环节可能由一个企业完成，也可能由多个企业共同完成。WTO 前总干事帕斯卡尔·拉米指出，相对于贸易总量，增加值贸易是衡量世界贸易的更好方法，能更真

实地反映全球贸易的运行状况。

GVC的不断延伸和融入，GVC的产品种类不断增加，在为参与者创造就业、增加收入的同时，也日益暴露出以传统的“贸易流量”为标准所统计的贸易数据的“重复计算”问题，按照传统方法进行贸易统计已造成“所见非所得”的严重偏误。由此，基于增加值贸易的视角对国家间贸易流量的再统计已经成为学术界和国际组织关注的重点问题。Hummels等（2001）、Yi（2003）通过计算垂直专业化（VS）指数来测定各国参与GVC分工的程度，揭示了一国出口在GVC中所处的地位以及可能获取的贸易利益，并引发了对GVC研究的热潮。我们在已有文献基础上基于增加值贸易的视角对价值链评估指标进行了改进，通过采用全球价值链参与程度、分工地位和显性比较优势指数测算中国制造业的全球价值链分工现状，并以此作为评估中国当前参与全球价值链分工模式的基础数据（见表2-2）。

表2-2　制造业分行业的价值链分工模式指标测度

行业 \ 指标	全球价值链参与程度	全球价值链前向参与程度	全球价值链后向参与程度	全球价值链分工地位	显性比较优势	
					总值	增加值
食品、饮料与烟草业	0.118	0.019	0.098	−0.075	0.544	1.033
纺织与纺织品业	0.255	0.113	0.142	−0.025	3.231	3.108
皮革与制鞋业	0.190	0.028	0.161	−0.122	3.400	3.015
木材及木制品业	0.235	0.100	0.135	−0.031	0.853	1.436
纸制品和印刷出版业	0.269	0.128	0.141	−0.011	0.257	0.793
焦炭炼油与核燃料制品业	0.395	0.135	0.261	−0.105	0.276	0.821
化工及化学制品业	0.354	0.201	0.153	0.041	0.536	1.036
塑料和橡胶制品业	0.319	0.143	0.176	−0.028	1.442	1.509
其他非金属矿物制品业	0.216	0.082	0.134	−0.047	1.271	1.692
金属制品与合金制品业	0.365	0.211	0.154	0.048	0.868	1.229
机械设备制造业	0.270	0.080	0.190	−0.097	0.843	0.964
电子和光学设备制造业	0.372	0.128	0.244	−0.098	2.249	1.648
交通运输设备制造业	0.309	0.135	0.174	−0.033	0.331	0.465
其他制造业和回收业	0.194	0.062	0.132	−0.064	1.400	1.392
平均值	0.276	0.112	0.164	−0.046	1.250	1.439

（一）制造业在全球价值链中的参与程度

目前，中国制造业的平均全球价值链参与程度为0.276，其中通过间接增加值出口导致的全球价值链参与程度（前向GVC）为0.112，通过进口国外中间品导致的全球价值链参与程度（后向GVC）为0.164。因此，我们认为，中国制造业主要通过进口国外中间品参与国际分工，即中国制造业仍然以后向GVC为主要价值链参与模式。

从各个行业的具体信息来看，全球价值链参与程度排在前三位的行业为焦炭炼油与核燃料制品业（0.395）、电子和光学设备制造业（0.372）、金属制品与合金制品业（0.365），这些行业大多为资源型行业，其产品往往作为其他产业的中间投入品，因此主要通过后向GVC嵌入模式参与全球价值链。全球价值链参与程度较低的行业为其他制造业和回收业（0.194）、皮革与制鞋业（0.190）以及食品、饮料与烟草业（0.118）等。这些行业生产周期较短、生产较为集中，因而价值链的参与程度并不高。

通过进一步划分价值链的前后向参与模式，我们发现全球价值链前向参与程度较高的行业有金属制品与合金制品业（0.211）、化工及化学制品业（0.201）、塑料和橡胶制品业（0.143），这些行业为资源密集型产业，为其他下游行业的生产提供中间投入品，因而价值链的前向参与程度较高。全球价值链后向参与程度较高的行业有焦炭炼油与核燃料制品业（0.261）、电子和光学设备制造业（0.244）、机械设备制造业（0.190），这些行业更倾向于后向参与全球价值链，即参与全球价值链生产的下游——加工组装生产环节。

从时间趋势来看，2001—2006年，随着中国加入WTO后贸易壁垒逐渐减少，中国制造业的价值链参与程度有了显著的提高，从2001年的0.242提高到了2006年的0.294，升幅近21.5%。通过进一步对全球价值链前向和后向参与程度的分析，可以发现全球价值链后向参与程度由2001年的0.133上升到了2006年的0.183，前向参与程度则基本稳定在0.11左右。这说明在加入WTO之后，中国制造业主要通过后向参与全球价值链分工，即通过进口大量的中间品参与国际分工。2009年，中国制造业的全球价值链后向参与程度下降到了0.144，降幅为21.3%，而前向参与程度略有提高，中国制造业正由进口中间品向为其他国家提供中间投入品的分工模式转变（见图2-5）。

（二）制造业在全球价值链中的分工地位

全球价值链分工地位反映了中国在全球分工体系所处的位置，根据前述指标的测算，我们发现中国制造业的平均全球价值链分工地位指数为－0.046。该指数为正值说明一国位于价值链的相对上游环节，为负值则说明一国处于价值链的相对下游环节。由此观之，中国制造业的全球价值链分工地位仍然较为低下。

分行业的测算结果表明，全球价值链分工地位指数大于0的行业仅有两个，即为金属制品与合金制品业（0.048）和化工及化学制品业（0.041）。其他全球价值链分工地位指数较高的行业为纸制品和印刷出版业（－0.011）、纺织与纺织品业（－0.025）、塑料和橡胶制品业（－0.028）等劳动密集型产业。总体来说，中国制

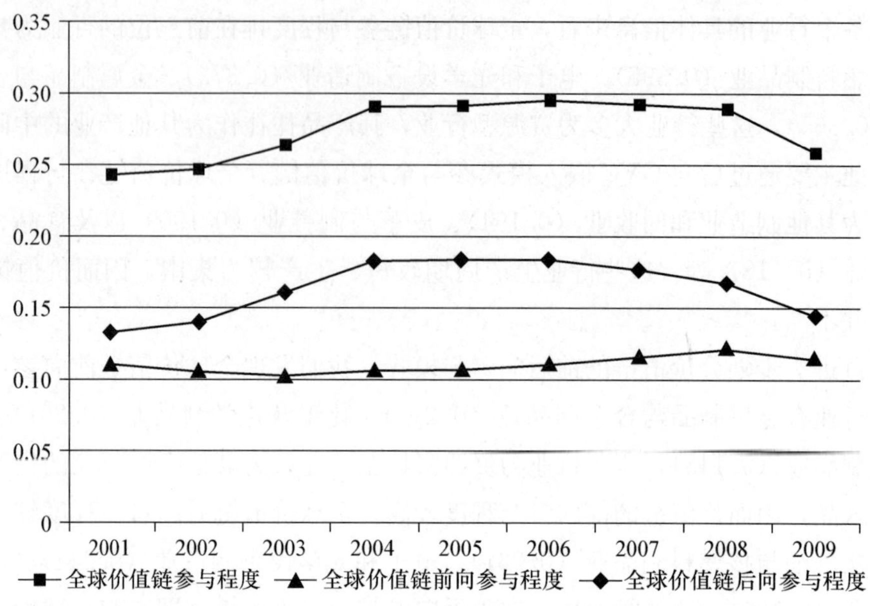

图 2-5　中国制造业全球价值链参与程度的时间趋势

造业参与全球价值链分工地位较高的行业主要为资源密集型和劳动力密集型行业，这与中国要素禀赋比较优势相吻合，导致了中国制造业参与全球价值链的整体格局表现为金属制品与合金制品业、化工及化学制品业等资源密集型行业以及纸制品和印刷出版业、纺织与纺织品业、塑料和橡胶制品业等劳动密集型行业位于全球价值链中上游位置。而电子和光学设备制造业、机械设备制造业以及交通运输设备制造业等资本密集型行业则位于全球价值链下游位置。

从时间趋势来看，2001—2005 年，中国制造业全球价值链分工地位指数由－0.021下降到了－0.068（见图 2-6）。2005 年之后，中国制造业全球价值链分工地位指数逐渐提高，2009 年达到－0.026。中国制造业全球价值链分工地位指数经历了先下降后上升的 V 形轨迹。加入 WTO 以后，中国一方面以丰裕的劳动力要素禀赋迅速融入全球价值链中，通过大量进口国外中间品参与全球价值链的低端环节，另一方面以丰富的能源资源参与价值链的上游环节。这种粗放型的贸易结构不仅使中国价值链分工地位低下，而且带来了一系列的问题，如环境污染加重、贸易摩擦（针对中国的反倾销、反补贴案件数量）日益增多等，不利于中国经济的长期可持续发展。

因此，中国政府采取了一系列新的贸易政策和措施，旨在促进贸易结构由粗放型向集约型转变。例如：2005 年调低和取消部分“高耗能、高污染、资源型”产品的出口退税率，提高了重大技术装备、IT 产品、生物医药产品的出口退税率等。

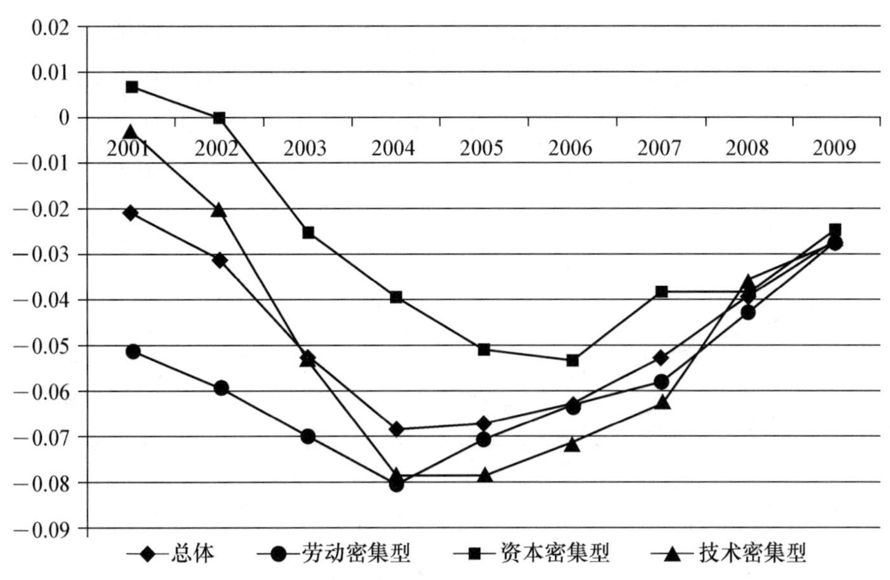

图 2－6 中国制造业全球价值链分工地位指数的时间趋势

2007 年再次调低 2 731 项产品（约占海关税则全部商品总数的 37%）的出口退税率以及调整加工贸易目录等。这些政策的实施促进了中国贸易结构的优化，提升了中国产业在全球价值链中的分工地位。从制造业行业类型来看，劳动密集型、资本密集型和技术密集型制造业行业的全球价值链分工地位在 2001—2009 年都呈现先下降后上升的 V 形轨迹，但是从总的趋势来看，劳动密集型行业的全球价值链分工地位有了提升，而资本和技术密集型行业的全球价值链分工地位则相对下降。

（三）制造业的比较优势：基于增加值的再估算

基于增加值贸易的比较优势分析发现，总体来看，中国制造业的平均显示性比较优势指数为 1.439，说明中国制造业具有一定的比较优势。分行业来看，中国具有比较优势的行业为纺织与纺织品业（3.108）、皮革与制鞋业（3.015）、其他非金属矿物制品业（1.692）、电子和光学设备制造业（1.648）、塑料和橡胶制品业（1.509）等行业。上述行业大多为典型的劳动密集型产业，其中纺织与纺织品业、皮革与制鞋业是中国一直具有较高比较优势的行业。因此，目前来看，中国制造业的比较优势仍然主要集中于劳动密集型产业。

从时间趋势来看，中国制造业的比较优势呈现倒 N 形轨迹（见图 2－7），总体而言呈下降趋势，由 2001 年的 1.481 下降到了 2009 年 1.393，降幅为 5.94%。分制造业行业类型来看，技术密集型行业的比较优势有了显著的提高。而劳动密集型和资本密集型行业的比较优势呈现下降趋势，劳动力、土地等生产要素价格的不断上升弱化了劳动密集型产业的比较优势。总体而言，中国的价值链分工格局正在发生变化，传统的劳动密集型和资本密集型产业的比较优势在下降，而技术密集型产业的比较优势在上升，中国由专业化生产劳动密集型产品向生产资本密集型、技术密集型产品转变，但是资本密集型、技术密集型行业的出口竞争力仍有待提升。

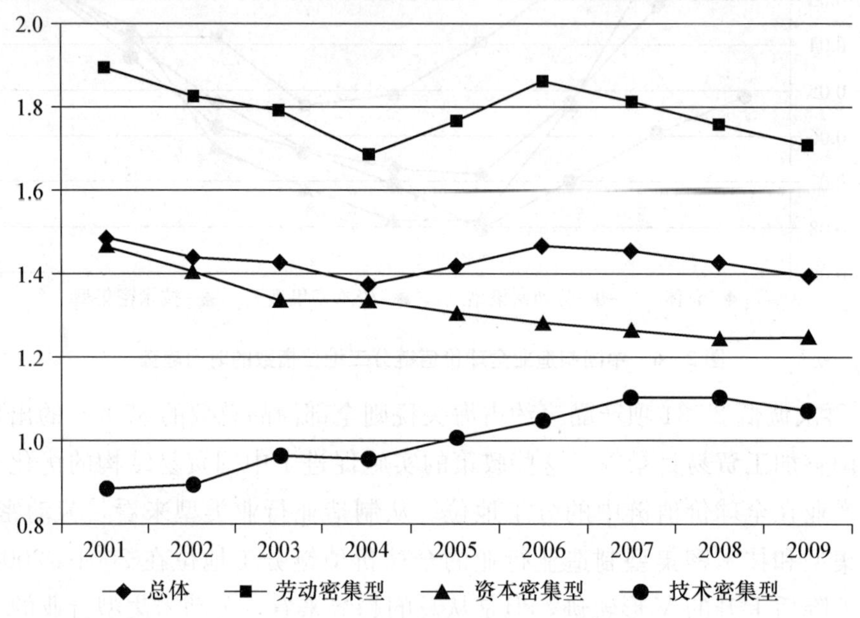

图 2-7 中国制造业全球价值链显性比较优势的时间趋势

二、贸易摩擦不断加剧

世界贸易组织主要倡导的是未来的自由贸易。我国入世后，对外贸易获得高速发展，特别是全球经济进入“新平庸”态势以来，各种形式贸易壁垒的出现，给我国的对外贸易带来了前所未有的挑战。

（一）频繁而严酷的对华反倾销

当前最为重要的非关税壁垒是反倾销措施，中国是受到反倾销冲击最为严重的国家。中国出口企业进行产品出口时，国内较低的劳动力成本和原料成本使得产品价格较低，十分容易遭受国外的反倾销调查。1995—2014 年，中国共遭受 1 023 起反倾销调查，占世界反倾销调查总数的 22.1%，位居全球第一，已有 17 个 WTO 成员对中国发起了反倾销调查，中国成为反倾销调查的头号目标（见表 2-3）。

表 2-3　　WTO 主要成员遭受反倾销调查情况（1995—2014 年）　　单位：起

时间	巴西	中国（不含港澳台）	印度	印尼	日本	韩国	马来西亚	俄罗斯	泰国	美国	世界
1995	8	20	3	7	5	14	2	2	8	12	157
1996	10	43	11	7	6	11	3	7	9	21	226
1997	5	33	8	9	14	15	5	7	5	15	246
1998	6	27	13	5	14	27	4	13	2	16	264
1999	13	43	13	20	22	35	7	18	19	14	359
2000	9	43	10	13	12	23	9	12	12	13	296
2001	13	55	12	18	14	23	6	9	17	15	372
2002	3	50	16	12	13	23	4	20	12	11	311
2003	3	53	14	8	16	17	8	2	7	21	234
2004	10	49	8	8	9	24	6	8	9	14	220
2005	4	53	14	14	7	12	14	4	13	12	200
2006	7	73	6	9	9	10	5	5	8	11	203
2007	2	62	4	5	4	13	7	6	9	7	166
2008	3	78	6	11	3	9	10	2	13	8	218
2009	12	78	7	10	5	8	7	4	8	14	217
2010	3	44	4	4	5	9	4	2	5	19	173
2011	3	51	7	5	5	11	2	3	8	10	165
2012	3	60	10	6	6	22	3	3	10	9	208
2013	6	75	11	7	11	25	9	5	14	13	287
2014	0	33	4	3	5	10	4	1	1	2	106
总计	123	1 023	181	181	185	341	119	133	189	257	4 628

资料来源：WTO 数据库，http://www.wto.org/english/tratop_e/adp_e/adp_e.htm。

在全球遭受反倾销调查数量超过 100 起的国家和地区中，中国所遭受的反倾销调查最多，成了一个“离群点”。在这 1 023 起反倾销调查中，最终实施反倾销措施的有 740 起，实施率高达 72.3%，这充分说明了中国遭受贸易摩擦的频繁性与残酷性。从时间维度上看，在中国还没有加入 WTO 前，每年遭受的反倾销调查数量就已经处于高位；入世之后，随着中国对外贸易扩大，遭受的反倾销调查数量依旧有增无减，尤其是在 2008 年金融危机爆发之后，中国对外出口一枝独秀，更加成为众矢之的，仅 2008 年、2009 年两年，对华反倾销调查案件各有 78 起，达到了历史最高峰。在 2013 年，又飙升到了 75 起。

相较于反倾销，反补贴案件数量略少，但涉及中国的案件比重仍然偏高。2008—2015 年，中国产品遭遇反补贴调查的案件数量占世界的 40%左右，而且在个别年份，如 2008 年和 2010 年，中国涉案比例超过了 70%。在这些案件中，最终被征收反补贴税的比重超过了 50%，个别年份的征税比重甚至超过了 70%，特别是 2013 年，征税比重高达 79%。此外，越来越多的中国出口产品遭遇“双反”（即反倾销和反补贴并用）、技术性贸易壁垒等新型贸易限制措施，对此，中国需要对贸易壁垒更为重视并加强应对能力，以保证对外贸易的持续健康发展。

（二）卷入 WTO 争端解决案件

截至 2016 年 11 月末，中国作为被诉方卷入 WTO 争端解决机制的案件有 37 件，数量仅次于美国和欧盟，成为在 WTO 争端解决机制中的第三大“被告”。

在这 37 起案件中，美国发起 20 起案件，欧盟发起 8 起案件，墨西哥发起 3 起案件，加拿大发起 3 起案件，日本发起 2 起案件，危地马拉发起 1 起案件。与中国作为起诉方发起的案件不同，中国被诉的案件的种类更加多元化，不仅涉及商品贸易，还涉及金融咨询、电子支付等服务贸易，以及知识产权保护。此外，尽管在 WTO 争端解决机制中起诉中国的主要还是发达成员，但一些发展中成员也逐渐开始利用该机制起诉中国，如墨西哥和危地马拉。

（三）新型贸易壁垒的冲击

目前，我国出口的产品仍以劳动密集型产品为主，因而新型贸易壁垒对我国国际贸易的影响比较大。我国产品出口市场主要集中在某些西方发达国家，然而，这些发达国家对产品的安全性、环保和卫生等方面的要求和标准越来越高，以致我国的很多产品都难以进入这些国家的市场。同时，受新型贸易壁垒的影响，我国很多已经进入国外市场的产品不得不退出市场。

为了满足新型贸易壁垒提出的要求，我国不得不花费大量资金和时间对出口产品进行严格检测，严重影响了我国企业在国际市场上的竞争力。同时，由于我国产品检测部门的检测技术较为落后，需要进口大量的检测设备和配备专业的检验人才，这也在一定程度上增加了出口产品的成本，影响了我国企业的竞争力。

由于新型贸易壁垒是一些发达国家为限制发展中国家产品进入本国市场而制定的防范限制条件，因而具有很强的隐蔽性、歧视性和广泛性等。新型贸易壁垒的出现使得我国与其他贸易国之间很难进行协调，严重影响了我国与贸易对象之间的关系，甚至还会触发贸易战。

三、对金融服务业的冲击

（一）对商业银行的冲击

面对外资银行和其他金融机构的竞争和冲击，目前我国商业银行在金融产品创新上的不足已经显现，主要体现在三个方面：首先，我国商业银行的金融产品缺乏针对性。一些银行对新产品的研发和改进往往从行内部门的局部利益出发，而不是真正围绕客户需求，因而很难推出具有前瞻性和吸引力的金融产品。其次，我国商业银行金融产品的创新层次较低且多而不精。目前，我国大部分商业银行的创新模式是以“拿来”方式从国外引进或者模仿同业，导致商业银行之间的产品同质化现象比较突出，缺乏原创性和独特性，不但无法形成自己的核心竞争力，反而造成了过度竞争和低水平的价格竞争。最后，缺乏金融创新人才。在整个金融产品创新链条中，创新人才是核心。然而，我国商业银行严重缺乏符合创新需要的理论与实践、业务与技术相结合的复合型金融人才，直接导致自主研发创新能力不强。

（二）对商业保险业的冲击

入世以来，我国保险业迅猛增长主要得益于外延式的快速扩张，然而商业模式和保险产品的创新却停滞不前，直接导致企业规模虽大但盈利能力弱、竞争力不强，具体来讲就是没有解决“靠什么发展，凭什么盈利”的问题，陷入了“野蛮生长”和创新不足的发展困境。具体体现在以下两个方面：第一，商业发展模式过于简单。特别是人身险行业，依靠“人海战术”“高额提成”“强势营销”“高退保费”等经营策略，在保险业发展到一定阶段，特别是居民金融理念成熟和财富管理市场充分竞争后，其竞争力和可持续性都将不可避免地遭遇挑战。第二，产品结构单一，同质化现象严重，缺乏具有原创性和独特性的核心产品。

四、对国内社会产生的冲击

（一）环境问题

环保立法滞后使发展中国家在贸易与环境问题上处于被动地位，我国仍然处于环境意识的觉醒时期，由于环保意识相对薄弱，有关环保法规尚待健全，我国通常采取较低的环境标准来进行贸易和吸引外商直接投资。同时，环保产业薄弱的实力，将使我国在未来的竞争中处于不利地位。环保产业作为一种朝阳产业，其所研究、生产和开发的环保产品、环保技术和环保服务正不断受到人们的欢迎，为国际贸易开辟了新的领域和途径。发达国家把环保产业作为一个重要的经济门类，以其雄厚的经济基础和先进的技术水平，加上其在税收、金融、出口政策上对环保产业的倾斜，在环保产业中占据了主导地位。而发展中国家的环保意识才刚刚觉醒，环保技术和环保产业也才刚刚起步，与发达国家相比，实力薄弱，处于竞争的不利地位。

（二）教育问题

加入 WTO 后，出口的快速扩张和外资流入推动了中国的产业结构变迁，大量劳动力从农业部门转移到制造业和服务业部门。非农就业岗位的增加为青年人口提供了就业机会，改变了教育投资的机会成本和预期教育回报，影响了个体的教育投资决策。大量经验事实表明，中国出口增长集中于劳动密集型行业，出口企业又以中低劳动生产率企业为主，在出口扩张导致中低技能就业岗位快速增加的背景下，为了获取短期收入，大量中青年人口的教育投资停滞在中等教育水平上，阻碍了人力资本的积累。人力资本积累是长期经济增长的动力，如果这种情况长期持续，中国将面临陷入“中等教育陷阱”的危险，不利于实现中长期经济增长。中国快速的人口老龄化和对产业结构转型升级的迫切要求进一步放大了这一不利影响。缓冲劳动力数量下降的冲击和推动产业结构升级都依赖于劳动力质量的提高，这显然需要更多而不是更少的人力资本积累。就业增长对个体教育投资影响的城乡差异则导致另一个后果，即城乡人口教育差距的进一步扩大，将导致城乡收入差距的扩大。

（三）留守儿童问题

随着中国经济快速的发展和城乡之间越来越大的差距，越来越多的农村人开始自发地涌向沿海城市去从事与贸易相关的劳动密集型行业或相关行业的工作，这使得中国农村出现了一批新的特殊群体——农村留守儿童。全国妇联 2013 年 5 月发布的《中国农村留守儿童、城乡流动儿童状况研究报告》指出，全国有农村留守儿童 6 102.55 万，占农村儿童总数的 37.7%，占全国儿童总数的 21.88%。而且报告指出，留守儿童数量还在不断增加，在一些农村劳动力输出大省，留守儿童在当地儿童中占 18%～22%。在中国农村人口多的现状下，留守儿童在长期无父母陪同生活的情况下引发了一系列问题，他们在思想品德、行为特征等方面表现出来的问题令人深思。切实关注与解决农村留守儿童的问题，既关系到这些孩子的健康成长，又关系到农村人口的整体素质，更关系到整个社会的和谐和可持续发展。农村留守儿童问题是社会转型的成本和代价之一，而中国对外贸易在中国加入 WTO 后的快速扩张也使留守儿童问题逐渐加剧。

第三节　全球治理体系的变革及中国的反应

一、全球贸易治理制度构建的演变

美国在第二次世界大战后试图建立的自由主义的、以规则为基础的全球贸易体系是有所变化的，大致分为两个阶段，一是多边为主阶段，二是区域为主阶段。

（一）多边为主阶段

全球贸易治理制度的构建是美国主导的，无处不体现美国的国际战略意图，很大程度上，多边主义作为一种外交形式或政策工具而存在。从冷战开始到20世纪80年代，美国国际战略以遏制苏联和超越、遏制、接近中国为标志，其全球贸易治理思路是：以多边（主要指GATT）为主，使全球范围内自由贸易体制成为冷战的工具。美国希望建立贸易自由化的体制，以此复兴美国重要盟友——西欧和日本的经济，共同遏制苏联。与对苏联的遏制和排挤相反，20世纪70年代，尼克松总统开始接触中国，20世纪80年代中期，中国开始申请恢复在关贸总协定中的地位，希望进入全球贸易体系。

（二）区域为主阶段

20世纪90年代，以北美自由贸易协定（NAFTA）生效为代表，美国自由贸易区战略开始实施，这一侵蚀多边体系的战略转型在“9·11”事件后更加趋于明显，从小布什到奥巴马，美国完成了向自由贸易区的跃进。

在美国战略变化的带动下，全球区域主义流行。据WTO统计，截至2015年10月15日，全球区域贸易协定（RTA）累计达265个，其中覆盖商品贸易和服务贸易的有127个，仅覆盖商品贸易的有137个，仅覆盖服务贸易的有1个。绝大多数国家（地区）参与了一项以上的区域贸易协定。从RTA的全球分布看，欧洲已生效RTA占全球已生效RTA的21%，欧洲也成为签署RTA最多的区域，接下来依次是东亚（16%）、南美洲（11%）和独联体地区（11%）。

（三）诸边的兴起

鉴于多哈谈判进展缓慢，WTO试图寻求一种替代方案。WTO建立了诸边协定委员会或工作组，鼓励、监督和指导成员在多边框架下进行诸边谈判。因为参与诸边谈判的成员往往是利益相关方，所以比较容易在某一“模块”达成共识。例如：《信息技术协定》就是在WTO框架下达成的诸边协定，参与谈判成员的IT产品占到世界IT产品市场的90%以上。WTO成员就《信息技术协定》的扩围谈判达成了共识，这是多哈谈判期间少有的突破，对增强和恢复各方对于WTO多边谈判功能信心的作用不言而喻。目前，《国际服务贸易协定》和《政府采购协定》在诸边框架下展开，有望取得新的进展。

二、中国对全球贸易治理制度框架演变的回应

（一）对区域主义、诸边主义的战略跟进

2001年12月11日，中国正式加入世界贸易组织，成为其第143个成员。中国

认为多边体系是全球贸易治理的最佳方式，中国加入 WTO 获得了永久的非歧视性待遇，为经贸发展提供了稳定的制度保障。

2003 年坎昆会议后，面对不断加强的区域主义，中国政府亦启动了自贸区谈判。截至 2017 年底，中国已签协议的自贸协定有 16 个，正在谈判的自贸协定有 11 个。

针对美国重返亚太战略，中国采取加入 RCEP 的替代方案，同时主张可以把 TPP 和 RCEP 融入同一个亚太地区贸易框架中。此外，中国政府提出了“一带一路”倡议，其目的是以基础设施建设和贸易谈判的方式来实现横跨欧亚的商贸沟通，对冲 TPP 的影响。

（二）“一带一路”在全球贸易治理制度构建中的独特意义

2013 年，中国提出了“一带一路”倡议，开始对全球贸易治理制度构建提供公共产品，谋求在全球治理中主导者的角色定位。

中国国家主席习近平曾在 2014 年阐述了“一带一路”倡议与我国全面参与全球经济治理的关系。他指出，“一带一路”倡议顺应了时代要求和各国加快发展的愿望，提供了一个包容性巨大的发展平台，具有深厚的历史渊源和人文基础，能够把快速发展的中国经济同“一带一路”沿线国家和地区的利益结合起来。

“一带一路”倡议的提出突破了现有规则制定的方法，不强调形式上的多边主义或区域主义，而是依靠现有机制，可以是双边的，也可以是区域的，或者是其他的务实推进。这一特点符合“一带一路”沿线发展中国家和地区的客观状况，是从发展立场出发的制度构建。

2016 年 11 月特朗普当选美国总统，在竞选纲领中，他对多边体系和国际组织极为敌对，这一立场可能导致多边体系的进一步坍塌，美国治下的全球治理将受重挫，而正是此时，“一带一路”倡议为全球治理提供了一条可行路径。

三、全球贸易治理规则的演变

随着全球经济贸易模式的演进，国际贸易规则体系也不断变化发展。全球贸易治理规则在 GATT 时期初建，迄今为止，经历了四个阶段的发展变化：

第一阶段，货物贸易为主阶段。第二次世界大战后，主要发达国家的工业得到快速发展，为了拓展全球市场，削减货物贸易关税成为多边贸易体系的首要任务。

第二阶段，服务贸易、知识产权等被纳入国际贸易规则体系中。20 世纪 80 年代，发达国家服务贸易快速发展，贸易中的假冒商品问题日益严重。美国主张将服务贸易、知识产权议题纳入多边体系第八个回合（乌拉圭回合）的谈判中。该回合最终达成了《服务贸易总协定》和《与贸易有关的知识产权协定》。

第三阶段，更多国内政策的议题被纳入国际贸易规则体系。2001 年启动的多哈回合谈判涵盖了约 20 个议题，其中农业和非农产品市场准入是发展中国家关心的议题，发达国家则积极推动更多涉及一国国内政策的议题，投资、劳动、环境保护、竞争政策等开始被引入国际贸易规则讨论的范畴。

第四阶段，更高标准国际贸易规则。TPP 和 TTIP 是本阶段规则的代表。从当前趋势看，推动市场开放、削减贸易与投资壁垒是新一轮国际贸易规则重构的基本方向，新规则的范围从传统的边境措施向边境后措施延伸，投资规则是重中之重。

四、中国对全球贸易治理规则演变的回应

入世以来，中国对全球贸易治理规则演变的回应可从认真履行入世承诺和积极参与国际贸易规则制定两个方面进行评析。

（一）认真履行入世承诺

中国基本履行了覆盖货物贸易、服务贸易和知识产权方面的入世承诺，积极参与了多哈回合及区域谈判，入世以来全面回应了国际贸易规则体系前三个阶段的演变内容。

货物贸易方面，中国的成绩体现在：第一，中国加入 WTO 的降税承诺已于 2010 年全部履行完毕，2015 年关税总水平为 9.8%，其中农产品平均税率为 15.1%，工业品平均税率为 8.9%。第二，在特惠税率方面，中国对数十个欠发达国家给予了不同程度的税收优惠。第三，在非关税壁垒方面，中国取消了全部进口配额和特定招标管理，并承诺不实行农产品出口补贴。简化进口管理程序，推动通关便利化。

服务贸易方面，在《服务贸易总协定》的框架下，WTO 成员间就特定服务业的市场准入进行谈判。由于服务业市场准入的范围是 WTO 成员通过谈判达成的，因此各成员承担的义务可能不尽相同。入世以来，中国认真履行承诺，为国外服务商提供了包括金融、电信、建筑、分销、物流、旅游、教育等在内的广泛的市场准入机会。在世界贸易组织服务贸易分类的 160 个分部门中，中国开放了 100 多个，开放范围已经接近发达国家的平均水平。

（二）积极参与国际贸易规则制定

中国在全球贸易治理规则演变的第四个阶段成为重要的参与者，逐渐拥有更多

的话语权。但是，作为发展中大国，中国对全球贸易治理规则的认知和美国等发达国家并不完全一致。

一方面，全球贸易治理规则的演变反映了生产力变革的需求。全球价值链贸易的快速发展早已深刻改变了世界经济格局，进入21世纪以来，中间产品贸易对世界各经济体的重要性日益凸显，占整个服务贸易的70%，占整个货物贸易的2/3。然而，目前的国际贸易规则仍以最终产品为对象，对以中间品贸易为特征的全球价值链贸易形成了较大的不兼容性。

另一方面，长期以来，全球贸易治理规则的演变并未反映发展中国家的利益诉求，美国主导的新一代全球贸易治理规则对发展中国家并不适用。以国际投资为例，发展中国家为实现工业化而获取技术、人力和物力资本的一个自然的解决途径是吸引直接投资。但是，多年来国际资本一直都在往“错误”的方向流动，从低收入国家向高收入国家流动，进一步消耗了发展中国家可获得的资本，制约了其发展前景，导致全球收入差距进一步增大。

五、中国在全球贸易治理中的角色变迁

中国在全球贸易治理中的角色定位决定于三个要素：一是自身实力（power），这是硬实力，是指一国在全球体系中的经济地位；二是能力（capacity），这是软实力，是指一国在全球贸易治理中的治理能力，通常通过参与程度、倡导能力等指标体现；三是权利（right），是指一国在全球贸易治理中的经济地位来自一国参与国际体系而获得的法律地位，如中国加入WTO后获得了参与全球贸易治理的权利。

自20世纪80年代申请恢复《关贸总协定》地位以来，中国开始有条件地接受既有的国际规制和秩序，成为全球贸易治理体系中的接受者兼学习者。中国加入WTO之时，本着韬光养晦的外交理念，在参与全球贸易治理中扮演着积极参与者的角色，即维护现有体系，对现有体系的影响是建设性的而不是决定性的。而今这一角色定位正发生变化。

从实力上看，中国加入WTO后对外贸易发展迅速，2002—2004年中国对外贸易的增长速度在30%到40%之间，2005年中国成为世界第三大贸易国。2012年中国成为世界第二大贸易国，2013年中国成为世界第一货物贸易大国。

中国角色定位变化应发生在2013年。从实力角度，中国于该年成为世界第一货物贸易大国，第二大经济体；从能力角度，中国提出“一带一路”倡议，呈现全球治理的政策倡导能力、战略能力；从权利角度，中国不但依赖已有全球贸易治理体系给予的权利路径，更希望寻求一种自赋式的权利构建。这说明，中国在全球贸

易治理中的角色定位正从积极参与者向主导国转变。

第四节　WTO 发展和中国实施新开放战略展望

一、WTO 多边体系的发展前景

第一，全球经济格局在不断变化，与此同时，全球贸易治理体系变革又出现了明显的停滞和倒退，WTO 多哈回合谈判停滞不前，经济一体化发展最为成熟的欧洲出现了英国脱欧事件，应对全球事件的各种国际组织越来越多，而国际协调应对危机的效应却在下降，这说明第二次世界大战后以美国为主导的国际经济秩序在应对全球化过程中的失灵和功能缺失。

第二，当前世界经济下行风险加剧，新的经济增长点尚未形成，世界各经济体、特别是发展中经济体的潜在增长率持续下降，世界经济的低速增长将成为常态，并且发展中经济体未来将面临更严峻的经济复苏压力，中国在力争国内经济持续健康发展的同时，还面临着外部需求疲软的不利局面。

第三，在 2008 年全球金融危机之后，"逆全球化"浪潮席卷而来，各国加强贸易保护，纷纷设置贸易壁垒，而中国长期以来是贸易壁垒所打击的首要目标。由此可以判断，未来，中国将面临愈发恶劣的对外贸易环境，出口企业将面临更多挑战。

第四，在全球化进程严重受阻的背景下，面对世界经贸格局新变化，发达国家致力于掌控建立国际贸易规则体系的主导权，努力搭建 21 世纪的国际经贸新规则，形成了以 TPP、TTIP 等为代表的巨型一体化组织，并试图把中国排除在外。对此，中国政府不断适应新形势的变化，努力创新，推出了"一带一路"等重要战略。在可预见的未来，中国所面临的全球经贸规则竞争将不断加剧。

二、中国新开放战略的发展展望

在贸易保护主义盛行、"逆全球化"浪潮席卷而来的背景下，中国政府提出以"共商、共建、共享"的全球治理理念来构建人类命运共同体，这不仅有助于中国未来更好地参与全球贸易治理，而且符合经济全球化的发展趋势。

第一，推动 WTO 多哈回合谈判仍是中国未来战略体系的重中之重。多边贸易体系是全球贸易治理的最优选择，维护 WTO 多边主义是中国的首要目标。经历了十多年的风雨之后，中国已经具备实力去主动承担多哈回合谈判主要出价方的责任，可以在众多领域起到一锤定音的作用，力促多哈回合谈判尽快达成协议。

第二，推进“一带一路”建设，真正实现政策沟通、道路联通、贸易畅通、货币流通、民心相通。中国要同“一带一路”沿线国家和地区进一步互通有无、优势互补，共享机遇、共迎挑战，力争建成亚太自贸区等一体化组织，并在其中发挥引领作用，全方位、深层次地扩大开放，在参与国际经济中获取经济利益的同时，努力巩固和发展外交关系，在世界舞台上扮演更为重要的角色。

第三，对“新全球化”的新形态保持开放心态。在多哈回合谈判以外，对于美国等发达国家感兴趣、有利益的新贸易和投资议题，中国应以开放的心态对待，支持采取诸边的方式进行谈判，积极参与诸边协议谈判，这样可以避免协议完全被美国等发达国家操纵，同时可以展现中国积极开放的决心，以及获得制定国际贸易规则的权利。

第三章　中美贸易关系概述

第一节　中美贸易关系及双边对话

一、中美贸易关系

（一）中美商品贸易整体关系

在贸易关系发展方面，分别作为世界上最大的发展中国家和发达国家的中国和美国，已是“你中有我，我中有你”。表 3－1 列示了中美双边商品出口额及其占彼此商品出口总额的比重。2016 年中国对美国出口商品总额为 3 837 亿美元，占中国商品出口总额的比重为 18.22%；美国对中国出口商品总额为 1 158 亿美元，占美国商品出口总额的比重为 7.97%。相对而言，中国对美国市场的依赖大于美国对中国市场的依赖。然而，从绝对量上看，中美两国对彼此市场的依赖程度都很大。因此，可以说中美贸易关系是“相互依存，水乳交融”。

表 3－1　中美双边商品出口状况

	2001 年		2006 年		2011 年		2016 年	
	中对美	美对中	中对美	美对中	中对美	美对中	中对美	美对中
双边出口总额（亿美元）	544	192	2 038	552	3 250	1 041	3 837	1 158
占比（%）	20.43	2.63	21.03	5.33	17.12	7.03	18.22	7.97

资料来源：根据 UNCTAD 数据库整理而得。

图 3－1 描绘了 2001—2016 年中美双边商品出口额占彼此商品出口总额的比重

的走势，在此期间，中国出口至美国的商品总额占中国商品出口总额的比重呈小幅下降趋势，由2001年的20%下降至2016年的18%；而美国出口至中国的商品总额占美国商品出口总额的比重呈上升趋势，由2001年的2.6%上升至2016年的8%。同时可以发现，2006—2016年美国对中国市场依赖度逐渐上升，而中国对美国市场的依赖度却有小幅下降。这表明，就中美双边出口的走势而言，美国出口商对中国市场的依赖在逐渐加深，中国市场对美国出口商而言具有被挖掘的潜力。预计在未来，美国对中国的商品出口比重将继续上涨。与此同时，美国对中国出口商而言，依然是最大的市场，在未来的时间里难以被替代。

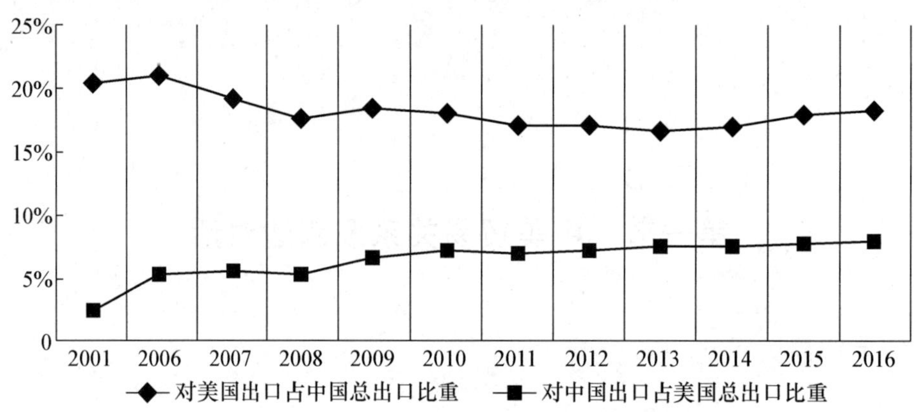

图3-1　2001—2016年中美双边商品贸易走势

（二）中美商品贸易结构关系

表3-2显示了中国对美国货物进出口商品的结构。从技术分类角度来看，2016年中国对美国出口的全部商品中，劳动及资源密集型商品占比为25.29%，远大于从美国进口的全部商品中该类商品2.40%的占比；中国对美国出口商品中的低级、中级技术密集型商品占比均大于从美国进口商品中该类商品的占比；唯有在高级技术密集型商品上，中国对美国出口的比重37.06%小于从美国进口的比重42.60%。因此，从技术分类角度来看，中美双边商品贸易存在互补性，也存在一定的竞争性。美国对中国劳动及资源密集型商品的需求相对旺盛，而中国则对美国高级技术密集型商品的需求相对旺盛，此为两国双边商品贸易互补性的一面。但在中级、高级技术密集型商品上，两国双边出口占彼此总出口的比重相差不大，此为两国双边商品贸易竞争性的一面。如图3-2和图3-3所示，2006—2016年，从技术分类角度来看，虽然在2007—2012年中国从美国进口的高级技术密集型商品的比重有较小幅度的连续下滑，但之后几年又有所回升，总体上中美双边商品贸易的互补和竞争关系基本保持稳定。

表 3-2 中美货物贸易结构（中国对美国货物进/出口）

	2001 年		2006 年		2011 年		2016 年	
	出口	进口	出口	进口	出口	进口	出口	进口
进/出口总额（亿美元）	544	262	2 038	593	3 250	1 231	3 837	1 477
按技术分类商品占比（单位:%）								
劳动及资源密集型	29.43	3.71	23.44	2.99	24.45	2.76	25.29	2.40
低级技术密集型	10.12	1.63	10.04	2.94	8.12	2.44	7.15	2.24
中级技术密集型	28.17	20.06	22.50	21.81	24.34	22.39	27.61	25.39
高级技术密集型	28.52	55.48	40.19	48.69	39.77	34.81	37.06	42.60
按行业分类商品占比（单位:%）								
食品和活畜	1.76	3.62	1.63	2.39	1.86	4.52	1.72	5.66
饮料和烟草	0.06	0.03	0.01	0.14	0.01	0.16	0.01	0.23
非食用原料（非燃料）	0.78	13.37	0.55	19.21	0.51	26.42	0.44	19.52
矿物燃料、润滑剂和燃料	0.69	0.39	0.71	0.48	0.33	1.87	0.18	1.20
动物和植物油	0.01	0.09	0.01	0.04	0.03	0.26	0.03	0.10
化学成品及有关产品	3.39	13.03	2.84	14.33	4.04	15.44	3.35	11.62
按原料分类的制成品	12.64	5.92	15.06	6.36	12.48	5.75	11.90	4.56
机械和运输设备	36.76	52.69	49.69	47.94	49.80	34.51	48.90	48.07
杂项制品	43.89	10.27	29.46	9.00	30.89	7.80	33.46	9.03
非货币用黄金及铸币	0.02	0.59	0.05	0.09	0.05	3.26	0.00	0.01

资料来源：根据 UNCTAD 数据库整理而得。

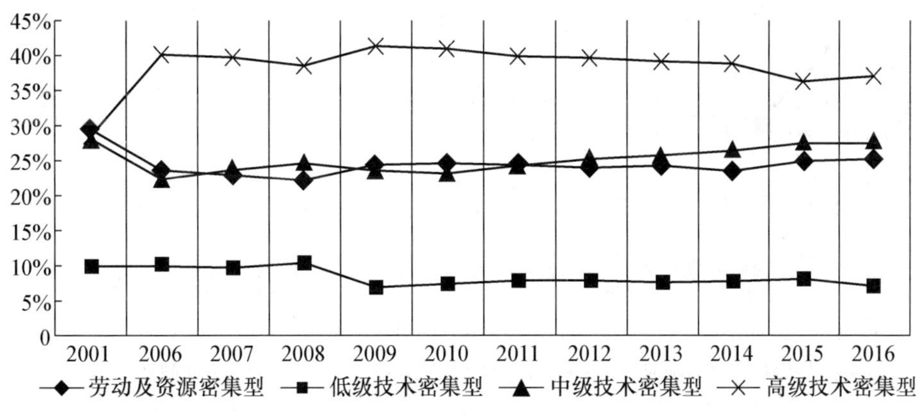

图 3-2 按技术分类 2001—2016 年中国对美国货物出口结构

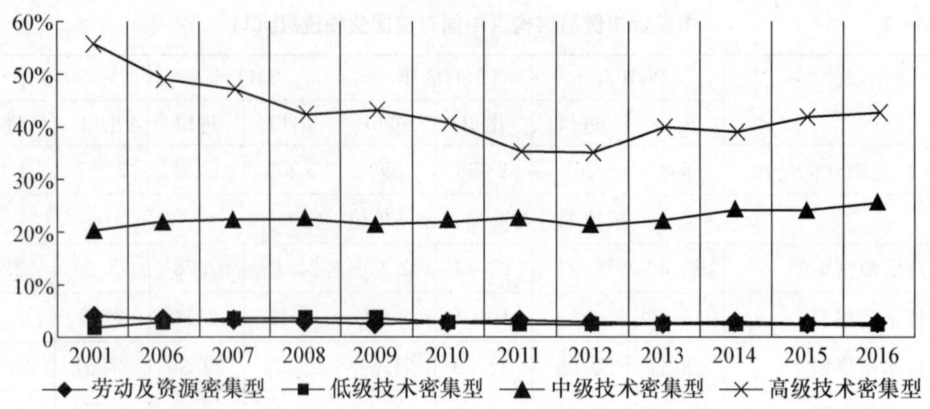

图 3-3　按技术分类 2001—2016 年中国从美国进口货物结构

从行业分类角度来看，如表 3-2 所示，2016 年中国出口至美国的商品中，杂项制品占比为 33.46%，远大于从美国进口的商品中该类商品的占比 9.03%；在按原料分类的制成品方面，中国出口至美国商品中该类商品的比重为 11.90%，也大于从美国进口商品中该类商品的占比 4.56%。然而，在非食用原料（非燃料）和化学成品及有关产品方面，中国对美国的出口占比都较小于从美国的进口占比；在机械和运输设备方面，中美双边出口都占据了彼此商品总出口的最大份额。因此，从行业分类角度来看，中美双边商品贸易也是互补性和竞争性并存。如图3-4 和图 3-5 所示，从行业分类角度来看，虽然在 2007—2012 年美国出口至中国机械和运输设备的比重有较小幅度的连续下滑，但之后几年又有所回升，总体上中美双边商品贸易的互补和竞争关系基本保持稳定。

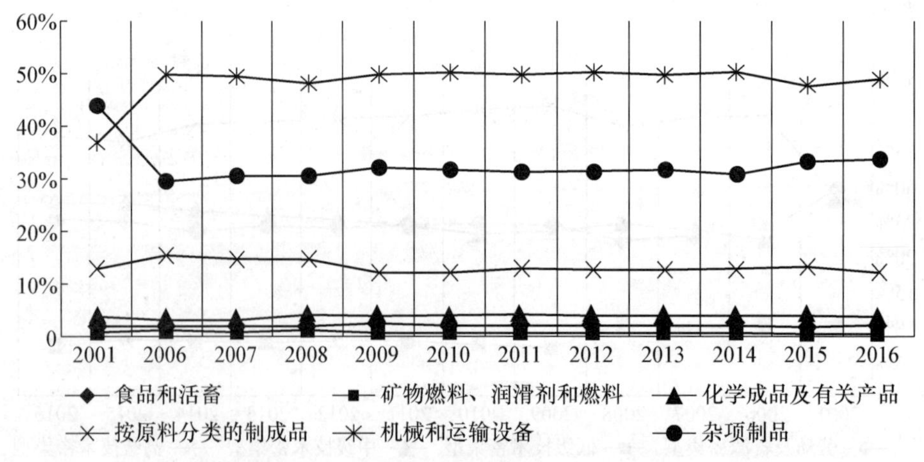

图 3-4　按行业分类 2001—2016 年中国对美国商品出口结构

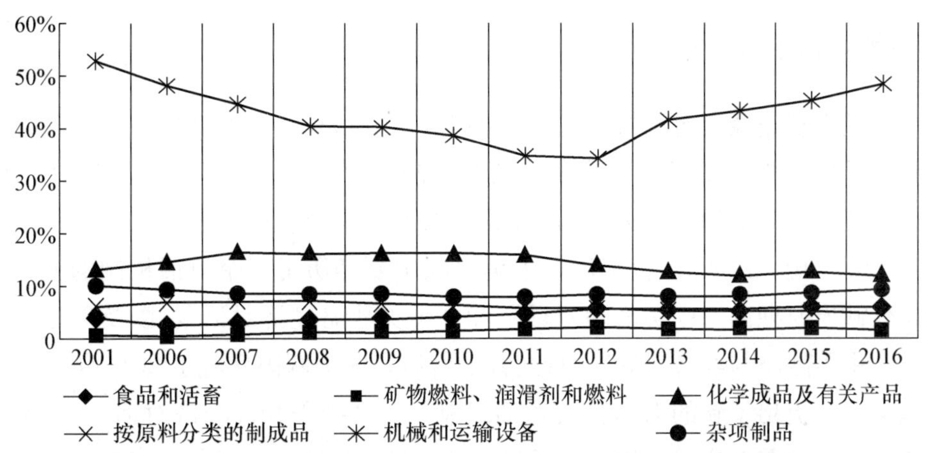

图 3-5　按行业分类 2001—2016 年中国从美国进口商品结构

综上所述，无论按技术还是行业分类，中美双边商品贸易结构关系都是互补性和竞争性并存。贸易的互补性能够让两国保持稳定的贸易往来，贸易的竞争性能够让两国消费者获得更多种类的商品，从而提高居民的福利。因此可以说，中美贸易关系是互利共赢的。

（三）中美服务贸易关系

表 3-3 列示了美国对中国服务贸易状况。在服务贸易方面，2015 年美国对中国出口总额为 484.44 亿美元，占美国服务出口总额的比重为 6.45%，进口总额为 151.08 亿美元，占美国服务进口总额的比重为 3.09%。与商品贸易相比，服务贸易的份额较小。但结合中美两国的经济结构来看，未来美国对中国服务净出口会不断增加，这将有利于改善美国在商品贸易上与中国的巨额逆差。

表 3-3　　美国对中国服务贸易状况

	2004 年	2007 年	2010 年	2013 年	2015 年
美国对中国服务出口（百万美元）	7 335	13 136	22 500	37 523	48 444
占比（%）	2.17	2.69	3.99	5.35	6.45
美国从中国服务进口（百万美元）	6 217	11 800	10 609	13 908	15 108
占比（%）	2.20	3.17	2.59	3.02	3.09

资料来源：根据 OECD 数据库整理。

综上所述，中美贸易关系是紧密联系且不可分割的，不会因为特朗普的上台而发生改变，这是中美两国经济发展至今的必然结果，同时是两国民众共同选择和创造的结果，它将在未来的时间里长期存在。

二、中美双边贸易对话

中美早期双边经贸对话机制主要有两个，分别为1979年建立的中美联合经济委员会（JEC）和1983年建立的中美商业贸易联合委员会（JCCT）。其中，JCCT被称为中美贸易摩擦的“灭火器”，自成立以来，为维护和促进双边贸易稳定发展发挥了重要作用。进入21世纪后，中美之间主要经历了三个对话机制的演变，分别为布什政府时期的“中美战略对话”和“中美战略经济对话”，以及奥巴马政府时期的“中美战略与经济对话”。特朗普上台后，中美两国元首于2017年4月在海湖庄园会晤，提出了新的双边经济对话机制——“中美全面经济对话”。本部分就特朗普上台后中美双边对话取得的成果及共识进行论述。

（一）中美“百日计划”

2017年4月6—7日中美双方元首在海湖庄园会晤之后制订了中美经济合作“百日计划”——计划展开为期100天的贸易谈判。2017年5月12日，“百日计划”取得早期收获，双方在农产品贸易和能源贸易方面达成了具体共识[①]。

根据“百日计划”早期收获的前两条，中方将在与国际食品安全和动物卫生标准相一致的条件下，与1999年《中美农业合作协议》相一致，尽快允许进口美国牛肉，最晚不迟于2017年7月16日；与此同时，中美双方将尽快解决中国自产熟制禽肉输美未尽事宜，在达成一致后，美方最晚不迟于2017年7月16日发布相关规定，以尽快实现中国禽肉出口美国。

2003年之后，由于疯牛病疫情，中国禁止进口美国牛肉。2017年6月23日，首批由中国官方检验检疫合格的进口美国牛肉在北京天竺海关查验中心通关，标志着美国牛肉在被封禁14年后正式重返中国市场。美国牛肉急不可耐地打入中国市场有两方面原因。一方面受制于美国国内市场的供求矛盾。据美国农业部当时的预测，2017年美国牛肉产量将增长5%至1 200万吨的水平，达到近9年来的高点，但与此同时，牛肉价格却下降至历史低点附近。另一方面来自中国牛肉市场的消费潜力。据美国农业部当时的预测，2017年中国牛肉消费量的全球占比将达到13.42%，将超越欧盟，仅次于美国。[②] 无疑，中国解禁美国牛肉进口能够改善美国牛肉生产行业的行情，同时会给中国同行业带来挑战，但对中国消费者而言会因牛肉种类的增加和价格的下降而带来福利的上升。

---

① 此外，在金融服务和投资领域也达成共识，详见《中美经济合作“百日计划”早期收获》。

② 参见丁晓利：《游来一条“鲶鱼”——进口美国牛肉对中国市场影响评述》，载《中国国门时报》，2017-07-11，第001版。

2017 年 6 月 26 日，青岛九联集团股份有限公司昌广食品厂生产的熟制禽肉在美国顺利通关到达进口商仓库，这是我国生产的熟制禽肉首次出口美国，标志着我国熟制禽肉生产和监管体系达到世界最发达国家的水平。自 2004 年 5 月，中国向美国申请出口禽肉以来，质检总局（现为国家市场监督管理总局）共接待了美方 7 次考察，历经 5 次现场体系考核。2016 年 3 月，美国农业部正式公布其 2015 年对中国禽肉屠宰和加工监管体系的考察报告，最终结论为：中国禽肉屠宰和加工监管体系与美方等效。这意味着用中国自产原料加工的熟制禽肉出口美国市场的技术障碍已全部解决。待美国完成立法后，中国原产禽肉制品便能获得正式入美资格。在美国完成立法程序之前，中国出口美国熟制禽肉的禽肉原料必须从国外进口。进口原料既要符合美国要求，又要符合中国进口肉类要求，即必须在质检总局《符合评估审查要求的国家或地区输华肉类产品名单》中。在检验检疫部门和企业的共同努力下，确定了符合上述要求的仅有智利的两家禽肉生产企业。青岛九联集团股份有限公司按照进口肉类的检验检疫相关要求从智利进口了一个集装箱的禽肉原料，共 23.91 吨①。

根据“百日计划”早期收获第四条，美国欢迎中国和其他贸易伙伴自美国进口液化天然气。在液化天然气出口许可上，美国给予中国的待遇将不低于美国给予其他非自贸协定贸易伙伴的待遇。来自中国的企业可以在任何时间与美国液化天然气出口商基于各方商业考虑，谈判所有类型的合同安排，包括长期合同。截至 2017 年 4 月 25 日，美国能源部已授权向非自贸协定国家每日出口 5.44 亿立方米（192 亿立方英尺）天然气。

中美达成液化天然气（LNG）进出口合作有利于两国的双赢决策。对美国来说，“页岩气革命”使美国本土气源充足、气价低廉，天然气生产企业间生存竞争压力很大。扩大 LNG 出口，不仅能够将剩余的天然气产量销往海外市场获得收益，有效化解过剩产能，还能推动 LNG 船舶（用于运输液化天然气的船）制造等相关产业的发展，为美国带来数以万计的就业机会，带动经济复苏。而对中国来说，天然气是中国经济社会清洁化发展所渴求的能源。2016 年中国天然气消费量达到 2 058 亿立方米，对外依存度达到 36.6%。② 中国天然气消费仍将保持快速增长，在一次能源消费结构中的比重将持续提升，同时对外依存度也将不断提高。因此，中国需要更加丰富的天然气进口来源。中美达成天然气合作无疑为中国提供了良机。

① 参见张刚、袁涛：《我国熟制禽肉首次出口美国》，载《中国国门时报》，2017-06-28，第 001 版。

② 参见李君臣：《中美合作提升我国天然气产业竞争力》，载《中国石油报》，2017-05-23，第 004 版。

另外，2016 年中国天然气进口贸易规模近 200 亿美元，随着中国天然气消费量和进口量的不断增大，未来中国天然气贸易规模将不断扩大，这将有助于中国和美国之间的贸易平衡。此外，航运专业媒体 IHS Fairplay 数据显示，中国 2016 年液化天然气进口总量为 2 610 万吨，比上年增长 32.6%，其中从澳大利亚进口 1 200 万吨，约占总进口量的 46%，从卡塔尔进口占总进口量的 19%。与此形成对比的是，2016 年中国从美国进口的 LNG 总量仅约 20 万吨。[①] 因此，中国对美国进一步开放 LNG 市场，还能够提升中国在进口天然气时的溢价能力。

中美"百日计划"是特朗普上台之后，中美两国元首首次会晤取得的成果。对美国而言，其希望通过"百日计划"来增加对华出口以缩小对华贸易逆差。

（二）中美全面经济对话

2017 年 7 月 19 日，首轮中美全面经济对话在美国华盛顿举行。中国国务院副总理汪洋与美国财政部长姆努钦、商务部长罗斯共同主持，中美双方共约 15 名部级官员参加。相比"百日计划"取得的具体成果，本次对话主要在双方重点关注的问题上取得了一些共识，并确定展开经济合作的未来一年的计划。

在本次对话期间，中美双方围绕服务业和服务贸易有关议题进行了专题探讨。双方均认为，服务贸易和投资合作是中美双边经贸关系的重要内容。美方希望中方进一步开放服务业市场。中方虽然在服务贸易领域存在巨大逆差，仍然认为中美服务贸易是互利的，愿意在服务贸易中进行互利共赢的合作。双方服务业的规模和结构有差异，可以实现优势互补，扩大双边服务贸易也可以促进中美贸易的平衡。中方表示将进一步扩大开放，深化与美方合作，形成双边经贸合作新的增长点。

此外，中美双方重点就钢铁、铝、高技术产品贸易等问题进行深入交流。双方就化解全球钢铁产能过剩问题进行了深入讨论，同意共同应对并采取积极有效的措施。在高技术贸易领域，双方认为，加强在民用高技术贸易方面的合作，在确保相关产品的民用性质和实施知识产权保护的前提下放宽出口管制，扩大双边贸易规模，促进双边贸易平衡。

首轮中美全面经济对话期间举行了农业平行会议，双方就中美农业政策和农产品贸易、取消美禽流感导致的美国禽肉进口禁令、中美禽肉双向解禁和对等贸易、干玉米酒糟进口增值税、进口食品安全证书、农业生物技术产品审批、中国输美乳制品和水产品、两国大豆合作研究等议题充分交换了意见，达成了一些共识。会

---

① 参见薛世华：《中美液化天然气贸易增强买方底气》，载《中国石化报》，2017-05-26，第 005 版。

后，中美两国签署了《美国大米输华检验检疫议定书》。

三、中美贸易对话双方关注的问题

虽然“百日计划”和“中美全面经济对话”取得了一些具体成果并达成了一些重要共识，但双边经贸矛盾和摩擦仍不容忽视，对于双方重点关注的问题仍需要共同努力。

（一）中方关注

（1）履行《中国加入世界贸易组织议定书》（简称《议定书》）第 15 条规定的义务。根据《议定书》第 15 条的规定，2016 年 12 月 11 日后，在反倾销实践中，WTO 成员应终止采用“替代国”价格计算中国出口企业倾销幅度的做法。然而，美国于 2016 年 7 月 14 日在 WTO 货物贸易委员会会议上已经明确表态，不会认可中国“市场经济”国家地位。因此，美国商务部将继续对中国使用“替代国”的做法，这已经违反了其依据《反倾销协定》所应当承担的国际义务。

长期以来，在对中国进行的反倾销调查中，美国都会采用“替代国”价格来判断中国产品是否存在反倾销行为，表面原因是中国不是市场经济国家，因此出口产品的价格也不是根据市场定价。由于美国采用“替代国”价格，在美国对华的反倾销调查中被认定为反倾销行为的比例非常高，被实施的反倾销税税率也偏高。显然，美国以不承认中国的“市场经济国家”地位为由违反国际义务的真正原因还是巨额的美中贸易逆差。

然而，值得注意的是，拒绝承认中国的“市场经济国家”地位不能成为美国拒绝履行《议定书》第 15 条规定的义务的正当理由。原因有二：其一，“市场经济国家”并无统一定义和判定标准；其二，《议定书》第 15 条规定的义务的履行是无条件的。因此，美国这种行为有损其国际信誉。

（2）美国对华实施出口管制。长期以来，美国对中国实施严格的高科技产品出口管制，使得很多具有竞争力的高科技产品不能向中国出口。图 3－6 显示了 1995—2016 年按商品技术构成划分的四类商品的中美贸易逆差比重变化。可以发现，高科技产品的逆差比重不断增加，由 1995 年的 15％上升至 2016 年的 40％，尤其在 2001—2005 年，增幅最为明显，2006—2007 年，该比重略微下降，但 2008 年之后又开始出现显著增幅。这显然与美国作为科技强国的地位不相称，其中最重要的原因就在于美国对中国实施严格的产品出口管制。

美国对华出口管制的发展大体上经历了四个阶段。1979—1988 年为第一阶段，美国对华采取了极为友好的贸易政策，里根总统提出了对华技术出口的“双倍政

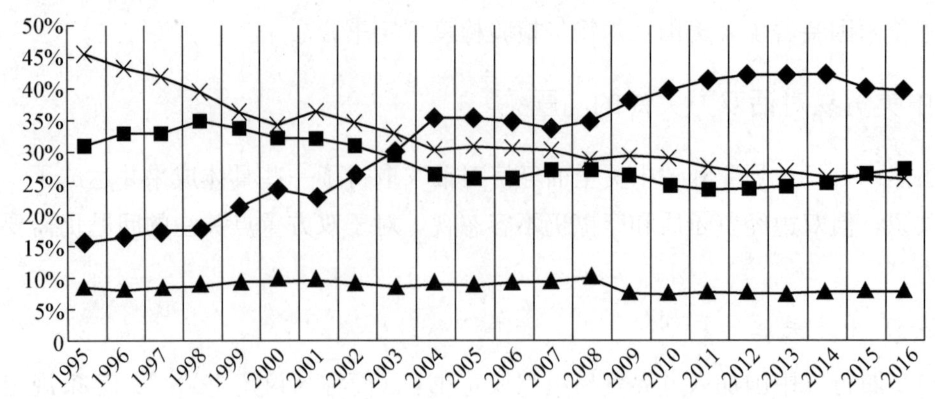

图 3-6 1995—2016 年美对华商品贸易逆差技术产品构成变化

策”，即美国对中国出口技术在性能上可以是苏联的两倍。美国颁布的《出口管理条例》将各国列入了不同的出口管制等级，将除加拿大之外的其他国家分为七组，实行不同等级的出口管制政策。从新中国成立之初到 1972 年中美建交，再到 20 世纪 80 年代，美国不断降低对中国的管制级别，对中国的出口管制愈发减少，中美双边贸易得益于此也呈现出快速发展的势头。1989—2000 年为第二阶段，双边贸易的很多矛盾不断激化，美国高新技术产品（ATP）对华出口被严格限制①。1989 年政治风波之后，美国对中国实行了经济制裁，官方活动停止，只存在一些民间或企业的交流。2001—2008 年为第三阶段，美国对华出口管制政策逐步放松。“9·11”事件之后，中美经贸领域进行了频繁的交流活动，美国减少了对华 ATP 出口的限制，很多从前被禁止对华出售的 ATP 被解禁。2008 年至今为第四阶段，奥巴马就任总统后，进入了美国对华出口管制的新阶段。内阁开始着手对现有的出口管制体系进行改革，建立高效的出口管制体系。2010 年 12 月，美国公布了出口管制改革草案，但该草案并未从根本上改变美国歧视性的对华出口管制政策。2011 年 6 月，美国商务部发布了出口管制政策新规——《战略贸易许可例外规定》，将中国排除在 44 个可享受贸易便利措施的国家和地区之外，这意味着目前美国仍将中国作为严格实施出口管制的对象。

美国对华严格的出口管制无疑阻碍了中美贸易的健康发展，也是美国对华贸易巨额逆差的重要原因之一。根据王孝松、刘元春（2017）的模拟结果，如果中美之间 ATP 贸易达到平衡，则 2004 年美国对华贸易逆差将减少 22%，2014 年降幅为

① 随着苏联解体和东欧剧变，美国认为中国的崛起会威胁它的国家安全并挑战其霸权地位。为此，必须对中国经济和国防现代化进行遏制。

36%。并且2004—2014年，美国信息、通信类产品对加拿大出口额为对华出口额的3.7倍，如果美国对华出口该类产品能达到对加拿大的出口规模，则在此期间美国对华贸易逆差年均降幅为3.86%。

此外，美国对华严格的出口管制也损害了美国高科技产品企业的利益。以卫星制造业为例，1996—2010年美国卫星制造业的全球年平均份额为49%，其中1996—1999年该份额为63%，而在2000—2010年美国对卫星的出口管制正式生效和实施期间，该份额下滑为40%，在2008年掉落至最低点不足30%后，得益于美国政府采购政策，该份额2009年上升至57%，而2010年又下滑至52%①。毫无疑问，如果美国放松ATP对华出口管制，在中美贸易中美国强大的科技优势将显现出来，从而大幅增加对华出口，平衡逆差，促进就业。

（3）美国滥用贸易救济措施。中国是遭受美国贸易救济措施数量最多的国家。1980—2016年，美国共对中国产品发起262起贸易救济调查，涉案金额累计282.2亿美元。根据美国国际贸易委员会（USITC）统计，截至2017年3月底，尚有正在执行的涉及中国产品的反倾销税令110个，反补贴税令43个，总计153个。在调查过程中，美国惯用“替代国”价格、分别税率②、公共机构③、外部基准④等不公正做法，对中国产品裁定畸高税率，严重影响中国企业对美国的出口。2016年，美国对中国产品发起20起贸易救济调查（其中11起为反倾销调查，9起为反补贴调查），涉案金额为36.6亿美元。此外，美国还发起21起337调查案⑤，涉及钢铁产品、电动平衡车、便携式电子设备、电导体复合磁芯、集装桶、门禁系统、烘手机、手术缝合装置等多类产品。以美国对中国钢铁产品集中发起的贸易救济调查为例，中国认为美国是在滥用贸易救济措施，主要体现在：第一，案件数量多、金额大，涵盖所有中国大宗输美钢铁产品。截至2017年3月底，美国对中国钢铁

---

① http://www.law.umaryland.edu/marshall/crsreports/crsdocuments/R42492_04202012.pdf. P15. Glennon J. Harrison, *The Commercial Space Industry and Launch Market*, Congressional Research Service, April 20, 2012.

② 美国所谓的分别税率是指当中国等所谓的“非市场经济”国家的企业应对反倾销调查时，首先要证明自己在法律上和事实上独立于政府，美国商务部才会根据企业的出口价格裁决一个适用于企业的税率，否则就只能直接适用统一税率，而这个税率往往是该案的最高税率。

③ 根据美国的反补贴法，确认一项补贴的成立首先要认定财政资助是由一国政府或公共机构提供的，因此，政府或公共机构这一补贴提供主体的认定就成为首先要解决的问题。WTO《补贴与反补贴措施协定》规定提供补贴的主体包括三类：政府、公共机构和受政府或公共机构委托或指令的私营机构，但并没有进一步明确这三类主体。在美国反补贴调查中关于公共机构的认定问题上，中国与美国存在重大分歧，并多次就美国对华的双反措施向WTO提起诉讼。

④ 外部基准的适用是指进口国（美国）反补贴调查机构使用出口国（中国）市场之外的某种条件与接受补贴的国内生产商为获得该补贴而实际支付的对价进行比较，来确定是否存在利益及利益的大小。

⑤ 337调查是美国国际贸易委员会根据美国《1930年关税法》第337节（简称“337条款”）及相关修正案进行的调查，调查对象为侵犯美国知识产权和涉及不公平竞争的进口产品。

产品发起了48起救济调查，涉案金额为76亿美元。仅2015年以来，就发起了8起调查，涉案金额近16亿美元。第二，裁定税率畸高，有的案件双反税率甚至超过500%，明显不合常理，超出了正常贸易救济的范畴。第三，2014年后中国对美国钢铁产品出口逐年下降，但美国采用的救济措施却不断增加。①

（4）中国企业赴美投资公平待遇问题。根据商务部《2015年度中国对外直接投资统计公报》，2015年中国对美直接投资创历史新高，流量为80.29亿美元，同比增长5.7%。2015年末，中国对美投资存量为408.02亿美元，占中国对外直接投资存量的3.7%，境外企业雇佣美国当地员工8万多人。然而，伴随中国企业赴美投资热潮的涌现，接受美国外资并购安全审查的案件数量也快速增加。美国外国投资委员会报告显示，2012—2014年，中国连续3年位居美国外国投资委员会审查数量国别榜首，累计68个投资项目接受审查。但事实上，中国投资占美国吸引外资总额的比重不到1%，两者完全不成比例。据不完全统计，近年来，因安全审查而导致并购受阻的中国企业投资项目金额已超过500亿美元。

（二）美方关注

（1）美国对华贸易逆差是美国首要关注的问题。特朗普在竞选期间曾多次指责中国通过操纵汇率导致中美之间出现巨大的贸易逆差。

表3-4为美国对中国商品贸易逆差状况。可以看出，2016年美国对中国的商品贸易逆差为3 659亿美元②，占美国商品贸易总逆差的比重为45.94%。不可否认，中国的确为美国商品贸易逆差的首要来源国，但美国对华贸易逆差的成因并非如特朗普所言，是中国人为操纵汇率所致，而是有更深层次的原因。

表3-4　　美国对中国商品贸易逆差状况

	1995年	2000年	2005年	2010年	2016年
美国总逆差（亿美元）	1 879	4 777	8 280	6 902	7 965
美国对中国逆差（亿美元）	368	914	2 180	2 911	3 659
占比（%）	19.57	19.12	26.33	42.17	45.94

资料来源：根据UNCTAD数据库整理。

图3-7显示了1976—2016年美国商品贸易收支状况。可以看出，从1976年开始至2016年，美国商品贸易逆差持续了近40年，并且总体来看是不断增加的趋势。1976年为157亿美元，2008年金融危机后达到8 800亿美元左右，在经历了

① 参见中国商务部《关于中美经贸关系的研究报告》，2017-05-25，60～61页。

② 此处为美方统计的逆差，中方统计的逆差值为2 540亿美元。

2009 年的下降之后，逆差又开始逐步上升。美国持续近 40 年的商品贸易逆差有其自身特殊的原因。首先，美国是一个高消费、低储蓄的国家。其次，就美国的经济结构而言，美国自 20 世纪 80 年代就进入了“后工业化”时代，即由一个发展工业为主的国家向发展服务业为主的国家转变。美国的消费储蓄结构和美国的经济结构是造成美国商品贸易持续近 40 年逆差的首要原因。最后，从更深层次的角度来看，一个国家的外汇储备不足会使其长期维持巨大的贸易逆差。然而美国并不存在这个问题，因为美元是最大的国际储备货币。也就是说，美国长期的商品贸易逆差的必要条件是美元的国际货币地位。

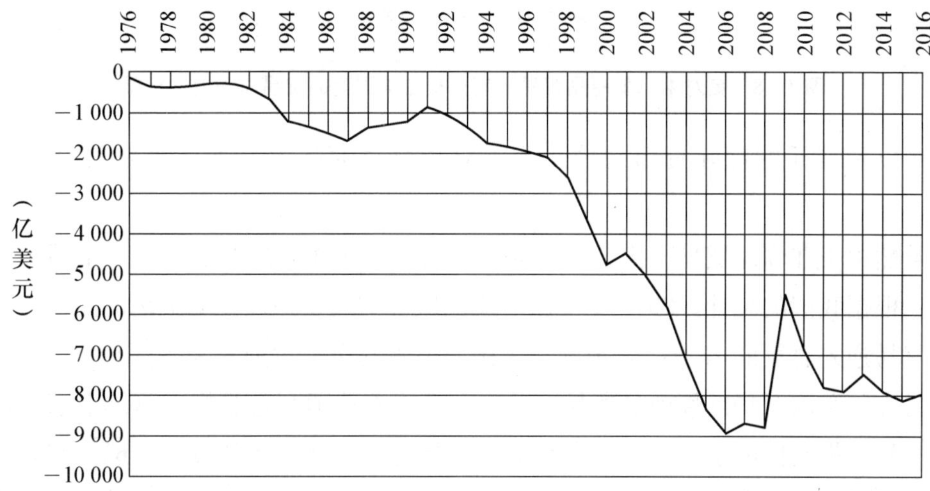

图 3－7　1976—2016 年美国商品贸易收支状况

图 3－8 显示了 1995—2016 年美国对中国和墨西哥两国商品贸易逆差分别占美国总商品贸易逆差的情况。可以看出，两条曲线呈现“剪刀状”，也就是说在此期间，中国逐步替代墨西哥成为美国商品贸易逆差的最大来源国。1995 年，美国对墨西哥的商品贸易逆差占美国总商品贸易逆差的比重为 54%，而对中国商品贸易逆差的占比为 19%；到 2016 年，前者变为 7%，后者变为 46%。我们知道，中国和墨西哥同为发展中国家，而美国是世界上最大的发达国家。发展中国家经济发展最主要的特点就是工业化，即不断将农业部门过剩的劳动力向工业部门转移以实现宏观经济的增长。而发达国家经济发展最主要的特点就是服务业化。以服务业为主的国家同以工业或制造业为主的国家进行商品贸易，出现贸易逆差是符合经济规律的必然结果。而中国取代墨西哥成为美国商品贸易逆差的最大来源国，在于中国制造的商品具有更强的竞争力，即物美价廉。

综上所述，美国持续的商品贸易逆差的根源在于美国自身的消费储蓄结构、经

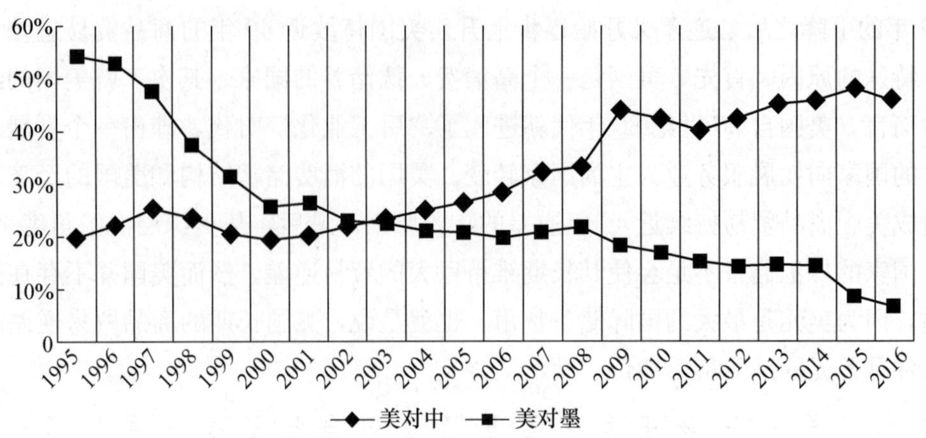

图 3－8　美对中、墨商品贸易逆差分别占美国商品贸易总逆差的比重

济结构以及美元的国际货币地位。美国对华巨额商品贸易逆差也是符合经济规律的。

虽然中美在商品贸易方面，美国为逆差国，然而在服务贸易方面，中国却为逆差国。根据我国的统计，2016 年中国对美国服务贸易逆差高达 557 亿美元，占中国服务贸易逆差总额的 23.1%，美国是中国服务贸易第一大逆差来源国。

另外，美国对华巨额商品贸易逆差并不意味着美国利益受损，总体上双方仍是互利共赢。据我国的统计，中国商品贸易顺差的 59%来自外资企业，61%来自加工贸易。中国从加工贸易中只赚取少量加工费，而美国从设计、零部件供应、营销等环节获益巨大。美国从中国进口大量质优价廉的产品，得以维持较低通胀率，降低了生产成本，促进了经济转型升级和增长。从中国进口提高了美国民众的实际购买力，提高了蓝领工人的福利。

综上所述，美国对华巨额商品贸易逆差是双方经济发展的必然结果，并非人为造成。而在服务贸易方面，中国对美国存在较大逆差，这可能成为今后改善中美贸易逆差的一个着力点。美国逆差并不意味着美国吃亏，双方仍互利共赢。

（2）除关注美国对华巨额商品贸易逆差外，美国对人民币汇率问题也给予了重大关注。特朗普在竞选期间多次提到要将中国列为“汇率操纵国”。然而，事实并非如此。

中国自汇改以来一直在不断完善人民币汇率市场化形成机制，人民币已经大幅升值。2005 年 7 月至 2016 年 12 月，人民币实际有效汇率上升 47%。2005 年 7 月人民币汇改前 1 美元折合人民币 8.28 元，2014 年 1 月 1 美元折合人民币 6.09 元，人民币累计升值达 35.84%。近几年，受美联储加息、美元不断走强等外部环境和市场供求的影响，人民币兑美元汇率有所下降，但下降总体是有序的。而且应当看到，在美元走强的大背景下，实际上全球主要货币兑美元基本都有所贬值，相比之下人民币兑美元的贬值幅度是比较小的。2017 年 2 月末国际清算银行测算的人民币实际有效汇率和名义有效汇率还分别较 2014 年 6 月末上升了 7.48%和 5.72%；人民币兑美元汇率与 2005 年汇改前相比仍上升了约 20%。总体来看，人民币自 2005 年汇改以来总体处于升值通道，中国的国际收支也进一步趋于平衡，2016 年中国的经常项目顺差占 GDP 的比重为 1.9%，处于国际公认的合理范围内。

国际货币基金组织（IMF）认为当前人民币汇率水平与中国经济基本面相符。根据 IMF 章程的规定，汇率操纵是指 IMF 成员通过控制或影响汇率水平，妨碍国际收支的有效调整或取得对其他成员不公平的竞争优势的行为。目前，IMF 运用其外部平衡评估（EBA）框架对成员实施汇率评估。IMF 评估结果显示，2015 年尽管中国的经常项目顺差还略高，但是人民币汇率已经“不再被低估”。2016 年人民币汇率总体上与经济基本面相符，人民币汇率已实现基本均衡。即使按照美国判断一国存在汇率操纵行为的标准，中国目前也仅符合“与美双边货物贸易的年度顺差额超过 200 亿美元”这一条，因此美国财政部 2017 年上半年公布的《美国主要贸易伙伴的汇率政策报告》认为中国未操纵汇率。①

（3）知识产权保护也是美国在经贸领域对中国重点关注的问题。20 世纪 80 年代末，中国由于在专利制度和著作权制度方面没有对知识产权给予足够的保护而受到美国指责，并被列入“重点观察国家”名单。随后，中国政府制定并实施了《中华人民共和国著作权法》，并对《中华人民共和国专利法》和《中华人民共和国商标法》进行了修订；与此同时，派出代表团赴美进行知识产权谈判，于 1992 年 1 月与美国正式签署了《中美知识产权保护谅解备忘录》，美国在“重点观察国家”名单中除去了中国的名字。该备忘录签订后，尽管中国已经加强了对知识产权的保护，但美国仍不满意，并于 1994 年 4 月宣布对中国实施“特别 301 调查”②，同年 6 月将中国再次列入“重点观察国家”名单。此后，由于谈判无效，美国宣布“对价值 10.8 亿美元的中国出口到美国的产品征收 100%的惩罚性关税”作为其最终报复。为此，中美重新改变谈判策略，进行友好磋商，最终签订《中美知识产权保护协议》，并且美国答应撤销对中国的贸易报复清单，承诺不再对中国实施“特别 301

① 参见中国商务部《关于中美经贸关系的研究报告》，2017-05-25，47～48 页。

② “特别 301 调查”是美国根据其国内《1998 年综合贸易与竞争法》的“特别 301 条款”，针对被美国贸易代表办公室（USTR）认定为拒绝对美国的知识产权给予充分、有效的保护的国家进行的调查。调查结束后，USTR 有权决定是否采取报复性措施。

调查”，对中国的知识产权实施提供援助，而中国需积极进行充分、有效的知识产权保护。但仅过两年，美国又以 1995 年中国盗版产品的生产、销售和出口仍然严重为由，将中国再次列入“重点观察国家”名单。美国提出，中国的盗版行为使得美国出版业在 1995 年损失约 23 亿美元，于是在 1996 年 5 月，宣布对中国征收 30 亿美元的出口产品惩罚性关税。中国立即抗议并发出反报复清单，这就是中美第三次重大的知识产权摩擦。双方表明态度后，中美就知识产权问题进行了第三次谈判，于 1996 年 6 月签订了第三个知识产权保护协议，使美国第三次在“重点观察国家”名单上除去中国的名字。中美第三个知识产权保护协议的签署对缓解中美贸易摩擦起到了促进作用，推动了两国致力于战略伙伴关系的发展。

中国加入 WTO 之后，为与 WTO 的《与贸易有关的知识产权协定》（TRIPs）要求的知识产权保护水平相符合，不断地修改和完善与知识产权相关的法律。故 2001—2004 年，中美贸易并没有发生重大的知识产权摩擦。但是，随着中国的国际竞争力增强以及美国同中国的贸易赤字不断扩大，从 2005 年起，美国对中国知识产权保护的情况又开始表示不满。2006 年 4 月，中国以排位第一的顺序被列入“重点观察国家”名单。2007 年 4 月，美国宣布将中国的知识产权保护和出版物市场准入问题诉诸 WTO 争端解决程序。这是美国第一次将中美知识产权摩擦问题推向 WTO 框架下的争端解决机制（DSB），使得中美两国在知识产权领域的摩擦进一步激化。经过近两年的磋商谈判，2009 年 3 月，DSB 专家组终于发布了裁决报告，驳回美国对中国知识产权产品侵权的控告，同时肯定了中国这段时间以来对知识产权保护所做的努力，并指出中国现行知识产权制度依然存在需要完善的地方。中国加入 WTO 后对有关知识产权保护的法律法规的完善，已基本达到了 TRIPs 所规定的保护水平。此后，美国转向利用“337 条款”对中国出口产品展开调查。

中美在知识产权领域的频繁摩擦主要由以下因素造成：

首先是中美知识产权法律体系的差异。在专利制度、版权制度和商标制度上，中美的法律规定都存在差异。在专利制度上，美国以先发明为原则，而中国则以先申请为原则。在版权制度上，美国版权保护的重点不是作者本人，而是发行者和社会，而中国注重著作权的财产权和人身权。在商标制度上，美国以先使用为原则，即商标的注册以商标最先使用为依据，并且 5 年内可以撤销注册，而中国则以申请在先为原则，因此与美国注重商标首先使用人的合法权益相比，中国就很容易发生“商标抢注”现象。

其次是贸易因素。巨额的贸易逆差，使得美国希望通过“337 调查”来限制中国出口，以缓和中美贸易的不平衡。

最后是观念因素。在中国，个人和企业的知识产权保护意识十分的淡薄。盗版、抄袭等行为猖獗的现象反映出相关企业自我保护意识的薄弱。由于知识产权保护意识淡薄，中国很多专利都被外国申请人申请并占有。截至 2013 年，从美国对中国产品发起的“337 调查”的最后结果来看，中国企业胜诉的比例只有 13％，其中一个原因是企业消极应诉。而消极应诉主要是由于企业对赢得诉讼没有信心以及不愿意承担较高的应诉成本，这在一定程度上反映了企业知识产权保护意识的薄弱。另外，中国在知识产权保护方面的不足还表现为大量的中国企业缺乏自主研发的技术和自主品牌以及对知识产权政策法规不了解，且在运用方面缺乏经验。

第二节　中美贸易发展未来走势

美国经济早已从 2008 年金融危机的低迷状态中走了出来，2016 年美国经济增速虽然较前些年有所放缓，但依然保持增长势头。根据美国商务部的报告，美国 2016 年全年实际 GDP 增速为 1.5％，美国 GDP 的四项组成部分——个人消费支出、国内私人总投资、商品和服务净出口、政府消费支出和投资总额对美国实际 GDP 同比拉动率分别为 1.86％、－0.28％、－0.23％、0.13％。总体来看，美国经济持续复苏的主要动力依然是消费扩张。由于美国 GDP 的两大组成部分——国内私人总投资以及商品和服务净出口一直处于负增长状态，特朗普在 2017 年上台后，想通过改善这两方面来促进美国经济增长。因此，对于国内私人总投资，特朗普想要通过减税和基础建设投资进行刺激；而针对商品和服务净出口的巨额赤字，他则欲通过对美国贸易伙伴采取严厉的贸易措施加以改善。就目前来看，特朗普的“如意算盘”并没有打好。在美国本土，他所推行的减税和基础建设投资接连受挫；在对外贸易方面，只能通过“特别 301 调查”对中国施压。

从特朗普在竞选期间提出的“对中国全面征收 45％的关税”，到中美“百日计划”，再到之后的“中美全面经济对话”，最后到特朗普对中国发起的“特别 301 调查”，都没有对中美贸易关系造成重大的影响，中美贸易关系依然在“摩擦中发展”。如前文所述，中美贸易发展至今已是“你中有我，我中有你”，这就决定了中美贸易关系是紧密联系、不可分割的，但美国对华巨额贸易逆差又决定了中美贸易关系必定是摩擦不断的。

在未来的任期内，特朗普想要改善对中国的贸易赤字，只能够通过双边友好协商来实现。首先，针对商品贸易，美国对中国高科技产品的出口限制致使美国巨额的高科技产品不能出口至中国市场，从而加剧了美国对华贸易赤字。其次，在服务贸易方面，美国是顺差国，其可以通过进一步深化服务业领域的合作来改善美国对华贸易赤字。

第四章　中国面临贸易摩擦的新动向：反倾销

第一节　中国面临反倾销的总体状况

一、倾销及反倾销问题概述

（一）倾销及反倾销的概念界定

自 2001 年加入 WTO 以来，中国出口实现了持续高速增长，出口额年均增速在 20%以上，2009 年中国超过德国成为世界第一出口大国。但伴随中国出口奇迹的一个重要特征是，中国面临的反倾销诉讼数量也呈现快速增长趋势。

根据倾销及反倾销的含义，一国发起的反倾销诉讼从根本上说是由进口激增引起的。某种商品在一定时期内大量涌入一国国内会给该国生产同类商品的厂商造成巨大的竞争压力，商品滞销、工人失业将不可避免，在这样的情况下，该国厂商或劳工组织往往倾向于对国外商品发起反倾销诉讼，而相关裁定机构也倾向于确认倾销及损害。反倾销是 WTO 规则所允许的一种贸易保护措施，在每一轮 GATT/WTO 的贸易谈判中，发达国家都对反倾销法令进行修订，而修订的结果都使这些国家得以更为便利地实施反倾销。实际上，在非关税壁垒盛行的情况下，反倾销已经成为各国谋求贸易保护的最重要手段。因此，理性地认识并厘清当前中国面临的反倾销状况及其变化趋势，对减少出口摩擦和有效应对反倾销具有十分重要的意义和价值。

以美国国际贸易委员会（USITC）为“倾销”所下的定义来进行说明。倾销是指以低于公平价值的价格销售产品的行为。具体来说，倾销是指经过剔除商品、购买数量和销售环境的差异之后，外国商品在进口国市场上以低于本国市场的价格（正常价值）进行销售的行为。如果某种外国商品在其国内市场的销售量不足，则选取一个“第三方国家”作为替代国，以该商品在“第三方国家”的售价来确定正常价值；如果某种外国商品在其国内市场和“第三方国家”的销量都不足，则使用“成本加利润”的方法构造出一个“推定价格”，以此来确定正常价值；如果被诉倾销的厂商来自非市场经济国家，则使用“替代国”的方法来计算倾销幅度，即先搜集被诉厂商在生产涉案商品中投入的各种生产要素的数量，再选择一个经济发展水平相近的、具有可比性的市场经济国家作为“替代国”，然后搜集这些生产要素在“替代国”市场上的价格，以此来确定生产成本，在对包装、运输和利润进行调整后构造出正常价值。

在确认国外厂商存在倾销行为后，还要判定其倾销行为是否对进口国国内产业造成了实质性损害或实质性损害威胁。实质性损害的判定依据主要有：进口价格对国内相同或相似产品的价格有巨大抑制或下降影响，进口需求出现进一步提高；该产品对进口国国内产业相同或类似产品的生产商产生的影响以及后续冲击程度，包括影响产业状况的所有相关的经济因素和指数，如生产产量、销售、库存、市场份额、价格、利润、生产率、投资回收率、现金流动、设备利用能力、就业等诸多因素。实质性损害威胁是指国内产业虽然尚未处于遭受实质性损害的境地，但已受到了这种威胁，而且这种威胁是真实的、迫切的和可以预见的。只有在确认从国外进口的商品存在倾销、存在实质性损害或损害威胁，并且二者之间有因果关系时，才可征收反倾销税。

（二）反倾销实施的效应分析

反倾销措施的经济影响非常广泛，但最直接的是对贸易的作用，其救济本国产业的目的也是通过调控进口来实现的。反倾销贸易救济效果的评估主要集中在两个层面：一是对反倾销贸易效应的直接评估；二是对反倾销贸易救济行为所引发的广泛影响的评估，包括对供求、竞争等市场效应和企业策略行为的微观分析，以及对进口国产业关联性、投资区位、就业等宏观层面的影响评估，其中也涉及进口国进行产业保护的代价，但最直接的是对贸易和产出的作用，目前此方面的研究成果较多。

大多数国外研究都认为反倾销将产生贸易抑制、产出增长和贸易转移效应。例如：Staiger 和 Folak（1994）使用美国 1980—1985 年制造业数据的研究结果显示，终止协议也会导致进口流量下降和国内产出增长。反倾销的调查效应也非常明显。然而，他们通过研究并未发现明显的撤诉效应。Prusa（1996）根据美国 1978—1993 年的反倾销案例数据就反倾销指控对象国、非指控对象国和总体进口贸易的影响进行了回归分析，提供了贸易转移的证据和影响因素。Young（2004）将反倾销的调查效应分为初次调查效应和二次调查效应，指出反倾销的调查效应在不同的产业间存在差异，而被调查和未被调查产品的差异导致贸易转移效应。

也有学者的经验研究结果有所不同。例如：Crupp（1996）运用美国化工产业1976—1988年数据的实证研究发现大量的进口反应与终裁结果无关，肯定的终裁结果并不一定导致进口下降，而否定的终裁结果也并不一定导致进口上升，而且在调查的不同阶段，倾销与反倾销进口的反应也存在较明显的差异。Devault（1993）指出在分两步的损害裁定方法下，反倾销保护更容易被给予那些经营状况不佳的行业，而那些获得保护的行业，其经营业绩往往在获得保护之后仍然不见好转。Klein（2000）的一项研究也给出了让进口国沮丧的结论，他利用相对就业增长率和相对生产增长率这一指标体系检验了美国1960—1980年对其纺织服装、钢铁和汽车三类衰退产业实施贸易保护的产业效应，分析表明美国的反倾销保护对汽车、钢铁和纺织服装产业的产业效应几乎无所作为。

国外对反倾销贸易救济效果的评估主要集中于对美国和欧盟反倾销政策的经验研究。Lichtenberg和Tan（1990）使用所有来源国的总进口数据估计反倾销效应，忽略了反倾销保护的国别针对性。Harrison（1991）利用美国1981—1986年跨行业的数据测算了反倾销税的价格效应，但他使用的是标准工业分类（SIC）四位码行业数据，太过笼统。早期较出色的研究当数Staiger和Wolak（1994），该研究使用了迄今可能是反倾销研究领域最为复杂的计量经济模型，验证了反倾销对一国出口贸易的负面冲击效应。Blonigen和Prusa（2001）分析了反倾销调查对国内产出和进口的影响，确认了“调查效应”的存在，认为反倾销威胁的存在和确定的反倾销税都能对诉讼对象国起到“贸易限制效应”；他们同时观察到，在进口减少的同时，国内产出以同样的幅度增加，这就意味着国内厂商夺回了原先损失的市场份额，并不存在所谓的贸易转移效应。但是，他们是以提出反倾销指控后第一年的数据进行回归分析的，因而其研究结果仅代表反倾销调查的短期效应。

二、中国面临反倾销调查概述

与中国出口奇迹相伴的一个重要特征是，中国出口面临的贸易摩擦也呈现急速上升趋势。其中，从中国每年遭遇的反倾销调查案件数来看，从1980年的个位数，急剧增长至2014年的60起。这说明中国面临的反倾销状况已经形成了一个质变过程，中国进入了遭遇反倾销诉讼的常态化阶段。

从表4-1反倾销调查和实施反倾销措施的案件数来看，中国面临的反倾销呈现波动上升趋势，并且可以划分为两个阶段：1980—1995 年和 1996—2014 年。具体来看，1980—1995 年，中国面临的反倾销调查案件数，从个位数至 1989 年进入两位数阶段，直到 1995 年 WTO 成立，中国面临的反倾销诉讼总体呈现上升趋势，但每年案件总数大都低于 40 起。1996—2014 年，传统的关税壁垒已经逐渐丧失了其重要地位，各国进行贸易保护主要依赖于非关税壁垒，加之反倾销成为 WTO 规则所允许的一种贸易保护措施，因此，在第二阶段中对华反倾销案件数呈现快速增长趋势，大多数年份维持在 40 起以上。这也充分说明在中国出口奇迹实现的过程中，中国面临的反倾销调查也呈现急速上升趋势，这无疑对中国贸易的可持续增长造成了极大的冲击与阻碍。

与此同时，对华实施反倾销措施的案件数与反倾销调查的总体变化趋势相一致，同样呈现两个显著阶段：1980—1992 年和 1993—2014 年。具体来看，在第一个阶段中实施反倾销措施的案件数总体呈现上升趋势，但是均低于 30 起；自 1993 年以来，实施反倾销措施的案件数呈现急速上升趋势，从 1993 年的 29 起波动式上升，最高为 2009 年的 66 起。总体来看，实施反倾销措施的案件数量越多，对中国贸易增长的阻碍就越大，抑制效应也越强。

表 4-1　中国遭遇反倾销调查和对华实施反倾销措施案件数（1980—2014 年）　单位：起

年份	发起数量	实施数量
1980	1	1
1981	1	1
1982	3	4
1983	4	3
1984	0	0
1985	7	1
1986	2	6
1987	2	1
1988	8	1
1989	10	5
1990	12	10
1991	19	17
1992	32	16
1993	38	29
1994	42	33
1995	19	37
1996	68	24
1997	28	60

续前表

年份	发起数量	实施数量
1998	20	29
1999	41	18
2000	40	32
2001	49	37
2002	49	47
2003	57	43
2004	52	43
2005	49	38
2006	71	32
2007	58	57
2008	74	55
2009	75	66
2010	46	54
2011	44	45
2012	56	34
2013	71	57
2014	60	49
总计	1 208	985

资料来源：本章全部数据来源于世界银行 Chad P. Bown（2016）全球反倾销数据库（Global Antidumping Database）和《中国对外贸易环境与贸易摩擦研究报告 2016》的已有分析。

进一步地，本章构建了反倾销累积实施率指标，其具体计算公式如下：

$$percent_{ijt}=\frac{\sum_{i\in t}X_{it}}{\sum_{j\in t}X_{jt}}$$

其中，X_{it} 为第 t 年对华反倾销调查的累积发起数量，X_{jt} 为该年对华反倾销措施的累积实施数量，具体计算结果如表 4－2 所示。

通过对实施率的计算可以发现，从 20 世纪 80 年代开始，对华反倾销累积实施率便处于高位，此后略有下降，但 20 世纪 90 年代中期以后又不断上升，除个别年份以外，反倾销累积实施率均高于 80%。具体来看，对华反倾销累积实施率变化趋势同样呈现两个显著阶段，以 1995 年 WTO 成立为时间节点：WTO 成立以前，对华反倾销累积实施率总体处于波动上升趋势，但是实施率水平基本低于 80%；1996 年后对华反倾销累积实施率处于较小波动变化趋势，实施率总体处于 80%左右，这进一步说明对华反倾销累积实施率水平较高，这种较高的贸易制裁措施无疑极大地抑制了中国相关贸易产品的出口，进而对中国贸易的可持续增长与竞争力的提升造成显著的阻碍（王孝松等，2015）。

表 4-2　　对华反倾销累积实施率（1980—2014 年）

年份	累积发起数量（起）	累积实施数量（起）	实施率（%）
1980	1		
1981	2	2	100
1982	5	6	120
1983	9	9	100
1984	9	9	100
1985	16	10	63
1986	18	16	89
1987	20	17	85
1988	28	18	64
1989	38	23	61
1990	50	33	66
1991	69	50	72
1992	101	66	65
1993	139	95	68
1994	181	128	71
1995	200	165	83
1996	268	189	71
1997	296	249	84
1998	316	278	88
1999	357	296	83
2000	397	328	83
2001	446	365	82
2002	495	412	83
2003	552	455	82
2004	604	498	82
2005	653	536	82
2006	724	568	78
2007	782	625	80
2008	856	680	79
2009	931	746	80
2010	977	800	82
2011	1 021	845	83
2012	1 077	879	82
2013	1 148	936	82
2014	1 208	985	82

三、中国面临反倾销调查的产品分布概况

从上述分析可以发现，对华反倾销调查和实施反倾销措施的案件数总体呈现波动上升趋势，即中国面临的贸易摩擦发展态势趋于恶化。基于此，本部分将通过分析对华反倾销调查的产品分布来进一步阐述中国面临的反倾销状况。

通过对表 4－3 的统计分析发现，对华反倾销调查和实施反倾销措施涉及的产品呈现部分产品显著集聚的态势。具体来看，被调查和被实施措施次数排前 10 位的产品为特定合成物、机织物、新型气动非公路用轮胎、碳酸钡、玻纤增强聚丙烯、纺织品、自行车轮胎、氯化胆碱、叠层地板和胶合板。从上述产品分布来看，主要为劳动密集型产品和资源型加工制成品，处于全球价值链低端环节，在国际市场上遭受反倾销的产品较多，即对华反倾销趋势的日趋严峻与中国出口贸易中产品类型多为劳动密集型产品及资源型加工制成品的贸易结构紧密相关。因此，有效提升中国出口产品在全球价值链上的地位，实现出口贸易结构转型升级，是应对对华反倾销的根本出路所在。

表 4－3　　反倾销调查和实施反倾销措施涉及的产品分布（1980—2013 年）

排名	被调查产品		被实施措施产品	
	产品名称	次数	产品名称	次数
1	特定合成物	33	特定合成物	33
2	机织物	23	机织物	23
3	新型气动非公路用轮胎	10	新型气动非公路用轮胎	10
4	碳酸钡	8	碳酸钡	5
5	玻纤增强聚丙烯	7	玻纤增强聚丙烯	5
6	纺织品	6	纺织品	5
7	自行车轮胎	6	自行车轮胎	4
8	氯化胆碱	5	氯化胆碱	4
9	叠层地板	5	叠层地板	4
10	胶合板	5	胶合板	4

注：本表统计的产品为反倾销数据库中的产品名称（HS 8 位编码）。

第二节　对华反倾销的行业分布

通过上一节的分析可知，自 WTO 成立以来，对华反倾销的发起调查案件数和实施反倾销措施的案件数逐步进入了稳步增长阶段，均维持在较高水平，这足以说

明世界各国对华反倾销频繁而且势头猛烈，对中国相关出口行业将造成显著影响。本节将进一步阐述和分析对华反倾销的行业分布状况。

一、反倾销调查案件的行业分布状况

本节采用海关编码协调制度（HS 编码）的分类标准来统计 2014 年各行业遭受反倾销调查情况（见表 4-4）。本书的 2016 版本中列举了 1980—2013 年我国遭遇的反倾销案件的行业分布状况，在 2014 年以前，除了第三类（动、植物油、脂及其分解产品，精制的食用油脂，动、植物蜡）、第十九类（武器、弹药及其零件、附件）、第二十一类（艺术品、收藏品及古物）未遭受反倾销调查，其余各大类商品均遭受了反倾销调查，占所有商品总数的 80.95%。从表 4-4 中可以看出，2014 年我国遭遇反倾销的行业有第四类（食品，饮料、酒及醋，烟草、烟草及烟草代用品的制品）、第六类（化学工业及其相关工业的产品）、第七类（塑料及其制品，橡胶及其制品）、第十一类（纺织原料及纺织制品）、第十三类（石料、石膏、水泥、石棉、云母及类似材料的制品，陶瓷产品，玻璃及其制品）、第十五类（贱金属及其制品）、第十六类（机器、机械器具、电气设备及其零件，录音机及放声机、电视图像、声音的录制和重放设备及其零件、附件）、第十七类（车辆、航空器、船舶及有关运输设备）、第二十类（杂项制品）以及新增的第三类（动、植物油、脂及其分解产品，精制的食用油脂，动、植物蜡）和第二十二类（特殊交易品及未分类）。武器弹药禁止私企经营出口，少数的出口也是来自国家出于战略目的跟他国签订的武器出口协议，不可能招致反倾销调查；国家为了保护文化遗产，艺术品、收藏品等基本都限制出国展览，更不允许出口。因此，实际上大部分中国出口商品都遭受了反倾销调查。

表 4-4　反倾销调查案件的行业分布状况（2014 年）

HS 编码	编码描述	遭受反倾销调查案件数（起）	遭受反倾销措施案件数（起）
第一类	活动物，动物产品	0	0
第二类	植物产品	0	0
第三类	动、植物油、脂及其分解产品，精制的食用油脂，动、植物蜡	1	0
第四类	食品，饮料、酒及醋，烟草、烟草及烟草代用品的制品	1	0
第五类	矿产品	0	0
第六类	化学工业及其相关工业的产品	17	14
第七类	塑料及其制品，橡胶及其制品	6	5
第八类	生皮、皮革、毛皮及其制品，鞍具及挽具，旅行用品、手提包及类似容器，动物肠线（蚕胶丝除外）制品	0	0

续前表

HS 编码	编码描述	遭受反倾销调查案件数（起）	遭受反倾销措施案件数（起）
第九类	木及木制品，木炭，软木及软木制品，稻草、秸秆、针茅或其他编结材料制品，篮筐及柳条编织品	0	0
第十类	木浆及其他纤维状纤维素浆，纸及纸板的废碎品，纸、纸板及其制品	0	0
第十一类	纺织原料及纺织制品	1	1
第十二类	鞋、帽、伞、杖、鞭及其零件，已加工的羽毛及其制品，人造花，人发制品	0	0
第十三类	石料、石膏、水泥、石棉、云母及类似材料的制品，陶瓷产品，玻璃及其制品	1	1
第十四类	天然或养殖珍珠、宝石或半宝石、贵金属、包贵金属及其制品，仿首饰，硬币	0	0
第十五类	贱金属及其制品	22	16
第十六类	机器、机械器具、电气设备及其零件，录音机及放声机、电视图像、声音的录制和重放设备及其零件、附件	9	8
第十七类	车辆、航空器、船舶及有关运输设备	4	4
第十八类	光学、照相、电影、计量、检验、医疗或外科用仪器及设备、精密仪器及设备，钟表，乐器，上述物品的零件、附件	0	0
第十九类	武器、弹药及其零件、附件	0	0
第二十类	杂项制品	1	1
第二十一类	艺术品、收藏品及古物	0	0
第二十二类	特殊交易品及未分类	1	1

从行业分布的具体状况来看，2014 年以前我国遭受反倾销调查和反倾销措施的主要行业为第六类（化学工业及其相关工业的产品）、第十一类（纺织原料及纺织制品）、第十五类（贱金属及其制品）、第十六类（机器、机械器具、电气设备及其零件，录音机及放声机、电视图像、声音的录制和重放设备及其零件、附件）4 个行业，其中以第十五类（贱金属及其制品）遭受的反倾销调查和反倾销措施最多。同样，在 2014 年，我国遭受反倾销调查和反倾销措施最多的行业仍为第十五类（贱金属及其制品），第七类（塑料及其制品，橡胶及其制品）取代了以往第十一类（纺织原料及纺织制品）的位置，成为新的遭受反倾销调查和措施的主要行业。

二、反倾销调查涉案产品的行业分布状况

通过采用海关编码协调制度（HS 编码）的分类标准来统计 2014 年各行业遭受反倾销调查情况（见表 4－5）以及采用 HS 编码——8 位码产品数据，此处进一步

对反倾销调查涉案产品的行业分布状况加以分析，以进一步厘清当前中国产品遭受反倾销调查的行业分布特征。

从表 4-5 的涉案产品行业分布状况来看，2014 年对华反倾销调查涉案产品总计 209 个，数量众多且行业分布广泛。其中，反倾销调查所涉及的主要行业有第六类（化学工业及其相关工业的产品）、第七类（塑料及其制品，橡胶及其制品）、第十五类（贱金属及其制品）以及第十六类（机器、机械器具、电气设备及其零件，录音机及放声机、电视图像、声音的录制和重放设备及其零件、附件），其中以第十五类的涉案产品数量最多，超过了 2014 年总数的一半。与 1980—2013 年相比可以发现，与以往不同的是，2014 年对华反倾销调查涉案产品中没有第一类（活动物，

表 4-5　反倾销调查涉案产品的行业分布状况（2014 年）

HS 编码	编码描述	反倾销调查涉案产品数量（8 位码，个）
第一类	活动物，动物产品	0
第二类	植物产品	0
第三类	动、植物油、脂及其分解产品，精制的食用油脂，动、植物蜡	1
第四类	食品，饮料、酒及醋，烟草、烟草及烟草代用品的制品	2
第五类	矿产品	0
第六类	化学工业及其相关工业的产品	21
第七类	塑料及其制品，橡胶及其制品	26
第八类	生皮、皮革、毛皮及其制品，鞍具及挽具，旅行用品、手提包及类似容器，动物肠线（蚕胶丝除外）制品	0
第九类	木及木制品，木炭，软木及软木制品，稻草、秸秆、针茅或其他编结材料制品，篮筐及柳条编织品	0
第十类	木浆及其他纤维状纤维素浆，纸及纸板的废碎品，纸、纸板及其制品	0
第十一类	纺织原料及纺织制品	1
第十二类	鞋、帽、伞、杖、鞭及其零件，已加工的羽毛及其制品，人造花，人发制品	0
第十三类	石料、石膏、水泥、石棉、云母及类似材料的制品，陶瓷产品，玻璃及其制品	1
第十四类	天然或养殖珍珠、宝石或半宝石、贵金属、包贵金属及其制品，仿首饰，硬币	0
第十五类	贱金属及其制品	122
第十六类	机器、机械器具、电气设备及其零件，录音机及放声机、电视图像、声音的录制和重放设备及其零件、附件	21
第十七类	车辆、航空器、船舶及有关运输设备	8

续前表

HS 编码	编码描述	反倾销调查涉案产品数量（8 位码，个）
第十八类	光学、照相、电影、计量、检验、医疗或外科用仪器及设备、精密仪器及设备，钟表，乐器，上述物品的零件、附件	0
第十九类	武器、弹药及其零件、附件	0
第二十类	杂项制品	5
第二十一类	艺术品、收藏品及古物	0
第二十二类	特殊交易品及未分类	1
总计		209

动物产品）中的产品，与此同时第七类（塑料及其制品，橡胶及其制品）取代第一类（活动物，动物产品）成为遭受反倾销调查的主要行业之一。

总体来看，2014 年反倾销调查涉案产品的行业分布具有以下特征：第一，涉案产品的行业分布具有显著的集聚性，其中，以第六类（化学工业及其相关工业的产品）、第七类（塑料及其制品，橡胶及其制品）、第十五类（贱金属及其制品）以及第十六类（机器、机械器具、电气设备及其零件，录音机及放声机、电视图像、声音的录制和重放设备及其零件、附件）四大类居多；第二，受到出口管制的行业的涉案产品分布最少，最为典型的行业为第十九类（武器、弹药及其零件、附件）、第二十一类（艺术品、收藏品及古物）等。

第三节　对华反倾销的国别（地区）分布

一、对华反倾销国别（地区）分布的总体状况

在世界范围内，中国是遭受反倾销调查最多的国家，1980—2013 年，中国共遭受 1 000 多起反倾销调查，已有超过 25 个 WTO 成员对中国发起了反倾销调查，中国成为反倾销调查的重灾区。此外，除中国之外的其他新兴经济体同样面临较多的贸易摩擦与争端，如巴西、印度、印度尼西亚等，新兴经济体凭借其低廉的成本在世界市场中占据重要地位，这就导致了这些经济体遭遇的贸易壁垒越来越多。而对于发达国家，如美国，同样凭借其强大的生产力向外输出产品，金融危机之前每年遭受反倾销调查次数也维持在两位数，金融危机中，美国经济受挫，出口减少，从而遭受的反倾销调查随之减少，但同时美国对其他国家发起了更多的反倾销调查。

表 4－6 显示了 2014 年各经济体对华反倾销调查和实施反倾销措施案件的数

量，其中对中国发起反倾销调查的前六名分别为印度、墨西哥、美国、欧盟、巴西和俄罗斯，与1980—2013年的总体情况相比，墨西哥和俄罗斯成为中国遭受反倾销调查的新增主要来源。

在实施反倾销措施案件方面，总体实施率在81%左右，说明对中国的反倾销调查在很大程度均实施了反倾销措施，这无疑对中国的相关出口贸易造成了显著的负面效应。具体来看，发起反倾销调查的前三名的实施率都在85%以上，说明这三个国家在发起了较大数量的反倾销调查案件的同时保持了较高的反倾销措施实施率，加重了其对中国贸易的负面效应（见表4-6）。

表4-6　对华反倾销调查和实施反倾销措施案件数（2014年）

发起方	发起数量（起）	实施数量（起）	实施率（%）
美国	6	6	100
印度	8	8	100
欧盟	5	2	40
俄罗斯	5	5	100
阿根廷	2	2	100
巴西	5	4	80
土耳其	4	3	75
墨西哥	7	6	85.7
秘鲁	0	0	0
澳大利亚	4	3	75
南非	1	1	100
加拿大	2	2	100
哥伦比亚	3	2	66.7
韩国	1	1	100
印度尼西亚	2	1	50
泰国	0	0	0
巴基斯坦	0	0	0
新西兰	0	0	0
以色列	0	0	0
马来西亚	3	2	66.7
菲律宾	0	0	0
委内瑞拉	0	0	0
日本	1	1	100
特立尼达和多巴哥	1	0	0
智利	0	0	0

续前表

发起方	发起数量（起）	实施数量（起）	实施率（%）
牙买加	0	0	0
乌拉圭	0	0	0
合计	60	49	81.7

注：通过采用海关编码协调制度（HS编码）的分类标准来统计各经济体对华反倾销调查与实施情况。

二、发起方对华反倾销的涉案产品分布

表4-7展示了2014年发起方对华反倾销调查和实施反倾销措施的涉案产品数量，其中，各贸易伙伴对中国发起反倾销调查和实施反倾销措施的涉案产品数量总数为209个和159个。具体来看，对中国发起反倾销调查和实施反倾销措施的涉案产品的主要来源为美国、俄罗斯、马来西亚、欧盟、墨西哥和印度，其中以出口美国的涉案产品数量最多，达到50个，这说明对美国出口中遭遇反倾销的产品分布较广，凸显了其打压中国产品进口的力度及中美两国产业竞争的严峻性。总体来看，各经济体反倾销调查发起案件数与产品数量分布呈显著的正相关关系，并且反倾销调查的产品数量相对集中。

表4-7　　反倾销调查和实施反倾销措施的涉案产品数量（2014年）

发起方	发起反倾销调查的涉案产品数量（个）	实施反倾销措施的涉案产品数量（个）	实施率（%）
墨西哥	16	14	87.5
美国	50	50	100
俄罗斯	31	31	100
欧盟	22	14	63.6
印度	13	13	100
土耳其	4	3	75
阿根廷	3	3	100
巴西	8	7	87.5
秘鲁	0	0	0
澳大利亚	8	3	37.5
哥伦比亚	3	2	66.7
南非	1	1	100
韩国	2	2	100
泰国	0	0	0
印度尼西亚	10	1	10
加拿大	3	3	100

续前表

发起方	发起反倾销调查的涉案产品数量（个）	实施反倾销措施的涉案产品数量（个）	实施率（%）
新西兰	0	0	0
巴基斯坦	0	0	0
委内瑞拉	0	0	0
以色列	0	0	0
马来西亚	27	11	40.7
特立尼达和多巴哥	7	0	0
菲律宾	0	0	0
牙买加	0	0	0
日本	1	1	100
乌拉圭	0	0	0
智利	0	0	0
合计	209	159	76.1

注：通过采用海关编码协调制度（HS编码）的分类标准来统计各行业产品遭受反倾销调查的情况。

进一步从反倾销调查的实施率来看，发起反倾销调查的各经济体产品实施率平均在76%左右，充分说明对华反倾销调查的涉案产品的实施率较高，中国出口产品面临的反倾销范围较广，遭受的制裁措施也较多，这无疑对中国贸易出口造成了显著的制约效应。

总体来看，贸易伙伴对华发起反倾销调查和实施反倾销措施的涉案产品数量分布具有如下特征：一方面，除部分发展中国家，如印度、墨西哥等，对华反倾销调查的涉案产品数量分布仍以美国为首的发达国家为主；另一方面，对华实施反倾销措施的涉案产品数量在10个以上的国家，其反倾销措施实施率较高，大多在80%以上，这无疑对中国的相关出口产品造成了极大的阻碍。

第四节　对华反倾销的成因探讨

一、对华反倾销增长的背景

（一）非关税壁垒逐渐成为各国进行贸易保护的主要手段

基于众多原因，传统的关税壁垒已经逐渐丧失了其重要地位，目前各国进行贸易保护主要依赖于非关税壁垒。第一，关税与贸易总协定（GATT）曾经主持过多轮关税减让谈判，乌拉圭回合又使各缔约方达成了新的关税减让承诺，世界贸易组织（WTO）的成立又使新一轮的关税减让很有保障地逐步落实，因而各国谋求通过高关税进行贸易保护的目标越来越难以实现。第二，非关税壁垒包含的种类很多，各国可以根据特定的情况选择不同形式的非关税壁垒，有针对性地对本国市场进行保护。第三，在贸易自由化观念深入人心的背景之下，各国都不敢大肆推行贸易保护主义，而非关税壁垒十分隐蔽，且杀伤力很强，因而受到各国政府的青睐。第四，在GATT时代，各种非关税壁垒的使用条件十分苛刻，而在WTO时代，一些苛刻的条件得以放宽，这为各国使用非关税壁垒进行贸易保护提供了有利条件。

反倾销是WTO规则所允许的一种贸易保护措施，在每一轮GATT/WTO的贸易谈判中，发达国家都对反倾销法令进行修订，而修订的结果都使这些国家得以更为便利地实施反倾销（Blonigen and Prusa，2003）。实际上，在非关税壁垒盛行的情况下，反倾销已经成为各国谋求贸易保护的最重要手段。20世纪80年代初，仅有少数几个国家使用反倾销措施，而在WTO成立之后，各国纷纷使用这种非关税措施进行贸易保护（Zanardi，2004），而且反倾销在未来仍将占据十分重要的地位（Bown，2007）。另外，各国在进行反倾销时，可以根据自身需要和国内政治经济形势对特定的目标国实施歧视性的反倾销措施（Bown and McCulloch，2005；李坤望、王孝松，2008）。

（二）中国实现出口增长奇迹

中国对外贸易的高速增长吸引了世界的目光。以加入WTO为契机，发挥比较优势、积极参与国际分工使中国大获其益，为经济发展奠定了重要基础。2010年，中国出口贸易额高居世界首位；2013年，中国货物进出口总额跃升为世界第一。这极大地影响了中国经济，也使中国成为世界各国竞相关注的焦点，人们会很自然地思考，经过多年持续、高速增长，中国对外贸易特别是出口贸易尚存多大潜力。中国的出口依存度在2010年达到了顶峰，国内各界开始关注中国经济过分依赖外部市场、贸易条件不断恶化以及巨额外汇储备等问题。

随着中国出口奇迹的实现，中国出口规模逐渐扩大，出口目的国、出口市场范围也逐渐扩大，使得中国与部分贸易伙伴间的贸易摩擦逐渐增多。尤其在中国出口奇迹的实现中，加工贸易占到了极大的比重，这种以“三来一补”为特征的出口贸易模式，使得中国的出口目标市场范围进一步扩大，这无疑使中国遭遇贸易摩擦的可能性进一步增加。

从产业发展的角度看，由于受发达国家产业转移等因素的影响，中国成为世界制造中心的态势已基本形成，而市场往往呈现此消彼长的形势，价廉物美的中国产品肯定会得到越来越大的市场份额，与工业化国家的老牌传统企业产生冲突，已是一种必然。所以说，中国经济的快速崛起必然会改变传统的国际经济格局。可以预见，在相当长的一段时期内，中国与传统经济强国在经济领域的摩擦只会增加，不会减少。而反倾销就是在贸易摩擦中被堂而皇之使用的一种手段，随着贸易保护主义在一些国家抬头，越来越多的国家把反倾销作为贸易保护主义的手段之一。中国在国际贸易中始终处于较大贸易顺差的状态，2008 年爆发金融危机以来，不少发达资本主义国家处于经济萧条时期，经济增长缓慢。为刺激本国经济增长，降低失业率，转移国内矛盾，各国纷纷采取一系列的贸易保护措施来带动本国经济，反倾销自然作为首选的贸易救济手段。

二、对华反倾销增长的内因分析

第一，外贸形势和汇率因素仍然是各国对华发起反倾销的重要原因。中国的出口激增和人民币贬值，会显著增加各国发起对华反倾销的可能性，以及确认存在倾销和损害的案件数量（王孝松、谢申祥，2009）。出口在中国经济中占据十分重要的地位，因而限制出口是不明智的选择，只有在不断开拓市场的同时使出口市场的分布逐渐合理，才是避免某种商品大量涌入某一国家的途径。在条件允许的情况下，根据形势及时调整汇率，也是避免贸易摩擦的一项有效措施。

第二，外贸指导思想落后。长期以来，我国有关地方政府以创汇为出口目标，制定指标，层层考核，鼓励企业利用低成本优势和低价策略出口创汇，而很少考虑创汇成本。国家也规定各地出口企业的盈亏由国家外经贸主管部门承担，各地得到外汇分成。这样，一些外贸企业为完成出口计划、获得出口补贴，不惜高价收购、低价出口，致使部分出口商品的国内价格高于国际市场价格。这一方面让外国消费者获得了廉价商品，另一方面也容易使我国受到国外的反倾销指控。

第三，外贸宏观管理不力。改革开放以来，我国逐步放开对外贸易的经营权，从一家经营变为多头对外。截至 2014 年末，全国约有 40 万家企业从事进出口业务。一些企业为了扩大出口，竞相压价，导致亏本经营，而政府主管部门及行业协会对此显然缺乏有效的管理，低价出口行为屡禁不止。

第四，法律体系建设滞后。反倾销问题从本质上讲是法律问题，我国在反倾销法律体系的构建方面明显滞后，法律体系很不完善。我国早在 1979 年就受到了国外的反倾销诉讼，而且之后每年都受到指控，遭受的反倾销诉讼数量总体呈上升趋势，但我国直到 1994 年才在《中华人民共和国对外贸易法》中用三条条款对保障措施和反倾销、反补贴作出专门规定。1997 年，国务院终于颁布了专门的反倾销行政法规——《中华人民共和国反倾销和反补贴条例》。这些法律与法规适时修订并构成目前我国反倾销的法律体系，但还很不完善。为了增加权威性，我国应当在适当时机制定反倾销法。

三、对华反倾销增长的外因分析

（一）经济增速放缓，国际贸易保护主义盛行

与中国经济和外贸的快速发展不同，很多国家经济增长速度都趋于放缓，且由于多哈回合谈判中止，多边贸易体制受挫，世界范围内的贸易保护主义进一步加剧。贸易政策的政治经济学生动地刻画出政治市场的形成过程及运行方式。Stigler（1971）和 Peltzman（1976）指出，利益集团通过院外游说和施加压力等方式向政客谋求对自己有利的政策，政客们为了谋求政治支持最大化而给予特定的利益集团以有利的政策。这样就形成了以公共政策为商品的政治市场，利益集团为买方，政客为商品的出售者。Grossman 和 Helpman（1994）创立了一个描述政府和利益集团之间进行互动，最终形成贸易政策的精巧模型。假定利益集团由专属要素组成，它们向政府提供政治资金以换取关税或出口补贴，不同的政治捐资对应不同的关税或补贴水平，这就形成了所谓的“捐资价格表”。一个行业获得的保护水平与其组成利益集团的能力呈正相关关系，与进口需求弹性呈负相关关系，而与进口渗透率的关系则受行业能否组成利益集团的影响。

国内研究中，鲍晓华（2011）认为，一国通常会因为不利的经济形势提出更多的反倾销诉讼。沈国兵（2007）选择了美国工业生产总值增长率以及美国的失业率作为潜在的反倾销决定变量进行检验，实证结果证明了美国国内经济形势恶化是其对华发起反倾销的宏观原因。历届美国政府基本都把降低失业率作为一项基本的宏观经济目标。换言之，除了国内生产总值之外，失业率的降低也是政府获得选民支持的重要因素。因此，与反倾销发起国相关的宏观因素包括两个，即国内生产总值与国内的失业率。

以美国为例，美国经济波动也是影响其对外贸易政策的重要因素，尤其是当失业率持续走高或居高不下的情况发生时，贸易保护主义将逐渐盛行。根据美国反倾销法的规定，提起反倾销调查的主要机构包括某一行业内有代表性的、注册工会认可的工人团体，工人最为关注的就是就业或失业问题。美国工会在美国政治舞台上有很大的影响力，工人团体的游说和施压很可能引发相关政策的反应，2009 年的轮胎特保案就是很好的例子。另外，美国经济在经历了 2008 年的金融危机后，目前处在艰难的复苏和结构调整过程中，也会导致劳动力的就业问题，当各种各样的问题汇集到一起，国内当局在不能有效解决的情况下，很可能会把内部问题外部

化，将国内矛盾转移到国外，反倾销就可能成为其中的一个政策工具。

（二）国际贸易规则演变及“非市场经济”地位的制约

WTO 主张自由贸易，要求各成员逐步取消关税壁垒，削减非关税措施，使得以往能够采取的某些进口限制措施受到禁止或极大的限制，但为了维护公平贸易和正常的竞争秩序，世界贸易组织允许成员在进口产品倾销、补贴和过激增长等给其自身产业造成损害的情况下使用“二反二保”等手段，以保护自身产业不受损害，这就给各成员间反倾销调查披上了合法的外衣。

国际贸易规则的如此变化，加上较之其他贸易救济方式（如反补贴和保障措施等），使用反倾销的难度较小，调查机构享有较大的自由裁量权，且可以直接针对企业开展调查并采取措施，较少受到涉案方政府的直接干预。故而，反倾销成为进口方企业与出口方企业竞争时的首选方式。

对华反倾销采取“非市场经济”地位源于美国 1974 年贸易法“406 条款”，该条款是针对所谓“非市场经济国家”出口产品的限制措施。在中国加入 WTO 后，美国政府仍然主观地认定中国为“ 非市场经济国家”。“非市场经济”定位，使竞争对手可能将不公平的“替代国”价格等方法应用于计算中国商品的倾销幅度，从而人为提高倾销幅度，增大确认存在倾销的概率。目前，中国企业应对反倾销诉讼的最大障碍就是“非市场经济”定位。

（三）深刻的政治根源

作为一种贸易政策工具，反倾销使用与否，有着深刻的政治根源。就经济效率而言，反倾销容易导致进口国、出口国两败俱伤。从长远看，避免使用反倾销等贸易救济措施无论是对整个国际贸易体系，还是对进出口国双方，可能都更为有利。

但事实是，反倾销制度日渐流行，其重要的原因在政治领域。一方面，进口商品竞争行业的厂商和工会（数量远远少于消费者数量）因涉及巨大的切身利益，有强烈的动机去为了实施反倾销奔走呼号。另一方面，生产补贴尽管比反倾销税更符合经济效率原则，但在每年的政府预算审查过程中很容易受到质疑，当政府面临财政压力时，补贴项目更容易成为削减预算的目标；相反，关税和其他进口壁垒一旦通过实施，非但无须面对年度审查的关口，甚至因其能给政府带来一定的收入而有较大的政治吸引力。此外，就是选举政治的因素，各个政治派别往往利用经济议题谋取选票，借着保护民族产业的幌子大肆阻挠中国产品进入本国市场，以获得垄断财团的支持，或转移民众对本国经济问题的关注。

四、主要结论与政策启示

与中国出口奇迹的实现相伴随的一个重要特征是，中国面临的出口摩擦也呈现急速上升趋势，1996—2014 年，对华反倾销案件呈现快速增长趋势，年均在 40 起以上，对华反倾销调查和实施反倾销措施的涉案产品数量呈现迅速增长态势。从对华反倾销行业分布来看，对华反倾销的涉案行业涉及中国出口贸易的大部分行业。从不同国别（地区）的反倾销案件数量分布来看，发达国家中以美国居多，在新兴经济体中印度、巴西和墨西哥等较多。这在一定程度上表明，在中国出口实现迅速扩张的同时，不仅中国与传统的发达国家间的贸易摩擦越来越多，而且新兴经济体，尤其是凭借其低廉的成本在世界市场中占据重要地位的经济体，也逐渐成为对华反倾销的主要发起方。

基于中国面临的反倾销日趋严峻的现实状况，以及不同行业、国别（地区）、产品等分布状况，得到的初步政策启示如下：第一，鉴于新兴经济体逐渐成为对华反倾销发起方的重要组成部分，在加大对部分发达国家反倾销特点研究的同时，要逐步系统地重点研究部分发展中国家对华贸易壁垒的特点，努力加强同这些国家在经贸领域的合作与协调，从而更好地摆脱和避免自身面临的反倾销调查的困境。第二，遭受反倾销调查较少的行业，其反倾销仲裁税率显著高于遭受反倾销调查较多的行业，这无疑将会对中国出口的行业增长和边际扩展形成强烈的制约效应，因此，遭受反倾销调查较少的行业，其行业协会要积极探究发起方的限制贸易政策工具的使用背景、使用特点、运行方式和政策结果，从而为更好地应对贸易限制、促进出口增长提供保障。第三，分析发现各国对华反倾销的强度呈逐渐上升的趋势，因此，无论是相关的行业协会、企业本身，还是政府相关机构，当对华反倾销案件发起后，要积极同发起方相关利益集团磋商，本着互惠互利、利益协调的原则，降低反倾销的裁定强度，同时调整日后的出口经营方案，在不损害自身核心利益的前提下做出一定的让步，一旦双方建立了互信关系，贸易摩擦与争端将会缓和，反倾销问题将有可能从根本上得到缓解。

第五章　中国面临贸易摩擦的新动向：其他形式的贸易壁垒

第一节　反补贴

本节将追踪贸易伙伴对中国反补贴的最新发展状况，对 2014 年贸易伙伴对华反补贴全部案件的各方面数据进行整合归纳，以探寻其规律和特点，为我国积极应对世界各经济体发起的反补贴提供有价值的信息。

一、反补贴的程序和规则

（一）WTO 对补贴的认定

GATT1947 最早仅为补贴和反补贴提供原则性规定，而目前 WTO 的细化条款，多边补贴和反补贴规则已拥有完整的体系。认定某项利益为“补贴”，主要根据它的提供者、内容、专向性和效果进行判断。只有在这四个条件都具备的情况下，某一行为才有可能被认定为补贴并允许采取反补贴措施。

1. 补贴的提供者

补贴的提供者必须是政府。然而，根据《补贴和反补贴措施协定》（SCMA）的规定，提供财政资助的政府，其概念更加宽泛：它不仅包括政府本身，还包括任何公共、私营机构，只要该机构履行了通常意义上属于政府的职能。在这一定义下，掌握中国经济命脉的国有企业在市场经济中的运作就很容易被视为“政府行为”，它们的交易活动因而被认定为“财政资助”。

2. 补贴的内容

补贴的内容包括两方面：一是政府提供的财政资助，二是政府提供的任何形式的收入或价格支持。其中，“财政资助”具体包括三种情况：一是涉及资金直接转移、潜在的资金或债务直接转移的政府做法，如赠款、贷款、股权投入以及贷款担保等；二是放弃应征税收，如税收抵免等财政激励[①]；三是政府提供除一般基础设施外的货物或服务，或者购买货物。

3. 补贴的效果

确定补贴的最主要标准就是该活动“授予利益”，即受益方获得比在市场上本可获得的条件更加优惠的条件，且这一条件源于财政资助，此时该活动自动被视为“授予利益”。这一规定包含补贴的政府行为性质和获利效果两项内容。

4. 补贴的专向性

除了补贴的界定之外，SCMA 还为采取救济措施规定了另一个必要条件，即专向性要求。包括以下四种类型：针对部分企业的补贴，即企业专向性补贴；针对部分产业的补贴，即产业专向性补贴；针对特定地区部分企业的补贴，即地区专向性补贴；禁止性补贴。其中，禁止性补贴包括出口补贴和进口替代补贴，一旦认定一项补贴属于这两种类型，无须进行专向性分析，该补贴即可被认定为专向性补贴。

（二）对华特殊规则安排

中国适用规则的变化主要表现为认定中国政府给予国有企业补贴的专向性标准和中国放弃发展中国家在 SCMA 项下享有的部分权利。

《中国加入世界贸易组织议定书》第 10 条第 2 款规定，对国有企业的补贴将被视为专向性补贴，国有企业是此类补贴的主要接受者或国有企业接受此类补贴的数量非常大。这一专向性认定标准明显具有歧视性：在国有企业和其他性质的企业同样获得足以被定性为补贴的财政资助时，国有企业获得的补贴将被认定为具有专向性，而其他性质的企业就可能逃过一劫。

此外，中国不适用 SCMA 第 27 条第 8 款、第 27 条第 9 款及第 27 条第 13 款，分别为“对发展中国家的可诉补贴不适用严重侵害推定”“限定针对发展中国家补贴采取救济的条件”以及“与私有化有关部分的补贴不适用 SCMA 关于可诉补贴的规定”。

中国放弃这些对发展中国家具有实质性意义的条款，表明中国融入全球经济的决心；然而，这些特殊规则和条款也为日后世界各经济体对华大肆实施反补贴措施埋下了隐患。

---

① 按照 GATT1994 附件 1 中第 16 条注释和 SCMA 附件 1 至附件 3 的规定，对同一出口产品免征其同类产品供国内消费时所负担的关税或国内税，或免除此类关税或国内税的数量不超过增加的数量，不得视为补贴。

（三）反补贴的裁定程序

反补贴调查通常应由进口国国内产业或国内产业代表申请发起，特殊情况下，主管机构也可自行发起调查。调查对象不仅包括涉案企业，还包括出口国政府。在调查发起前和发起时，应给予可能接受调查和被调查的成员进行磋商的合理机会；在调查过程中，如果任何利害关系方不允许查阅或未在合理时间内提供必要信息，或严重妨碍调查，则初步和最终裁定均可在可获得事实的基础上做出。由于欧美国家通常将南亚、东南亚较不发达国家的企业数据作为“可获得事实”来估算中国相关企业的成本和收益，同时部分国家不承认中国的市场经济地位，过分强调政府对企业的补贴及其他优惠政策，因此这对通常不愿配合调查的中国企业来说十分不利。

对于反补贴税的征收，根据 SCMA 的相关规定，反补贴税不得超过认定存在的补贴金额；如果更低的反补贴税足以消除损害，则反补贴税可以小于相应的补贴额。GATT1994 第 6 条第 5 款同时规定，不得同时征收反倾销税和反补贴税以抵消倾销或出口补贴造成的影响，但这一条款在对中国的实际应用中没有真正得到执行。

二、中国遭遇的反补贴案件

从 2004 年中国遭遇第一起被确认损害的反补贴案件开始，直到 2013 年[①]，世界各经济体已对中国发起 76 起反补贴案件，中国高居反补贴目标国榜首。而在 2014—2015 年，以美国为代表的发达经济体继续发起多次反补贴诉讼，向中国施压。

据表 5 - 1，仅在 2014 年，中国就遭遇了 13 起反补贴案件。从裁决结果看，确认损害的案件比例为 77%。也就是说，在所有已经统计了终裁结果的案件中，约有 4/5 的对华反补贴涉案产品被认定为存在损害。而从打击集中度来看，在所有反补贴案件中，中国被单独调查的比例为 69%，虽低于上一阶段（2004—2012 年）的单独调查比例（87.8%），但仍远高于其他经济体。

表 5 - 1　对华反补贴发起方排名（2014 年）

位次	经济体	反补贴调查数量（起）	单独调查比例（%）	终裁确认损害比例（%）
1	美国	6	66.67	83.33
2	加拿大	2	50.00	100.00
3	澳大利亚	2	100.00	100.00

① 本报告 2016 年版统计案件截至 2013 年。

续前表

位次	经济体	反补贴调查数量（起）	单独调查比例（%）	终裁确认损害比例（%）
4	欧盟	1	100.00	0.00
5	印度	1	100.00	100.00
6	埃及	1	0.00	0.00

注：截至写作结束时，绝大部分 2015 年发起的案件的终裁结果尚未公布，因此表 5－1 只统计 2014 年案件的终裁结果。

资料来源：根据世界银行 TTBD 数据库中的数据整理而得。

值得注意的是，作为发达经济体的代表，美国继续占据对华反补贴发起方的“领头羊”位置，以发起 6 件反补贴案件高居榜首，接近其他经济体在 2014 年度对华反补贴案件数的总和。

据表 5－2 可知，2014 年，美国共发起了 17 起反补贴案件，其中对中国发起 6 起，超过案件总数的 1/3，远高于同为发展中国家的印度（1 起）。在针对性层面，中国被单独调查的比例为 66.67%，在被调查的经济体中（除墨西哥外）高居榜首；而在裁定结果层面，与其余经济体不同，中国涉案产品的终裁确认损害比例高达 83.33%。由于其他经济体涉案数量较少，调查结果存在偶然性，因此出现 100.00%的确认损害率不具代表性，但对于反补贴案件数量达到 6 起的中国来说，这一比例非常高。换言之，只要美国国内企业提出反补贴诉讼，中国产品就很可能会被判定为存在补贴，且对美国相关产业造成损害。值得注意的是，在 2004—2012 年，涉案的中国产品确认损害比例为 75%，说明美国利用反补贴这一贸易壁垒对中国相关产品出口进行打压的行为有愈演愈烈之势。

表 5－2　　美国反补贴目标概况（2014 年）

位次	经济体	反补贴调查数量（起）	单独调查比例（%）	终裁确认损害比例（%）
1	中国大陆	6	66.67	83.33
2	韩国	2	0.00	0.00
3	土耳其	2	0.00	50.00
4	印度	1	0.00	0.00
5	墨西哥	1	100.00	100.00
6	马来西亚	1	0.00	0.00
7	阿曼	1	0.00	0.00
8	特立尼达和多巴哥	1	0.00	0.00
9	中国台湾	1	0.00	0.00
10	越南	1	0.00	100.00

资料来源：根据 TTBD 数据库中提供的数据整理而得。

三、世界各国对华反补贴发展趋势

根据上文的分析，在2014—2015年，发达经济体特别是美国，对中国的反补贴具有频率高、手段严厉的特点。频率高主要体现在案件数量多，手段严厉主要体现在单独调查比例高、确认损害比例高等方面。

为了更清楚地认识金融危机之后中国遭受反补贴的情况，需要从时间维度上对2008—2014年中国涉案的各项统计指标进行分析。通过绘制各个指标随时间变化的折线图，可以更清晰地了解到各个指标的动态演进趋势。

从图5-1中可以看出，各经济体对华反补贴案件具有数量多、起伏大的特点。以2010年为界，可将对华反补贴发展趋势划分为两个阶段：2008—2010年，案件数稳中有降，从11起下降至6起；2010年后，反补贴案件的数量呈现上升趋势，虽然于2012年由9起降至8起，但2014年案件数回升至13起。除此之外还发现，2008—2013年，对中国发起反补贴诉讼的均为发达经济体，到了2014年，印度等发展中经济体也对我国发起了反补贴诉讼，这说明我国面临的反补贴形势越来越严峻。

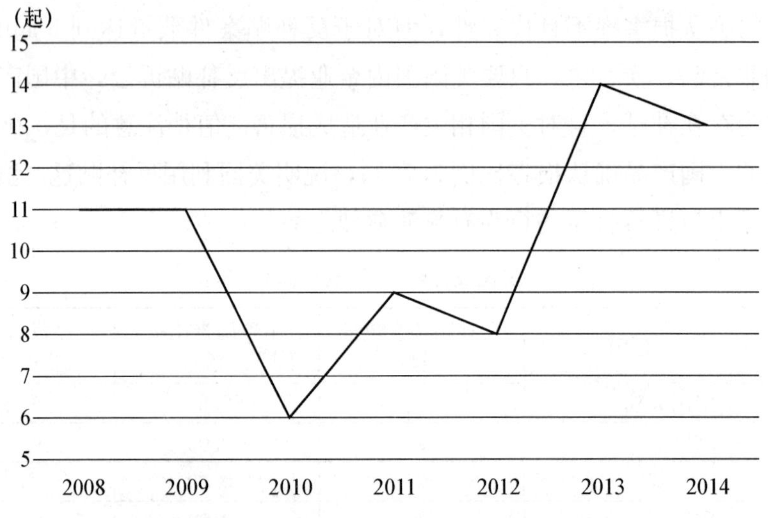

图5-1　世界各经济体对华反补贴案件数（2008—2014年）

在2008年全球金融危机后的两年，我国出口行业受到较大打击，对贸易伙伴特别是发达经济体产品的威胁相对降低。这可以部分解释后金融危机时期反补贴案件数逐渐企稳、不再上升的现象。然而在2010年后，发达经济体逐渐恢复元气，需求量大幅增加，以“物美价廉”著称的中国出口产品同这些经济体的国产商品展开了有力竞争，重新上了它们的“黑名单”。到了 2014 年，越来越多的发展中经济体在全球价值链上的地位攀升，与中国竞争“世界工厂”的地位，于是这些发展中经济体也开始对中国实施反补贴措施。

从图 5－2 中可以看出，这一时期中国遭遇反补贴案件数占世界反补贴案件数的比例大多在 40％以上，且波动较大：2008 年和 2010 年，中国反补贴案件占比均将近 70％；而在其余年份，这一比例均在 50％以下。可见，无论是否受金融危机的影响，相对于来自其他经济体的产品，中国产品都具有较大的威胁。

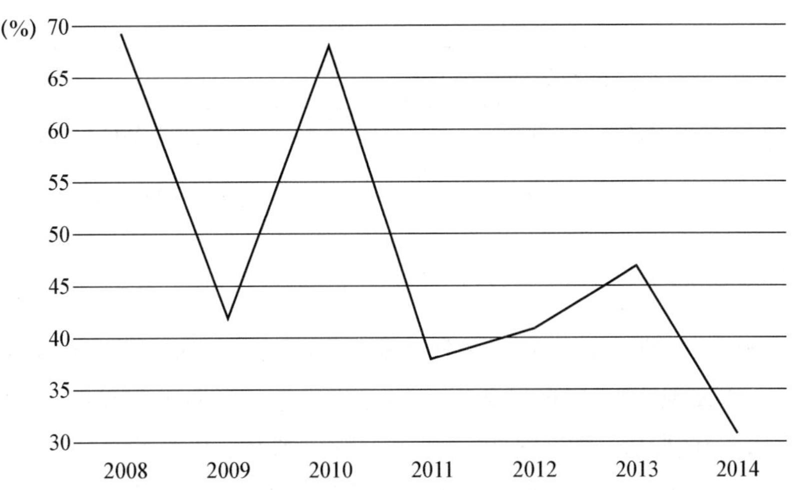

图 5－2　中国涉案数占反补贴总案件数的比例（2008—2014 年）

确认损害比例是反补贴统计中的一项重要内容，它直接反映了反补贴的严厉程度，是反补贴杀伤力度的重要体现。从图 5－3 可以看出，这一时期中国反补贴案件确认损害比例整体上很高，年均在 50％以上。同时，这一比例以 2011 年为界，划分成两个阶段：2008—2011 年，确认损害比例呈现下降趋势；在 2011—2014 年，这一比例有所回升，从 50％的最低值增至 2014 年的 77％。

结合这一阶段的中国反补贴案件数和中国反补贴案件占比这两个指标考虑，在后金融危机时期，其他经济体发起的反补贴诉讼总量有所减少，但针对中国产品的反补贴案件数量降幅较小；同时，确认造成损害的中国产品数占中国涉案产品总数的比例下降。说明在这一时期，各贸易伙伴特别是发达经济体，对中国出口产品的打压总体上有所缓和。在 2011—2014 年，中国不仅遭遇了较多的反补贴案件，而且被确认构成损害的比例也较高，可见在金融危机恢复期后，发达经济体的实体经济向政府提出了“打击中国相关产业，减少竞争”这一要求。

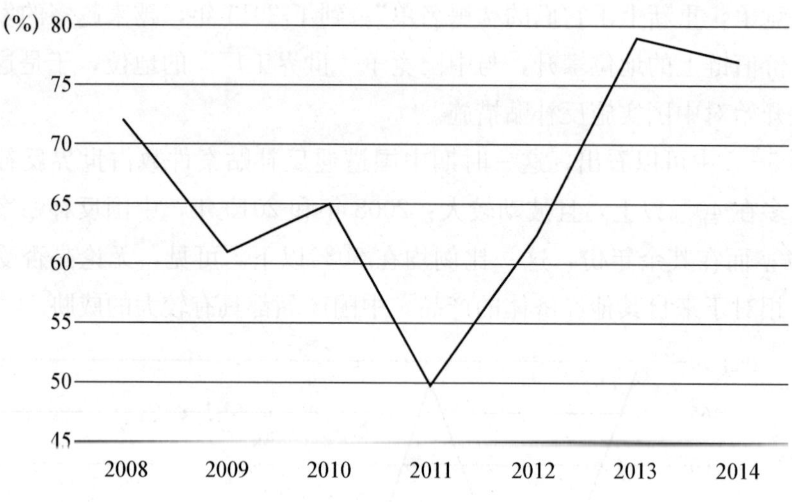

图 5－3　中国反补贴案件确认损害比例（2008—2014 年）

四、对华反补贴案件的行业分布特征

将每一起案件涉及的产品归并到其所属行业之中，经过简单统计，根据 HS 8 位编码，可以发现 2014 年世界各经济体对华实施的反补贴措施可被归入：第十五类（贱金属及其制品）；第十六类（机器、机械器具、电气设备及其零件，录音机及放声机、电视图像、声音的录制和重放设备及其零件、附件）；第十七类（车辆、航空器、船舶及有关运输设备）；第六类（化学工业及其相关工业的产品）；第七类（塑料及其制品，橡胶及其制品）；第二十类（杂项制品）和第二十二类（特殊交易品及未分类）这七个行业。其中，大多数案件集中在第十五类和第十六类，针对这两个行业产品的反补贴案件占全球案件总数的 53.85％（见表 5－3）。因此，有必要分析各经济体对华反补贴案件的行业特征，特别是涉及这两个主要行业案件的各种特征。

表 5－3　　对华反补贴案件分行业统计指标（2014 年）

行业	案件数（起）	占全球案件比例	专对中国数目（起）	专对中国比例	终裁认定损害数目（起）	终裁认定损害比例
第十五类：贱金属及其制品	4	30.77％	3	75.00％	3	75.00％
第十六类：机器、机械器具、电气设备及其零件，录音机及放声机、电视图像、声音的录制和重放设备及其零件、附件	3	23.08％	2	66.67％	3	100.00％

续前表

行业	案件数（起）	占全球案件比例	专对中国数目（起）	专对中国比例	终裁认定损害数目（起）	终裁认定损害比例
第十七类：车辆、航空器、船舶及有关运输设备	2	15.38%	2	100.00%	1	50.00%
第六类：化学工业及其相关工业的产品	2	15.38%	1	50.00%	2	100.00%
第七类：塑料及其制品，橡胶及其制品	2	15.38%	1	50.00%	1	50.00%
第二十类：杂项制品	1	7.69%	1	100.00%	1	100.00%
第二十二类：特殊交易品及未分类	1	7.69%	1	100.00%	0	0

表 5－3 列出了 2014 年世界各经济体对华反补贴案件分行业的统计指标。在这七个行业中，第十五类和第十六类这两个行业中的反补贴案件，专对中国和终裁确认损害的比例均超过了 60%，说明贸易伙伴使用反补贴手段对中国重点行业的打击不遗余力，不仅打击频率高，而且手段相对严厉。然而，这两个行业遭受反补贴的状况又各有特点。具体来看，按照案件数划分，第十五类是贸易伙伴对华反补贴最为集中的行业，占比约 31%；第十六类占比约 23%，集中度较高。

在专对中国比例方面，这两个行业略有差异：第十五类占比为 75%，第十六类占比为 67%，相差近 8 个百分点。同时，就该比例这两个行业与其他行业的差距较大：第十七类和第二十类的专对中国比例高达 100%，意味着这两个行业对华发起的全部反补贴案件不涉及其他国家的产品，具有很强的针对性，而第二十二类的专对中国比例为 0。这三个行业的专对中国比例存在一定程度的极端性，与行业萧条期短及反补贴案件数量较少有很大关系。

涉及不同行业案件的终裁认定损害比例也存在较大差异：第十六类、第六类和第二十类的这一比例都是 100%，表明在这一阶段，只要有贸易伙伴对来自中国的这些产品提起反补贴诉讼，在终裁阶段就会被认定为存在损害，贸易伙伴对来自中国的产品具有很强的反补贴倾向性，从中明显可看出这些行业的贸易伙伴用反补贴措施打压中国产品的用意。

综合以上分析，可以概括出贸易伙伴对华反补贴案件的行业分布特征：在 2014 年，对华反补贴案件的行业分布较为集中，涉及第十五类和第十六类这两个行业的案件约占 1/2；第十五类的专对中国比例和确认损害比例均较高，第十六类的专对中国比例虽然较低，但终裁认定损害比例高达 100%。其他五个行业由于涉案数量较少，暂时难以判明打击力度。值得注意的是，目前所有公布终裁结果的反补贴案件，无论属于什么行业，大部分都被认定为“存在损害”，这再次印证了本节的观点：金融危机恢复期后，贸易伙伴企图运用反补贴措施打压中国经济发展。

五、美国对华反补贴分析

自2004年以来，美国既是世界上发起反补贴调查最多的国家，也是对中国产品发起反补贴调查最多的国家，因此美国对华反补贴很具代表性。在2014年，美国对中国发起了6起[①]反补贴案件，约占同年中国遭遇反补贴案件总数的一半。此处主要分析2013年和2014年美国对华反补贴案件涉及的补贴项目，进而列出中国容易触碰“补贴红线”的行为，以帮助中国企业、政府规避反补贴浪潮。

（一）主要补贴项目概述

2013年以来，每一起美国对华反补贴的案件中均有中国企业应诉，涉及众多补贴项目。综观这些补贴项目，根据财政资助的提供方式和内容，大致可以将其分为如下四类：低价提供要素、税收优惠、优惠贷款、赠款。

1. 低价提供要素

低价提供要素（LTAR）是出现频率最高的补贴类别，在绝大部分案件中均有涉及。它是指政府（含被指控为反补贴意义上政府的国有企业）以低于适当报酬的价格提供各类生产投入以及相关服务，包括货物和服务。在对华反补贴实践中，此类补贴主要包括LTAR提供原材料、LTAR提供土地、LTAR提供电力等。

美国商务部在认定此类行为是否构成补贴时，一般考虑授予补贴的机构是否属于“政府当局”。其中，中国的国有企业经常在实践中被认定为“政府”。同时，在大多数此类案件中，美国商务部往往根据“不利推定”原则，对于不能判定所有权归属的企业，一律视为国有企业。这对中国国有企业占据原材料、电力供应主体的现状来说，十分不利。

此外，在涉及LTAR提供土地的案件中，美国商务部认定，由于中国的土地归国家所有，土地市场供给及其价格存在扭曲，而在中国国内又不能获得以“国际价格”销售的土地，因此美国商务部往往将经济发展水平相近的第三方土地价格，通常是泰国、印度等邻近国家的工业用地销售价格作为比较基准。由于中国，特别

① 该数据只反映中国大陆的数据，不包括港澳台。

是中西部地区土地资源丰富，与经济发展水平类似的其他国家的差距较大，因此这类判决对中国非常不公平。

2. 税收优惠

美国商务部对税收优惠构成补贴的认定非常明确，即税收优惠属于美国关税法规定的政府放弃税收形式的财政支持，企业因此获得了与免除税收部分等值的利益（杨荣珍，2013）。由于这类补贴或针对特定地区，或针对特定行业，因此均具有专向性。

税收优惠的范围极广：既可能是直接税的优惠，也可能是间接税的优惠；既可能是国内税的优惠，也可能是出口税的优惠；既可能是税收减免，也可能是税收抵扣或退还。在以上各起案件中，涉及税收优惠的项目主要有“两免三减半”的税收减免、FIE经济开发区减免税、FIE地方所得税减免、购买国产设备增值税退税、进口设备退关税和增值税、高科技企业减税、企业所得税过渡性优惠政策等。

3. 优惠贷款

优惠贷款包括各类优惠贷款、利息及贷款担保。在已有案件中，属于该类的补贴项目包括政策性贷款、出口贷款、贷款免除、贷款担保免除、买方信贷等，其中以政策性贷款最为常见。

在对华反补贴案件中，美国对政策性贷款构成补贴的认定以及补贴幅度的计算已轻车熟路：对于国有商业银行和政策性银行来说，由于中国政府对其拥有所有权和直接影响力，因此它们提供的贷款属于政府直接财政支持；对于私人银行或外资银行来说，由于美国政府认定中国对银行领域存在较大干预，因此国内银行贷款利率不能作为比较基准，需寻找第三方数据作为计算贷款所产生补贴利益的比较基准。这一外部基准和低价提供土地一样，脱离了中国现实国情，对涉案企业极为不利。

4. 赠款

赠款包括各类拨款，如重点技改资金、出口超级明星奖励、品牌奖励等，它们都具有专向性。其中，债务免除除了被划入优惠贷款，也常被视为赠款。在此类补贴中，涉及直接支持企业出口的拨款被认定为属于出口补贴。在这类补贴中，为支持企业提高其产品科技含量的技术性奖励较多。税收优惠中多出现“高科技企业减税”这一项补贴政策，可以看出中国试图通过补贴提高出口产品技术含量的战略意图。

（二）美国对华反补贴案件补贴项目的特点分析

表 5－4　　2013—2014 年美国对华反补贴案件补贴项目列举表

案件	企业	反补贴税税率	补贴项目	补贴数量（项）	反补贴税税率最高企业	最高反补贴税税率
冰冻暖水小龙虾*	国联公司	18.16%	赠款 税收优惠 优惠贷款 低价提供要素	25	国联公司 普遍	18.16%
	普遍					
三氯异氰尿酸	冀衡公司	18.57%	低价提供要素 税收优惠 优惠贷款 赠款	29	冀衡公司	18.57%
	康泰公司	1.55%				
	普遍	10.06%				
谷氨酸钠	廊坊梅花公司	13.41%	税收优惠 优惠贷款 低价提供要素 赠款	49	莲花公司	404.03%
	通辽梅花公司					
	普遍**					
	莲花公司	404.03%				
取向电工钢*	上海宝钢	49.15%	优惠贷款 税收优惠 低价提供要素 赠款	18	上海宝钢 普遍	49.15%
	普遍					
无取向电工钢*	上海宝钢	125.83%	税收优惠 优惠贷款 低价提供要素 赠款	30	上海宝钢 普遍	125.83%
	普遍					
1，1，1，2—四氟乙烷	TT 公司	22.75%	低价提供要素 税收优惠 优惠贷款 赠款	16	TT 公司	22.75%
	巨化公司	5.71%				
	蓝星公司	1.87%				
	普遍	14.23%				
次氯酸钙*	鼎龙公司	71.72%	税收优惠 低价提供要素 优惠贷款 赠款	21	鼎龙公司 WW 公司 津滨公司	71.72%
	WW 公司					
	津滨公司					
晶体硅光伏	光为公司	22.73%	优惠贷款 税收优惠 低价提供要素 赠款	28	光为公司	22.73%
	比亚迪公司	8.63%				
	普遍	15.68%				

*：反补贴案件中部分应用“不利事实”。

**：除列明企业以外的其他全部涉案企业。

资料来源：根据中国贸易救济信息网、USITC 的数据整理。

表 5－4 列举了 2013—2014 年部分美国对华反补贴确认损害且有中国企业合

作的补贴项目。根据此表，可以发现主要补贴类别为低价提供要素、税收优惠、优惠贷款和赠款，这与上文中世界各经济体对华反补贴的主要类别完全一致，说明美国发起的反补贴案件具有很强的代表性。通过进一步观察，可以总结出如下特点：

1. 认定补贴项目大同小异

据表5-4可知，在2013—2014年美国对华反补贴案件中，大多数案件都涉及这四类补贴，且每一类补贴中包含的项目也都很相似：低价提供要素中主要包括LTAR提供原材料、LTAR提供土地、LTAR提供电力；税收优惠主要包括“两免三减半”税收减免、FIE经济开发区减免税、FIE地方所得税减免、购买国产设备增值税退税、进口设备退关税和增值税、高科技企业减税、企业所得税过渡性优惠政策；优惠贷款包括政策性贷款、出口贷款、贷款免除、贷款担保免除、买方信贷；赠款中主要是重点技改资金、出口超级明星奖励、品牌奖励等补贴项目。同时，与上一阶段（2004—2012年）类似，大多数案件都涉及这18项补贴中的15项以上。

金融危机之后，中国大力支持本国企业的发展，提升其产品技术含量，支持企业发展的政策并非持续向外资企业倾斜；同时，随着国企改制和压价竞争手段逐渐退出市场，很多可以被归入低价提供要素的措施已被取缔，使得近年来中国一些原有的补贴项目逐渐退出了历史舞台。例如，随着2008年《中华人民共和国企业所得税法》的实施，国内外企业所得税税率得到统一，大大减少了税收优惠项目。虽然该法规定了优惠税率的五年过渡期，导致对华反补贴案件中仍包括很多税收优惠类补贴，但随着过渡期的结束，这类补贴已经不复存在（杨荣珍，2013）。然而，USITC对中国出口产品提出的补贴控诉并未随着时代变化而改弦更张，这说明美国对华反补贴案件的处理较为僵化，且具有很强的歧视性。

2. 不利事实的广泛应用

在上述8起案件中，有4起部分应用了不利事实，且不利事实的应用与中国企业是否应诉密切相关。据统计，凡是未应诉的企业都会遭受100%以上的高税率，短期内再无可能进入美国市场。如谷氨酸钠一案中，未应诉的莲花公司被裁定404.03%的反补贴税税率，使得中国产品价格翻了数番，处于完全的价格劣势中。且由于美国商务部通常会选择部分企业作为强制应诉企业，一旦这些企业部分或全部抗拒合作，其他未被抽中企业的反补贴税税率就会被拉高，这对涉案企业整体来说非常不公平。如无取向电工钢一案中，由于上海宝钢没有配合调查、积极应诉，导致全部涉案企业都被征收税率为125.83%的反补贴税（初裁）。但与上一阶段不同的是，有时即使存在拒绝应诉的企业，普遍征收的反补贴税税率也并未受到影响。如在谷氨酸钠一案中，由于廊坊梅花公司和通辽梅花公司的积极应诉，普遍税率与这两个公司的适用税率相同，均为13.41%，而非莲花公司的404.03%。这一结果虽为个例，需持续观察多个案件，但可以乐观地认为，美国当局的裁定方法朝着对中国涉案产品有利的方向转变。

同时，根据“不利事实”的处理方法，当利害关系方不能提供必要信息时，调查机关可以使用“可获得的其他事实”做出裁决。WTO《补贴和反补贴措施协定》第12条第7款对“可获得事实”的规定比较笼统和宽泛，各国在国内法中对“可获得事实”都有各自的适用制度。如美国的“不利事实、不利推定”制度规定，对不合作公司适用“先前的任何复审或裁定”中的任何税率，为了惩罚不合作的应诉方，这一税率往往为先前已有案例中最高的补贴率；而“最高补贴率”随着案件的更新不断提高，使得不合作应诉方的反补贴税税率越来越高。

3. 不同行业的配合程度不同

从以上案件可以看出，化工企业通常团结一致，积极寻找证据应对反补贴调查，而钢铁行业则相对不重视这一贸易壁垒。这与化工、钢铁行业在国内外的竞争程度以及遭遇壁垒数量相关：中国化工企业在应对贸易壁垒方面经验丰富，且化工业协会协调组织得当，这在一定程度上维护了化工企业的利益；而钢铁行业遭遇的贸易壁垒较少，应对经验不足，并且国内钢铁行业产能过剩，竞争非常激烈，这使得相关企业既不愿在申诉上耗费时间、增长成本，又不想通过自身配合调查使同行获利。

（三）美国对华反补贴的影响

美国对华反补贴以数量多、历时久、税率高在世界各国对华反补贴实践中占有重要位置，对其他贸易伙伴的申诉、裁决有重要影响。其中，最直接的影响是“效仿指控”——一些申诉书大段援引美国以往案件的裁决和认定，或大量援引以往案件申诉书的内容，而不顾中国企业的具体回应和以往案件的具体细节。例如：美国对华亚硝酸钠案做出终裁，以不利事实裁定相关项目可采取反补贴措施之后，印度紧随其后，对中国亚硝酸钠产业提起了反补贴申诉，补贴项目与美国雷同，这无疑是对中国相关产业的又一次巨大打击。由此推测，依据近两年来美国对华反补贴案件的裁决，欧盟等发达经济体、印度等发展中经济体可能会对中国相关产品发起反倾销或反补贴诉讼。

六、结论

在 2014 年，发达经济体对华反补贴始终保持较高水平，延续了上一阶段频率高、强度大的特点，且在金融危机恢复期之后数量持续增加、强度持续增大。这表明从金融危机的打击中恢复之后，世界各经济体特别是发达经济体重视本国实体经济发展，与中国产品展开激烈竞争的现状。在这一背景下，各发达经济体希望以反补贴这一贸易壁垒保护本国产业，阻碍中国经济发展。

这一时期，中国遭遇反补贴的行业集中度较高，主要涉及第十五类和第十六类这两个行业。涉及这两个行业案件的裁定结果大同小异，都具有专对中国比例高、确认损害比例高的特点。这一特点与上阶段（2004—2012 年）类似，也印证了世界各经济体对中国产品的贸易壁垒具有一致性和持续性的特点。

此外，根据对补贴项目的分析，主要补贴类别为低价提供要素、税收优惠、优惠贷款和赠款四类，包含 LTAR 提供原材料、LTAR 提供土地、LTAR 提供电力，“两免三减半”税收减免、FIE 经济开发区减免税、FIE 地方所得税减免、购买国产设备增值税退税、进口设备退关税和增值税、高科技企业减税、企业所得税过渡性优惠政策、政策性贷款、出口贷款、贷款免除、贷款担保免除、买方信贷、重点技改资金、出口超级明星奖励、品牌奖励 18 个补贴项目。这些补贴项目与上一阶段美国对华反补贴项目非常类似，这偏离了中国现行政策，说明 USITC 对中国产品具有针对性。同时，“不利事实”的广泛运用也是美国对华反补贴案件的特点之一。这既是因为美国不承认中国的市场经济地位，又是因为中国企业不配合相关调查，且这一现象在不同行业间差异很大。结合上一阶段美国对华反补贴的影响来分析，由于美国对华反补贴案件具有很强的示范效应，因此其他贸易伙伴对其所指控的项目纷纷进行效仿，这已经并会继续对我国相关产业的发展构成严重的威胁。

第二节　日落复审

随着经济全球化进程的深入，各国关税壁垒大幅减少，非关税壁垒成为贸易保护的主要手段，其中反倾销、反补贴是贸易伙伴对华非关税壁垒的最主要形式。日落复审决定了反倾销和反补贴案件到期之后是否继续实施，这对我国企业具有重要的影响。

一、日落复审概述

日落复审（Sunset Review）又称期满复审或期终复审。根据 WTO《反倾销协定》的规定，任何最终反倾销税均应自征收之日起，或自涉及对反倾销和损害同时复审的最近一次行政复审之日起 5 年内终止；调查机关在 5 年有效期之内可以自行复审，或在到期日之前一段合理时间内，在国内企业或国内企业的代表提出请求的情况下进行复审；在日落复审的结果产生之前，可继续维持原来裁定的征税措施（解新华，2013）。同样，关于反补贴日落复审，WTO 也有类似的规定。

反倾销和反补贴案件的日落复审通常由国内企业或国内企业的代表提出，但这种申请不一定要由原始调查的申诉人提出，调查机关也可以主动提起日落复审。根据国际惯例，调查机关通常在惩罚措施实施的最后一年“适当的时间”（通常为到期前半年），通过在官方的刊物上公布反倾销或反补贴措施即将到期的方式进行日落复审的通知。国内生产商可以在日落复审案件到期公告发布后、正常的反倾销或反补贴措施终止日期前（至少 3 个月以前），提出日落复审请求；请求中应有足够的证据证明，取消反倾销或反补贴措施将导致倾销或补贴造成的损害继续或再度发生。应提供如下的证据证明上述可能性：继续倾销或补贴造成损害的证据，如现有措施已不足以弥补倾销或补贴造成的损害；部分或仅仅由于现有措施的存在才消除了损害的证据；出口商的情况和市场条件，即有进一步损害性倾销或补贴可能性的证据。

经日落复审，调查机关既可以裁决维持原始调查的结果，也可以取消反倾销或反补贴措施。如果调查机关在日落复审时裁决维持原有反倾销或反补贴措施，那么该日落复审裁决自公布之日起继续实施 5 年。如果调查机关裁决终止反倾销或反补贴措施，那么该裁决可追溯至正常的反倾销或反补贴措施终止之日起生效，或发起日落复审调查之日起生效，或日落复审裁决之日起生效，具体生效日期由调查机关确定。

二、中国遭遇日落复审情况

自 1997 年起，中国已连续十几年成为世界上遭遇反倾销最多的国家，十几年来的反倾销案件积累也使中国遭遇频繁的日落复审。从 2002 年开始，中国每年都要被世界各经济体在各个行业发起日落复审，且结果一般都是“继续征收”。自 2004 年遭遇第一例“存在损害”的反补贴案件开始，中国遭受的反补贴案件数就始终稳居前列。因此，随着大量反倾销、反补贴案件的到期，近年来中国迎来了日落复审的高潮。

（一）对华日落复审的数量与来源

据表 5-5，在 2008—2014 年，中国共遭遇了 256 起反倾销日落复审[①]，但只有 12 起案件被撤销反倾销措施，占比仅为 4.69%，有些年份甚至没有案件通过日落复审终止反倾销，如 2012 年。与上一时期相比[②]，虽时间跨度缩短，但案件数多出了 12 个。这既说明 2014 年世界其他经济体对华贸易壁垒更为严厉，也反映了中国在 2004 年和 2009 年遭遇的反倾销案件数较多[③]。

表 5-5　　对华反倾销日落复审分年度统计（2008—2014 年）　　单位：起

发起方 / 年份	美国	印度	欧盟	拉丁美洲	土耳其	加拿大	南非	其他	总计
2008	7	6（1）	4	2	4	1	0	2	26
2009	12	8	4	3（1）	3	1	1	0	32
2010	20（1）	1	3	2	8	0	1	3	38
2011	6（1）	8	6	5	2	2	3	1	33
2012	9	4	5	1	4	5	0	3	31
2013	16（1）	5	2	6	2（2）	0	2	3	36
2014	38（3）	7	3（1）	4	0	3（1）	2	3	60
总计	108	39	27	23	23	12	9	15	256

注：“其他”包括韩国、澳大利亚、埃及、印尼、新西兰、菲律宾、以色列等贸易伙伴，这些经济体对华日落复审大多只有 1 起，因此不单独列出。括号中是撤销反倾销措施的案件数。

资料来源：中国贸易救济信息网。

对华反倾销日落复审的发起方不仅有发达经济体，发展中经济体也占据一席之地。其中，前者以美国、加拿大和欧盟为代表，而后者则以印度、土耳其、南非以及拉丁美洲各国为代表。从数量上来看，美国以 108 起高居榜首，占中国遭受日落复审案件数的 42.19%；其次是印度，共有 39 起，不仅超过了拉丁美洲（23 起）和土耳其（23 起）等发展中经济体，在数量上还相当于加拿大（12 起）和欧盟（27 起）对华反倾销日落复审案件数之和。

据图 5-4，2008—2014 年中国遭遇的反倾销日落复审案件数呈曲折上升的趋势，2008—2010 年处于上升阶段，而 2010—2013 年经历了先下降、后上升的过程，直到 2013 年（36 起）都尚未恢复到 2010 年（38 起）的水平。而到了 2014 年，中国遭遇的反倾销日落复审案件数量骤然增加，从 36 起增加至 60 起，增长率高达

① 针对同一种商品的反倾销措施，每次遭受日落复审都算为 1 起。

② 上一时期具体数据见本报告 2015 年版。

③ 日落复审每 5 年进行一次，2004 年和 2009 年的反倾销案件在 2014 年分别进行第二次（如果第一次未能成功日落）、第一次日落复审。

66.7%。这解释了2008—2014年反倾销日落复审案件总数多于2002—2013年的这一现象。

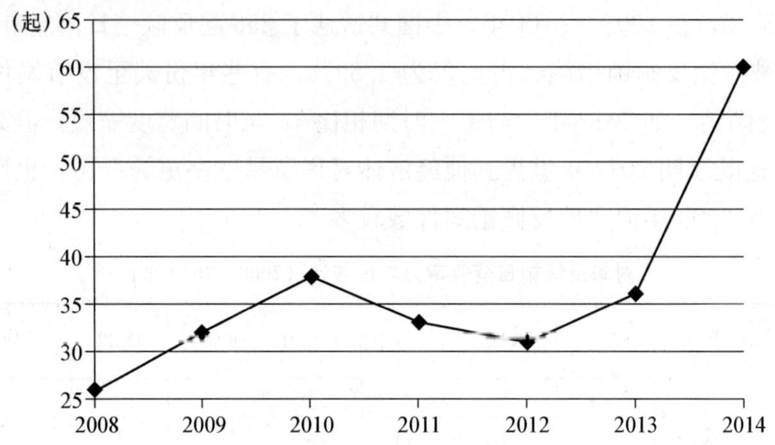

图5-4　中国遭遇的反倾销日落复审案件数量（2008—2014年）

据图5-5，2014年中国遭遇反倾销日落复审的大部分案件由美国发起，共38起，超过其他经济体在2014年发起的反倾销日落复审案件数之和。紧随其后的是印度和拉丁美洲，各有7起和4起。由于日落复审案件数在很大程度上取决于5年前发生的反倾销案件数，因此可以看出在2009年，美国、印度和拉丁美洲等是对华反倾销的主要发起者。同时，据表5-5，美国和印度在2009年对华反倾销日落复审中，并未取消任何一起案件的反倾销壁垒，因此2014年美、印两国对华反倾销日落复审中也包含了2004年的反倾销案件。

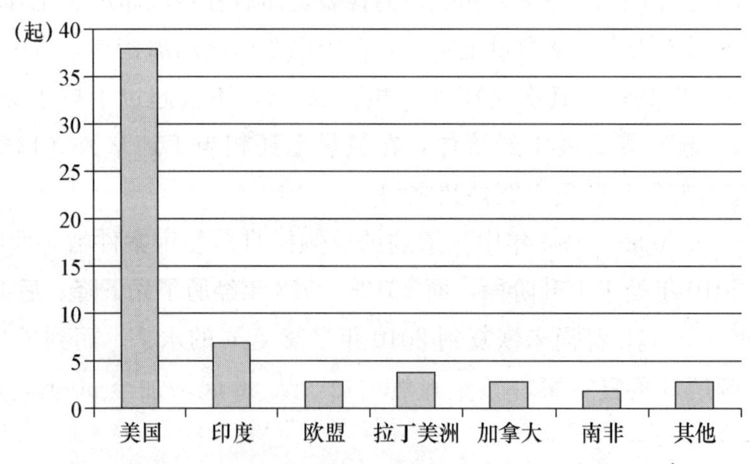

图5-5　中国遭遇反倾销日落复审的来源（2014年）

由于反倾销日落复审是对原有的反倾销案件进行再次审核，因此其本质与反倾销案件一致；同时，并非所有到期的反倾销案件都需要经历日落复审才能被取消。影响反倾销案件数量的因素也会对日落复审案件数发挥作用。为了验证这一猜想，下文以美国和印度为例，将这两个国家 2008—2013 年对中国的反倾销案件数、反倾销日落复审案件数进行比较。

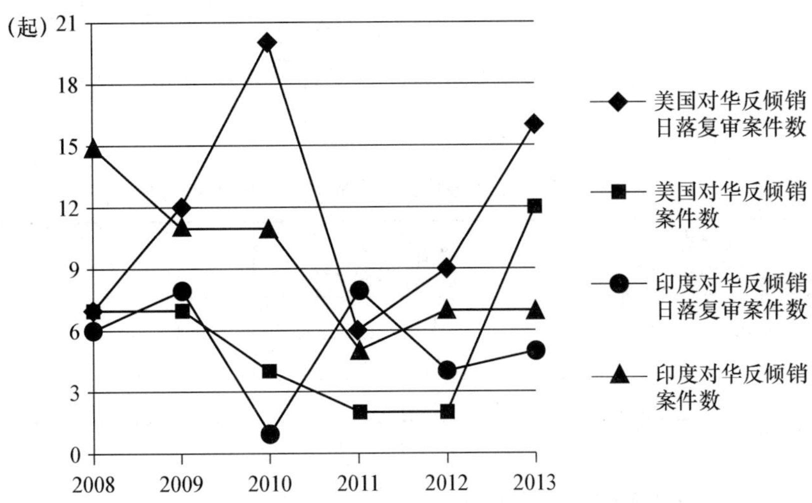

图 5-6　美国和印度对华反倾销与反倾销日落复审案件数（2008—2013 年）

据图 5-6，可以明显看出 2008—2013 年美国对华反倾销和反倾销日落复审案件数的趋势具有一致性，虽在 2009—2010 年，两种贸易壁垒升降趋势不同，但 2010 年之后，却都呈先下降、后上升的趋势。

2009—2011 年，美国对华反倾销日落复审案件数本应与反倾销案件数保持类似的趋势，即案件数较少且呈下降趋势；然而，由于 2005 年美国对华反倾销案件数过多，且美国在 2005 年对中国的反倾销日落复审中，并未终止任何一起反倾销案件，这导致在 2010 年出现了反倾销日落复审案件的高峰。而在 2012 年和 2013 年，中国经济处于复苏阶段且复苏步伐远超美国和世界平均水平，因此反倾销和反倾销日落复审的案件数再一次居高不下。

同时，印度对华反倾销和反倾销日落复审案件数的趋势也具有高度的一致性：两种贸易壁垒都经历了先下降、后上升的趋势。其中，反倾销案件数在 2008—2011 年下降，而在 2012—2013 年处于上升阶段；而反倾销日落复审案件数在 2008—2010 年呈现下降趋势，在 2010 年之后则波动回升。

将印度发起的反倾销案件数、反倾销日落复审案件数与美国发起的相关案件数进行对比分析，可以发现，它们具有相似的趋势：都是在中国处于金融危机阵痛期间存在下降趋势，而在中国摆脱金融危机的影响后逐渐上升。这说明无论是发达经济体还是发展中经济体，其贸易壁垒都受到中国经济形势与世界经济形势的影响。经济形势，特别是经济形势的对比，正是各经济体发起反倾销日落复审的重要影响因素；同时，作为世界经济霸主，美国在经济与贸易方面的举动很容易招致其他国家的效仿，这也部分解释了印度与美国在发起贸易保护方面的一致性。

对华反补贴贸易壁垒的数量也验证了这一假说：在中国经济状况向好的2013年和2014年，美国分别对华发起3起和5起反补贴日落复审，这是在金融危机及其阵痛期间从未发生过的（见表5-6）。

表5-6　对华反补贴日落复审案件分年度统计（2008—2014年）　单位：起

年份＼发起方	美国	加拿大
2009	0	1
2013	3	0
2014	5	0

资料来源：中国贸易救济信息网。

（二）对华日落复审的行业分布

按照涉案产品的HS代码，我们将其归并到各个行业当中。从表5-7中可以看出，与反倾销一致，贸易伙伴对华日落复审主要集中在化工、金属和家居三个行业，占全部案件的75.8%。其中，化工行业以94起位居榜首，占全部案件的36.7%；金属和家居行业分别有66起和34起，分别占比25.8%和13.3%。此外，机械行业遭遇了19起案件，占比7.4%。同时，各行业日落复审后反倾销案件的撤销率均较低，撤销率最高的是其他行业，但也只有11%左右。

表5-7　对华日落复审的行业分布（2008—2014年）　单位：起

年份＼行业	化工	金属	家居	纺织	机械	食品	其他
2008	11	5（1）	5	3	1	1	0
2009	10	9	6	1	2（1）	4	0
2010	15	4（1）	6	5	3	2	3
2011	12（1）	8	5	4	2	2	0
2012	8	10	7（2）	0	5	0	1
2013	16（1）	13	0	4	2	1	0
2014	22	17（2）	5（1）	1（1）	4	6	5（1）
总计	94	66	34	18	19	16	9

注：括号中是撤销反倾销措施的案件数。

资料来源：根据中国贸易救济信息网数据整理。

在2008—2014年，化工、金属和家居行业是主要涉案行业，每年的案件数基本都在4起以上，化工和金属行业每年的案件数在金融危机之后更是都在10起以上；机械行业自2008年遭受日落复审开始，每年的案件数就一直呈波动上升的态势，于2012年达到顶峰后虽一度有所下滑，但在2014年该行业又遭遇了4起案件；食品、纺织行业每年遭遇的案件数都较少，没有明显的随时间变化趋势，但7年间遭遇的案件总数分别为16起和18起，且撤销案件数很少，对其对美出口产生了较大的负面影响。

（三）中国企业应对反倾销日落复审的案例分析

1. 案例介绍

（1）成功案例：欧盟对华鞋类产品反倾销日落复审。

2006年10月，欧盟决定对华鞋类产品征收为期两年的反倾销税，同时于2009年12月的日落复审中做出肯定性裁决，决定对华鞋类产品以同样的税率继续征收反倾销税至2011年3月。

此举引发了大量中国鞋企的不满，奥康、金履、泰马、新生港源和万邦五家鞋企联合状告欧盟委员会，但在2010年3月被欧盟法院初裁驳回，欧盟法院支持欧盟委员会继续对中国鞋类产品征收反倾销税。2010年4月，中国政府上诉至WTO，历数欧盟委员会几大罪状，包括：2006年的裁决和2009年的期满复审几乎违反了WTO《反倾销协定》中所有的核心条款（含实质性条款和程序性条款）；在反倾销调查中违反了贸易公平原则，忽视了中方鞋企所提交的证据，并且程序明显不当；欧盟法院在解读反倾销法律条款的过程中，依据的是欧盟2009年12月公布的对华鞋类产品日落复审的裁决结果，最主要的依据也是欧盟单方实地核查的情况，不符合WTO的相关程序规则等，这使得其裁决结果严重背离公平原则。

2010年5月在其他鞋企放弃上诉的情况下，奥康决定继续上诉至欧盟高等法院。2011年3月，欧盟委员会发布公告，宣布针对自中国、越南进口以及中国澳门地区转运的鞋类产品的反倾销措施将于2011年3月31日正式终止。

（2）失败案例：欧盟对华金属硅反倾销日落复审。

自1990年7月，欧盟对原产于中国的金属硅做出反倾销肯定性终裁，决定征收198欧元/吨的反倾销税。1992年6月2日，欧盟裁定在原每吨征收198欧元反倾销税的基础上再征收每吨198欧元的反倾销税，反倾销税总额达到每吨396欧元。2004年3月，在第一次日落复审中，欧盟决定对原产于中国的金属硅继续征收反倾销税。2007年1月，欧盟对原产于中国的金属硅做出反规避终裁：对原产于中国、自韩国转运的金属硅征收税率为49%的反倾销税。2010年5月，欧盟委员会做出第二次反倾销日落复审终裁：继续对原产于中国的金属硅征收反倾销税，同时继续对原产于中国、自韩国转运的金属硅征收反倾销税，普遍税率为19%。这起历时21年的反倾销案件依然不能成功日落。

2. 案例分析

上述两起案例都是欧盟针对中国产品的。其中，中国鞋案第一次未能日落，但是中国政府和个别企业合理利用WTO条款，最终使得欧盟终止反倾销措施；而金属硅案历经两次日落复审，仍不能成功日落。对比两起案例的复审过程可以发现，应诉成功的案件具有如下特征。

（1）涉案企业应诉态度积极。

应诉态度积极主要体现在三个方面：团结应诉、配合应诉和坚持应诉。

遭遇日落复审之后，涉案鞋企，特别是五家大的出口企业联合起来，通过举办研讨会、加入中国反倾销应对联盟、组织填写调查问卷等手段，状告欧盟委员会；在案件受理、审查的过程中讨论对策，提交证据。而在金属硅案例中，应诉企业非但没有形成利益共同体，还各执己见，提交的材料也相互矛盾，不能很好地证明无倾销事实，因此在日落复审过程中遭遇了两连败。

中国鞋案中，在欧盟委员会现场核查涉案企业提交的书面答辩数据时，企业积极配合，不仅证明了数据和材料的真实性，还在企业架构、出口单据、明细账单等方面做到公开透明，积极与国际接轨，让欧盟委员会感受到了这些企业的诚意。金属硅案例中，欧盟采用巴西市场数据计算中国产品的正常价值，这显然有失公允。然而，中国相关厂商在应对欧盟委员会的现场核查时，既未提出异议，也未做出合理应对，导致欧盟委员会做出继续征收反倾销税的裁决。

在日落复审的上诉过程中，涉案鞋企，尤其是奥康集团坚定打破这一贸易壁垒的目标，接连上诉至欧盟法院、欧盟最高法院，最终历经一年多的时间，成功将此案件日落。而金属硅企业在遭遇反倾销壁垒后，并未通过正式途径抗争，而是通过从韩国转运金属硅来规避反倾销措施。最终欧盟发起反规避调查，导致反倾销税继续增加。

（2）国家和行业协会提供帮助。

在中国鞋案中，涉案企业联系了所属行业协会中国轻工商会和所属联盟广东鞋业联盟等，指导其进行抗辩、应对，同时还邀请了中国皮革协会协助，以提供成本证据。行业协会和联盟的帮助最大限度地缓解了涉案企业面临的信息不对称困境，同时提高了案件的影响力，最终由国家出面上诉至WTO，使问题得以解决。而在金属硅案例中，行业协会和相关联盟几乎袖手旁观，涉案企业也未能积极求助，致使案件不被重视，应诉时漏洞百出，欧盟至今仍在对相关产品征收反倾销税。

三、结论性评述

目前，世界经济形势不稳，波动仍频，同时中国对外贸易迅速发展，这促使WTO成员对华积极发起日落复审，且经常出现反倾销案件难以日落的局面。2008—2014年，世界各经济体对华发起的反倾销日落复审调查共有256起，很多案件的结果仍是肯定裁决，有些日落复审甚至进行了2次以上；对某些易遭受日落复审且不易日落的行业来说，日落复审的危害远超反倾销本身。

同反倾销、反补贴等贸易壁垒一样，日落复审的发起数量不仅受当时经济状况的影响，还取决于5年前甚至更久之前的反倾销、反补贴案件数量，且集中在金属、化工、家居、纺织等几大行业。反倾销日落复审的申诉方既有发达国家，也有新兴的发展中国家，如印度等。发达国家为了国内实体经济增长，愿意将反倾销措施使用年限进一步延长；而发展中国家一方面出于国内经济发展的需要，另一方面效仿发达国家，对同类型案例继续实施反倾销措施。

为应对日落复审这一贸易壁垒，在政府层面，中国要抓住这两类国家的不同特点，努力加强与这些国家在国际经贸领域的协调，发挥政府作用，减少反倾销措施的危害；在企业及行业层面，遭遇反倾销案件的企业、行业应联合起来，提前制定应对策略，结合当期及预期经济状况，在到期之际积极应诉。总之，中国各界应积极优化贸易结构，建立强大的日落复审预警机制，涉案各方应在日落复审发起之初便积极应对，谋求各种渠道的磋商和调解，只有这样才能使反倾销案件迅速日落。

第三节　知识产权保护

改革开放以来，中美两国逐渐成为双边贸易的核心大国，然而由于两国在知识产权制度和法律及贸易政策等方面存在差异，知识产权摩擦在两国日益加深的经济合作中逐渐凸现出来，甚至一度制约两国贸易关系的发展。从20世纪80年代末，自中美贸易在知识产权领域产生摩擦起，就有很多学者针对这一问题展开了研究。美国《1998年综合贸易与竞争法》中的“特殊301条款”和《1930年关税法》中的“337条款”都是针对知识产权保护的特别条款。也正是因为这些条款，美国针对中国进行了有关知识产权侵权的“337调查”和制裁，中美也因此进行了多次协商和谈判。中美贸易知识产权摩擦最终在一次次谈判的努力中寻求解决和发展，中国也逐步建立并完善了知识产权制度和相关法律体系。

一、中美贸易知识产权摩擦的演变

（一）中国加入 WTO 之前的中美贸易知识产权摩擦演变

20 世纪 80 年代末，由于中国在专利制度和著作权制度方面没有对知识产权给予足够的保护而受到美国指责，并被列入“重点观察国家”名单。随后，中国政府制定并实施了《中华人民共和国著作权法》，并且对《中华人民共和国专利法》和《中华人民共和国商标法》也进行了修改；与此同时，中国派出代表团赴美进行知识产权谈判，于 1992 年 1 月与美国正式签署了《中美知识产权保护谅解备忘录》，美国在“重点观察国家”名单中除去了中国的名字。之后，尽管中国已经加强了对知识产权的保护，但美国仍不满意，并于 1994 年 4 月宣布对中国实施“特殊 301 调查”，同年 6 月将中国再次列入“重点观察国家”名单。此后，由于谈判无效，美国宣布以“对价值 10.8 亿美元的中国出口到美国的产品征收 100%的惩罚性关税”作为其最终贸易报复清单。为此，中美重新改变谈判策略，进行友好磋商，最终签订《中美知识产权保护协议》，美国答应撤销对中国的贸易报复清单，承诺不再对中国实施“特殊 301 调查”，对中国实施知识产权保护提供援助，同时中国需积极进行充分而有效的知识产权保护。但仅过了两年，美国又以中国在 1995 年盗版产品的生产、销售和出口仍然严重为由，将中国再次列入“重点观察国家”名单。美国指出中国的盗版行为使得美国出版业在 1995 年损失约 23 亿美元，于是在 1996 年 5 月，宣布对中国征收 30 亿美元的出口产品惩罚性关税。中国立即反抗并发布反报复清单，这是中美第三次重大的知识产权摩擦。双方表明态度后，中美就知识产权问题进行了第三次谈判，于 1996 年 6 月签订了第三个知识产权保护协议，使美国第三次在“重点观察国家”名单上除去了中国的名字。中美第三个知识产权保护协议的签署对缓解中美贸易摩擦问题起到了促进作用，推动了两国战略伙伴关系的发展。

（二）中国加入 WTO 之后的中美贸易知识产权摩擦演变

中国加入 WTO 之后，为与 TRIPS 要求的知识产权保护水平相符合，不断地修改、完善与知识产权相关的法律。因此，在 2001 —2004 年，中美贸易并没有发生重大的知识产权摩擦。但是，随着中国的国际竞争力增强以及美国贸易保护主义的抬头，从 2005 年起，美国又开始对中国知识产权保护的状况表示不满。2006 年 4 月，中国以排位第一的顺序被列入“重点观察国家”名单。

2007 年 4 月，美国宣布将中国的知识产权保护和出版物市场准入问题诉诸 WTO 争端解决程序。这是美国第一次将中美知识产权摩擦问题推向了 WTO 框架下的争端解决机制（DSB），同时使得中美两国在知识产权领域的摩擦进一步激化。经过近两年的磋商谈判，2009 年 3 月，DSB 专家组终于发布了裁决报告，驳回美国对中国知识产权产品侵权的控告，同时肯定了中国这段时间以来对知识产权保护所做的努力，并指出中国现行的知识产权制度依然存在需要完善的地方。

（三）两个“337 调查”典型案例

2006 年 2 月，美国爱普生公司以中国向美国出口的墨盒侵犯了其关于喷墨打印机墨盒的 9 项专利权为由，向美国国际贸易委员会（USITC）提交了申请，要求 USITC 对该项墨盒产品实施“337 调查”。涉案公司包括以珠海纳思达数码科技有限公司（简称纳思达公司）为主的 17 家中国公司，但是除纳思达公司外，其余公司全部放弃了应诉。2006 年 3 月，USITC 正式立案并开始对纳思达公司的墨盒产品进行“337 调查”。经过初审、复审，2007 年 10 月，USITC 最终做出对该案件的终裁。爱普生公司专利是有效的，中国墨盒产品确实存在侵权行为，所有侵犯专利权的产品禁止出口到美国并进入美国市场，纳思达公司在墨盒产品销售上损失惨重。

除纳思达公司之外的其他 16 家公司从一开始就选择了放弃应诉，在高昂的应诉成本与不应诉而丧失市场并赔偿侵权损失的两难选择之间，它们只看到了短期的利益得失，而欠缺对长期利益的权衡取舍，这体现出其知识产权意识的薄弱，这也正是美国对中国频繁发起“337 调查”的主要原因之一。遭起诉的中国企业应联合起来积极维权，共同抗辩。这样，一方面可以增强中方的气势，给申请方以震慑；另一方面可以在诉讼费用上适当分担，降低单个企业的成本。除了纳思达公司的墨盒生产技术确实不属于自主创新这一导致其败诉的根本原因外，其对“337 调查”流程和制度的不熟悉，美国利用了专利权的扩大化解释，这些也是导致纳思达公司最终败诉的重要原因。实际上，中国和美国的知识产权制度是存在一定差异的，中国企业因对中美知识产权制度差异的不了解而造成侵权也是导致中美贸易知识产权摩擦的关键原因。

针对不同的环境和情况，中国企业应该进行仔细的分析和测算并衡量应诉所需要的成本、不应诉会带来的实际损失以及潜在损失，然后制定缜密的应对策略，并从市场角度配合应诉战略，熟悉“337 调查”的程序和步骤，充分利用各种机会应诉。

2012 年 7 月，美国 Inter Digital 公司以中国向美国出口的部分无线消费性电子设备及其组件侵犯其专利权为由，向 USITC 提出“337 调查”的申请。DSB 经过近 6 个月的详细调查，于 2013 年 6 月初步裁定美国 Inter Digital 公司提起诉讼中的七项专利中的六项没有构成侵权，而另外一项专利无效。进行了近半年的审核复查，终裁维持了初裁的决定。中兴通讯和华为由于清楚自己在“337 调查”程序中相关的权利和义务，学会运用己方权利来最大限度地维护自己的权益，并充分利用中国 WTO 成员的身份，借助 DSB，做到了有备应诉。出口产品的核心技术完全属于自主研发是中兴和华为在本次“337 调查”中胜诉的决定性因素，这就要求中国企业要大力发展并拥有自主知识产权，并在中国乃至全球范围（特别是美国）申请注册保护，进而使其成为企业的核心竞争力。

二、中美贸易知识产权摩擦“337 调查”影响因素分析

自 1989 年中美贸易第一次发生知识产权摩擦，美国就习惯性地利用“特别 301 条款”对中国的知识性产品进行调查，并屡次把中国列入“观察国家”或“重点观察国家”名单。随着中国加入 WTO 和有关知识产权保护法律法规的不断完善，中国已基本达到了世贸组织 TRIPS 规定的保护水平。因此，美国转向利用“337 条款”对中国出口产品展开调查。

（一）“337 调查”概况

1. “337 调查”案件数量居高不下，近年来呈增长趋势

从 2001 年美国第一次对中国出口产品发起调查起，中国已经连续十多年遭到美国的“337 调查”。截至 2014 年，我国共遭受知识产权调查 146 起，其中美国参与发起了 137 起，约占总数的 94%。从 2008 年起，美国对我国的知识产权调查越来越频繁（见图 5－7）。由此可见，“337 调查”既是美国保护知识产权产业的常用手段，也是中美贸易知识产权摩擦的显著表现，已经成为一种不合理的贸易保护措施，严重影响了中国产品的出口与产业的发展。

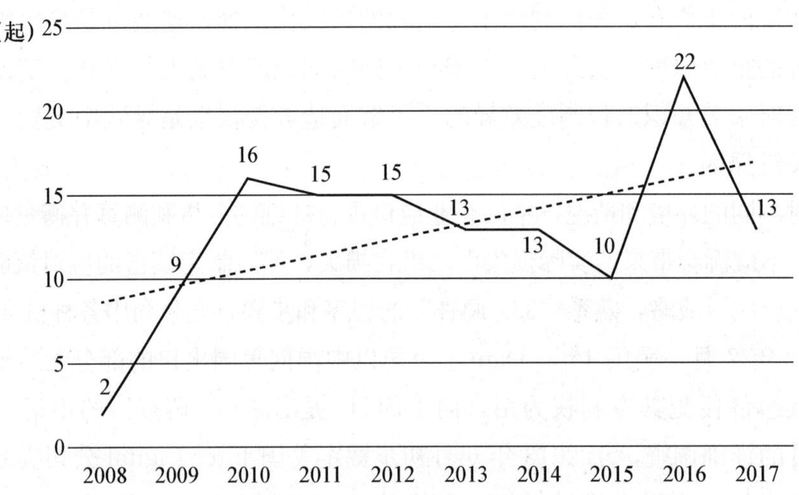

图 5－7　2008—2017 年美国对中国发起的知识产权案件数

2. “337 调查”案件调查产品类型呈多样化趋势

以往，中国出口产品大多都是劳动密集型产品，随着科技的进步和经济的发展，信息技术产品的出口也随之增加。美国对中国出口产品发起“337 调查”的案件数量从 2008 年起不断增加且在近年来居高不下，调查产品涉及领域和产品类型也呈多样化趋势。调查对象从 2001 年之前以轻工产品和纺织品为主，转向以机电产品和化工产品为主。2006 年到 2013 年上半年的 110 起“337 调查”案件中，机电产品占比达到了 78.2%，每年机电产品占所有涉案产品的比重最大，约为 80%，2010 年达到峰值，占比为 88.9%。除了机电产品、化工产品和轻工产品外，医疗产品也是“337 调查”的对象。各种频繁的、涉及各种类型产品的贸易调查也影响了中国某些新兴产业的发展，特别是一些还没有自主知识产权的高技术产品。

3. 出口产品主要因专利侵权而遭“337 调查”且专利侵权案件比重呈上升趋势

在出口产品遭“337 调查”的所有案件中，因专利侵权被起诉的案件是最多的。2001—2014 年，在美国对中国一共发起的 137 起知识产权调查案件中，以专利侵权为由的调查案件数量为 129 起，占比约 94%。

4. “337 调查”案件胜诉比例小

在应对美国“337 调查”时，中国很多企业都选择了消极应诉，以至于最后大部分案件都以败诉告终或者是在企业愿意支付高额专利费的前提下和解。不管是败诉还是和解，中国企业都遭受了重大的损失。2008—2017 年，中国企业败诉比例为 19%，胜诉的比例只有 8.76%。这说明企业本身存在一定的知识产权侵权现象，同时凸显出其对知识产权制度认识匮乏、法律意识淡薄、维权意识不足等问题。

（二）制度因素分析

中国加入 WTO 之前，中美就知识产权摩擦问题进行了三次大型且十分艰难的贸易谈判，Robert Frost（1995）认为，谈判之所以艰巨，最主要的原因是中美知识产权法律体系的差异。事实证明，中美在专利、版权和商标制度上的差异确实是造成贸易摩擦的主要原因。

1. 专利制度

美国的专利和商标有统一的管理机构——美国专利与商标局。而中国则是分开管理，专利归知识产权局负责，商标归国家市场监督管理总局负责。因此，当美国同时以侵犯专利和商标为由对中国企业发起调查时，由于两个管理机关的机制不同而导致管理上的缺位，这对解决问题产生了一定的影响。对于专利权授予原则，中美也存在较大的差异。美国以先发明为原则，即专利权授予最先发明创造的人，但是判断最先发明人的程序比较复杂且难度较大；而中国则以先申请为原则，即专利权授予最先申请的人。中国的专利分为发明、实用新型和外观设计三类，在专利审查方面，仅对发明专利进行形式审查和实质审查，对另外两类只进行形式审查；美国则将发明和外观设计都纳入专利保护范围，进行形式和实质审查，这使得所有的专利都符合条件与规范。

2. 版权制度

对于版权保护，中美保护的对象也有差异。美国版权保护的重点不是作者本人，而是发行者和社会，因而对作者权利的限制较多，对于作品的合理使用也有明确的规定。而中国注重著作权的财产权和人身权，虽然在保护著作权方面基本上符合国际有关公约的最低要求，但是对受保护作品的范围、侵权时索要的赔偿、作品的集体管理以及版权转让等方面的规定还不够明确。

3. 商标制度

对于商标注册制度，美国以先使用为原则，即商标的注册是以商标最先使用为依据的，并且在5年内可以撤销注册。而中国则以先申请为原则，因此与美国注重商标先使用人的合法权益相比，中国就很容易发生“商标抢注”现象。“商标抢注”会严重影响正常的经济秩序，属于不正当的竞争行为。虽然个人可能获得了利益，但却对国家造成了损害。

（三）贸易因素分析

改革开放以来，中国经济迅速发展，1993年，美国对中国第一次由贸易顺差变成了贸易逆差。巨大的对华贸易逆差也是导致双方贸易知识产权摩擦的主要原因。同时，需认识到美国对中国巨大的贸易逆差也有多种因素。第一，中国大量的外商直接投资导致了对美贸易顺差。中国加入WTO后，吸引了源源不断的国外投资，其中，大量美国跨国公司将生产环节放在了中国，将生产出来的产品返销到国内，这部分直接投资涵盖在贸易逆差里面。第二，中国的科技不断进步使得中美高新技术产品贸易出现顺差，高新技术产品的贸易顺差也在不断扩大，部分原因是近年来美国对高新技术产品的出口管制力度加大，其担心中国从其出口产品中学到核心技术，进而打破其技术垄断并削弱其国际竞争力。

此外，双方贸易的不平衡加剧了美国国内的失业率，美国政府受到来自国内企业的压力而对中国展开了贸易报复。而中国的盗版行为和知识产权侵权行为则成为较好的借口，间接加剧了中美贸易知识产权摩擦。事实上，美国以保护知识产权的名义对中国出口产品发起“337调查”，就是为了在一定程度上限制中国出口以缓和中美贸易之间的不平衡。另外，美国在对中国出口产品展开知识产权调查的同时，不断地提高知识产权的保护标准以阻止中国产品进入其国内市场，从而达到减轻中国产品对其本国市场冲击的目的。

三、中国应对中美贸易知识产权摩擦的策略

（一）完善知识产权制度，加大执法力度

由于中国建立知识产权制度起步较晚，缺乏一定的基础和经验，在制度条款的制定细节方面仍然存在漏洞，可以汲取知识产权保护水平较高的国家的经验，跟上全球一体化的发展趋势，完善知识产权制度，建立适合中国国情的知识产权法律体系。在专利和商标注册方面参考美国以先发明和先使用为原则的经验，对三类专利均进行实质审查，确保专利申请的规范性。

另外，有些地方政府为追求短期的发展、获得短期的利益，对侵犯知识产权的企业不管不顾，相关企业并没有受到惩罚，相反还得到了政府的纵容。对此，中国在完善立法的同时还要在民事、刑事、行政等方面都加大执法力度，只有这样才能使侵犯知识产权的行为受到严惩。同时要更加规范知识产权侵犯案件的诉讼程序，保障知识产权权利人的利益。为了减少中国对外贸易特别是中美贸易的知识产权摩擦，还需要加大海关执法力度。海关执法部门应加强知识产权的边境保护，充分利用海关执法的国际合作机制，打击跨境知识产权违法犯罪行为，只有这样才能维护良好的国际贸易秩序并促进中国产品的出口及其在国外市场上的销售，从而增强中国产品在国际上的竞争力。

（二）增强知识产权保护意识，完善应诉策略

中国出口企业在决定不应诉时考虑更多的是应诉成本问题，其实不应诉带来的成本或损失甚至更大，包括侵权赔偿费用和产品失去美国市场的机会成本。所以，面对美国企业的侵权指控，中国企业在心理上和策略上都应该做好准备，认真了解美国知识产权法律制度及诉讼规则，研究以往发生过的类似案例，总结成功经验和失败教训，据理力争。同时，要利用多种解决机制，如利用 TRIPS 协定、诉诸 WTO 争端解决机制或者发挥行业协会作用等多种途径维护自身权益。

（三）鼓励知识产权创新，拥有自主知识产权

我们应清醒地看到，中国在科技生产力方面与发达国家还有较大差距，缺乏自主研发的技术和自主品牌。《国际产业竞争中的专利战略和知识产权保护》国家课题调查研究表明，13.7%的被调查企业还缺乏核心技术。

为应对中美贸易知识产权摩擦，扭转不利局面，中国需要鼓励知识产权创新，要把企业发展目标由“中国制造”变为“中国创造”，加大对研发方面的投资以增加科研成果。同时，政府还需要促进科研成果向知识产权转化，增加知识产权的产出量，使国家拥有更多自主的知识产权。同时，政府应当加大对企业及个人的知识产权创新的鼓励力度，重视知识产权法律保护。自主创新并不意味着闭关研发，不和其他国家展开交流与合作，而是要在自主创新的同时，鼓励企业走出国门，加强国际技术交流和合作，必要时对某些技术进行引进、吸收与创新。有条件的企业还可以在国外建立研发机构，学习国外先进的技术，促进中国的自主创新，从而拥有更多自主的知识产权。

第六章　自贸协定、自贸区与“一带一路”：改善贸易环境的自我突破

第一节　经济与贸易“新常态”下中国对外贸易发展环境、形势及前景分析

一、中国对外贸易发展环境解析：全球视角

（一）世界经贸总体形势分析

2008年美国次贷危机引发的国际金融危机已经过去10年，但是全球经济仍然处于50年以来最为严重的衰退期和危机后的深度调整期，增长速率也一直无法回到一个长期的平均水平。同时，由于推动经济增长的传统引擎先后弱化、上一轮科技革命带来的增长红利逐渐消退，而新一轮的产业和科技革命尚未形成以及国际经济秩序的新旧矛盾交织（陈文玲、颜少君，2017），全球生产率增速下降已成为摆在各国面前的新三元困境（risky trinity）之一（国际清算银行第86期年报），经济复苏的步伐依然乏力且缓慢，前景艰难曲折而不明朗。全球经济开始进入“低经济增长、低贸易增长、低通货膨胀、低大宗商品价格、高债务”的“新常态”时期（何帆、邹静娴，2016），增长将面临广泛低迷、长期停滞的风险（张燕生，2017）。而从全球化历史来看，国际贸易是拉动经济增长的重要引擎，经济增长是国际贸易发展的内生驱动力之一，二者通常呈同向增长态势——较快的经济增长往往伴随着更快的贸易增长。2008年国际金融危机后，国际贸易的增速也随着世界经济增长的持续低迷而同步下滑，全球贸易增长面临减速风险（马涛，2017）。最终，在全球贸易增长率自2012年以后连续4年跌至GDP增长率之下、世界各地经济贸易发

展不平衡加剧、新兴经济体和发展中国家在全球贸易体系中的地位逐年提升等一系列改变世界经济力量对比和治理体系格局的因素的相互作用下，全球贸易也从“高速增长、美国核心、中国驱动”的“旧常态”转向“增速趋缓、三足鼎立、区块结构”的“新常态”（鞠建东，2017）。在此过程中，主要经济体积极出台各项结构性改革和调整措施以提升经济增长潜力、贸易的包容性和应变力，并初见成效。虽然世界经济与贸易逐步走出金融危机的阴影，缓慢恢复增长动力，但由于其进程迟缓且不平衡，持久稳健的反弹并未真正出现，因此至少在中期内，下行风险依然突出（见表6-1）。

表6-1　　　　2010—2016年全球经济增长率与贸易增长率

年份	全球GDP同比增长率（%）	全球贸易增长率（%）
2010	5.43	14.00
2011	4.22	5.50
2012	3.46	2.50
2013	3.28	3.00
2014	3.41	2.50
2015	3.20	2.80
2016	3.10	1.30

资料来源：陈文玲、颜少君：《2016—2017年世界经济形势分析与展望》，载《全球化》，2017（2）：45-63，135。其中，2016年数据为笔者从IMF和WTO报告中整理所得。

2016年世界经济发展仍然处于新旧思维不断碰撞、新旧治理结构并存、新旧经济秩序与规则交替、新旧动能转换以及新旧力量形成鲜明对比等多种风险与矛盾交织的动荡期、转型期、变革期和调整期（陈文玲、颜少君，2017），增速低缓、复苏态势疲弱及增长动能不足依旧是制约其突破低谷的重大阻碍。加之干扰经济增长的不稳定因素增多，如新兴经济体和发展中国家经济增长明显分化、主要发达国家“黑天鹅”事件层出不穷、国际金融市场动荡不安、大宗商品价格总体止跌回升，特别是“逆全球化”思潮泛滥和地缘政治紧张导致的贸易和投资保护主义加剧等，2016年上半年多数经济体经济增速再次回落，主要经济领域成就乏善可陈；虽然在其他积极因素如主要经济体经济数据普遍企稳、通货紧缩态势日渐缓解等的推动下，下半年经济发展形势有所好转，但全年经济整体增速仅为3.1%，较2015年下降了0.1个百分点，其中，发达国家的经济增速从2015年的2.1%回落到1.7%（见表6-2）。此外，贸易保护主义与全球经济的低速增长总是相伴相生、互为因果（陈文玲、颜少君，2017），2016年缓慢而脆弱的经济复苏步伐无论是从供给侧还是需求侧，都进一步对全球贸易形成沉重的拖累。从经济疲弱、投资不振波及贸易开放停滞、保护主义抬头、贸易成本增加等，国际航运指数和全球采购人指数这两个重要的贸易流量衡量指标的走势都显示出2016年全球贸易正经历着金融危机以来的谷点增速（马涛，2017）。综观全局，2016年，全球经济呈现“六低一高”的局面——经济增速低、通胀低、就业率低、贸易规模低、国际投资增速低、大宗商品价格低和负债高（梁艳芬，2016）；在主要经济体改革与增长的带动下，全球经济同时呈现通胀压力稍微缓解、大宗商品价格触底反弹、全球就业形势趋于稳定、全球信心增强等良好的发展态势（见图6－1）；机遇与挑战并存的二元特征是2016年全球经贸发展现状的重要写照。

表6－2　2015—2017年不同机构统计的世界及主要经济体主要经济指标的增长情况①　　单位：%

指标	预测机构	主要经济体	2015年	2016年	2017年
经济增长率	国际货币基金组织	世界	3.2	3.1	3.4
		发达国家	2.1	1.7	1.9
		美国	2.6	1.6	2.3
		欧元区	2.0	1.7	1.6
		日本	1.2	1.0	0.8
		新兴经济体和发展中国家	4.1	4.1	4.5
	世界银行	世界	2.7	2.3	2.7
		发达国家	2.1	1.6	1.8
		新兴经济体和发展中国家	3.5	3.5	4.2
		美国	2.6	1.6	2.2
	英国共识公司	世界	3.0	2.5	2.8
		美国	2.6	1.6	2.3
		欧元区	2.0	1.6	1.4
		日本	1.2	0.7	0.9
		印度	7.6	6.8	7.5
通货膨胀率	国际货币基金组织	发达国家	0.3	0.7	1.7
		新兴经济体和发展中国家	4.7	4.5	4.5
	英国共识公司	世界	1.9	2.5	3.0
		美国	0.1	1.3	2.4
		欧元区	0.0	0.2	1.4
		日本	0.8	−0.2	0.6
贸易增长率	国际货币基金组织	世界	2.7	1.9	3.8
		发达国家	4.0	2.0	3.6
		新兴经济体和发展中国家	0.3	1.8	4.0

资料来源：IMF《世界经济展望》，2017年1月；世界银行《全球经济展望》，2017年1月；英国共识公司《共识预测》，2017年1月。

① 2017年为预测值；IMF预测世界经济增长率是按购买力平价法GDP加权汇总；世界银行、英国共识公司预测世界经济增长率是按汇率法GDP加权汇总。

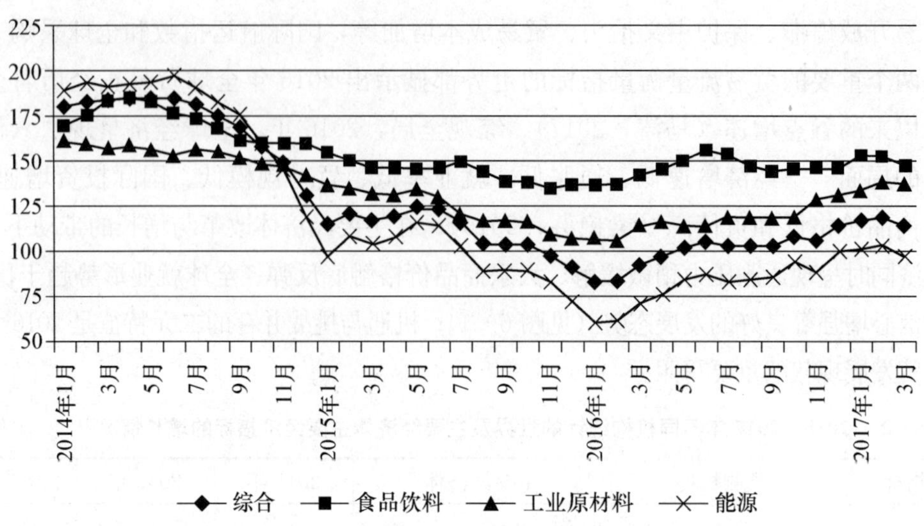

图 6-1　2014 年 1 月至 2017 年 3 月国际大宗商品价格①走势

资料来源：IMF《世界经济展望》，2017 年 4 月。

"在历经数年令人失望的全球增长之后，我们看到经济前景即将出现好转而深受鼓舞"。② 陈文玲和颜少君（2017）在其研究中指出，尽管 2017 年全球经济可能面临货币政策继续分化、传统贸易保护主义和非理性贸易保护倾向抬头、英国脱欧等"黑天鹅"事件持续发酵与新的"黑天鹅"酝酿飞出等事件带来的不确定性冲击，但在互联网革命对传统业态及行业进行的颠覆性改革、新兴经济体在全球治理体系重构过程中发挥更大的作用以及新经济和创新驱动为全球经济复苏提供新动力和新空间进而共同推动全球治理和全球秩序重塑出现新亮点等积极因素的作用下，经济"新常态"下世界经济孕育着新的发展机遇。2017 年 1 月 IMF 发表的《世界经济展望》也认为在经历了 2016 年的低速增长之后，新一年经济复苏的新旧负面风险，如一些主要经济体可能转向封闭政策和保护主义、全球金融环境以大于预期的幅度收窄而潜藏着新一轮金融风险、某些欧元区国家与新兴市场经济国家的资产负债表薄弱受损、地缘政治紧张局势加剧、中国等一些新兴经济体在特定因素的影响下出现经济增速减缓等情况，依然存在或相继浮现，但 2017 年和 2018 年的全球经济活动，特别是新兴经济体和发展中国家的经济活动预计将更加活跃，经济增长率有望分别回升至 3.4％、3.6％的水平，增长的风险整体偏于下行。然而，这种预测的准确性很大程度上依赖于对美国政策态势不确定性的把控及对新政府调整政策

① 以美元计价的 IMF 初级产品价格指数，其中基期为 2005 年。

② 世界银行行长金墉于 2017 年 1 月发布的《全球经济展望》中指出。

组合溢出效应的全球影响的较为精准的估计。梁艳芬（2016）在分析2017年的全球经济发展形势时，同样对美国政府换届后其政策实施的连续性及稳定性表示质疑，同时认为其对世界其他经济体的溢出效应将成为未来全球经济发展所要面临的重大考验，且在极大概率上会与英国脱欧等政治事件一起孵化出新一轮的“黑天鹅”事件；新兴经济体虽然自危机后一直承载着经济引擎的压力，充当着世界经济复苏的领头羊，但发展不平衡问题依然是威胁全球经济增长的潜在风险。除此之外，鉴于上述因素和世界经济加速增长动力不足的共同作用，预计2017年全球贸易在经济复苏的迟滞效应下还将持续疲软，仅保持1.8%～3.1%的增长区间，意外情形下还可能低于1.8%，这又将使世界经济的不景气恶化；世界经济增长前景的改善还将高度依赖于货币、财政和结构性政策等宏观经济手段的有效实施，各国在消除贸易保护、拆除贸易壁垒、实现贸易增长、启动新一轮全球价值链发展等方面的任务仍然艰巨。

正如以上观点所言，事实上，2017年之初世界经济复苏势头向好，全球贸易的复苏步伐明显加快。一方面，在金融市场信心增强、国际大宗商品价格触底回升并保持轻缓的上涨势头、制造业和贸易复苏等因素的支持下，世界及各主要经济体的经济增长率较2016年都实现了较高水平的提升。国际货币基金组织在进行了2017年第一季度的全球经济数据统计分析后预测：2017年全球经济增速为3.4%，较2016年的3.1%将提高0.3个百分点；发达国家将达到2%的增长率，新兴经济体和发展中国家增长率为4.5%，分别高出2016年0.3和0.4个百分点；全球经济增长驱动力的重要来源仍为中国和印度；2017年，巴西和俄罗斯的经济将走出金融危机的阴影，预计将以0.2%和1.4%的增速重新迈入增长轨道（见表6-3）。另一方面，从2017年第一季度以来各个权威机构、组织公布的全球贸易或国际投资数据可以看出，在世界经济增长的同时，全球贸易增长水平渐趋提升，国际贸易投资迎来新变局，进而促使跨国直接投资流量也在波动中增加。据世贸组织发布的统计数据，仅在2017年的前两个月里，全球71个主要经济体的出口额、进口额分别在8%和9.7%的同比增速上实现了快速增长，一改过去两年的下滑局势；国际运输市场的统计数据也表现出显著的回升趋势，其中波罗的海干散货运价指数（BDI）回升至1 200点左右，约4倍于2016年同期创下的290点这一谷点数值；世界贸易总量增长率在2017年有望升至2.4%，其预期增长区间也有望从2016年9月预测的1.8%～3.1%上调为1.8%～3.6%（见表6-4）。与此同时，联合国贸易和发展会议（UNCTAD）2017年2月发布的《全球投资趋势监测报告》中的统计数据显示，2016年全球FDI流量为1.52万亿美元，较2015年同比下降了13%，而此种下降颓势有可能于2017年在10%左右的增长率上出现一定程度的反弹。

表 6-3　2015—2018 年世界及主要经济体经济增长趋势①　单位：%

	2015	2016	2017 预测	2018 预测
全球	3.4	3.1	3.4	3.6
发达国家	2.1	1.7	2.0	2.0
美国	2.6	1.6	2.3	2.5
欧元区	2.0	1.7	1.7	1.6
英国	2.2	1.8	2.0	1.5
日本	1.2	1.0	1.2	0.6
新兴经济体和发展中国家	4.2	4.1	4.5	4.8
俄罗斯	−2.8	−0.2	1.4	1.4
中国	6.9	6.7	6.6	6.2
印度	7.9	6.8	7.2	7.7
巴西	−3.8	−3.6	0.2	1.7
南非	1.3	0.3	0.8	1.6

资料来源：IMF《世界经济展望》，2017 年 4 月。

表 6-4　2016—2018 年世界与主要经济体货物贸易进出口增长趋势②　单位：%

		2015	2016	2017	2018
世界货物贸易总量		2.6	1.3	2.4（1.8～3.6）	2.1～4.0
出口量	发达国家	2.7	1.4	2.8（1.9～4.0）	2.1～4.2
	新兴经济体和发展中国家	2.0	1.3	2.2（1.8～3.4）	2.0～4.0
进口量	发达国家	4.7	2.0	3.0（2.2～4.4）	2.0～4.0
	新兴经济体和发展中国家	0.5	0.2	2.2（1.8～3.3）	2.5～4.3

资料来源：《中国对外贸易形势报告（2017 年春季）》。

综合来看，2017 年的世界经贸形势仍然错综复杂，经济与贸易增长有望延续 2016 年下半年以来的复苏态势，增长动力也进一步有所增强，但在诸如“逆全球化”浪潮此起彼伏、贸易保护主义抬头和国际地缘政治局势动荡多变等不确定性风险上行的外部环境下，其复苏基础依然脆弱。“新常态”下的世界经济与贸易将在新的机遇和挑战中继续前进（陈文玲、颜少君，2017）。

（二）主要国家和地区的经贸形势及其对中国经贸环境的影响分析

国家统计局释经组在对 2016 年世界及主要经济体的经贸运行情况进行回顾，同时展望 2017 年的发展趋势时指出，2016 年世界经贸增长仍呈现出典型的“新常

① 2017 年与 2018 年的数据皆为预测值；日本从 2016 年 12 月起开始调整其 GDP 计算基期；印度数据来自以 2011—2012 年市场价格计算的财年数据。

② 2017 年与 2018 年的数据为 WTO 预测值；表中数据皆为《中国对外贸易形势报告（2017 年春季）》从国际货币基金组织 2017 年 4 月公布的《世界经济展望》中整理所得。

态”特征。其中，美国经贸保持复苏，欧元经贸缓中趋稳，日本经贸有所改善，新兴经济体和发展中国家则在分化中整体向好；2017 年，在世界经贸复苏基础趋于稳固，但在增长过程中又受到多种不确定性因素干扰的复杂形势下，世界经贸复苏的步伐在不断加快，同时也将面临更大的挑战，而受外部环境的制约，主要经济体的经贸发展虽在制造业新技术与新业态提振新一轮世界经济增长、多国减税与金融改革政策作用陆续显现等多领域的积极因素的作用下实现了良好开局，未来的经贸增长前景也逐渐好转，但增长进程以及区域力量分布的不平衡和由此招致的贸易保护主义及其他潜在的下行风险也可能依旧是各经济体需审慎关注的问题。就对中国经贸可能产生的影响而言，全球需求疲弱与贸易增长低迷、发达国家制造业回归及营商成本改善、美元加息带来的人民币贬值压力及特朗普政府政策的不确定性、其他经济政治的不确定性及地缘政治紧张等，都将对中国经济与贸易发展产生不同程度的冲击，中国经贸的持续健康发展离不开对这些因素的高度密切关注与积极应对。梁艳芬（2016）在分析 2016—2017 年世界经贸形式及相关问题时，也把主要国家和地区的经贸前景作为重要的分析内容，她认为特朗普经济政策的摇摆性将加剧全球宏观经济环境的不确定性，英国出乎市场和大部分人的预期于 2016 年 6 月 23 日公投决定退出欧盟将给无论是全球经济、金融环境、经济全球化还是欧盟经济及其一体化进程都带来重大变化，而且在未来的很长时间内，这种影响对国家政治关系与经济发展的作用力还可能在英国或欧盟的重要贸易伙伴间乃至全球进一步蔓延，不容小觑。展望 2017 年，尽管出于历史的、政治的、经济的以及前一段时期内各经济体经济政策的原因，各经济体在新时期的经济与贸易增长速率将有很大的不同，甚至可能呈现极端的不平衡，但经贸增长的上行趋势在各主要经济体的经济活动中是非常明确的。《中国对外贸易形势报告（2017 年春季）》在对世界经济增长形势的分析中表明，从 2017 年经济领域的各类指标的增长态势来看，发达国家的经济形势持续好转，对世界经济复苏形成强有力的支撑：美国失业率稳定在较低水平、房地产市场量价齐升，特朗普执政后金融市场信心高涨促进了企业投资；欧元区失业率下降的同时，运用宽松货币政策驱动区域内企业贷款的政策效力明显，经济增长内生动力增强；日本核心通胀率由负转正，出口快速增长，经济正进一步回暖。但发达国家生产率增速放缓依旧是摆在各国面前的难题，与此同时，收入分配格局恶化、人口老龄化趋势加剧等问题也是各国短期内无法突破的发展瓶颈。发达经济体经济潜在增长率难以迅速恢复。为更加深入、具体地了解世界经贸形势发展情况及其对中国对外贸易环境的影响，下文将就选定的几个重要经济体进行详细分解。

1. 美国

2016 年美国经济增长 1.6%，相较于 2015 年还回落了 1 个百分点，成为 2011 年以来的最低增速，整体发展形势远不如预期；但从其季度增速来看，经济增速逐季稳步加快，形成了良好的复苏势头（见图 6-2）。具体而言，第一季度，GDP 增长率在上一年趋势及季节性短期因素的影响下表现并不突出，其环比提升速度仅为 0.8%；第二季度，经济增速小幅提升至 1.4%；第三季度，国内外经济中积极因素的作用开始显现，如个人消费支出强劲增长和政府支出的拉动，使得 GDP 增速反弹至 3.5%；第四季度，经济增速又稍有减弱，跌至 1.9%。全年看来，虽然金融危机后便存在的企业库存和固定资产投资下降一直拖累着美国经济的增长，但在政府政策的合理引导下，特别是 2016 年 11 月大选后特朗普政府提出的减税、放宽监管和加大财政支出计划等政策组合的实施，再加上经济中积极因素的驱动作用，2016 年下半年的经济形势明显好于上半年。

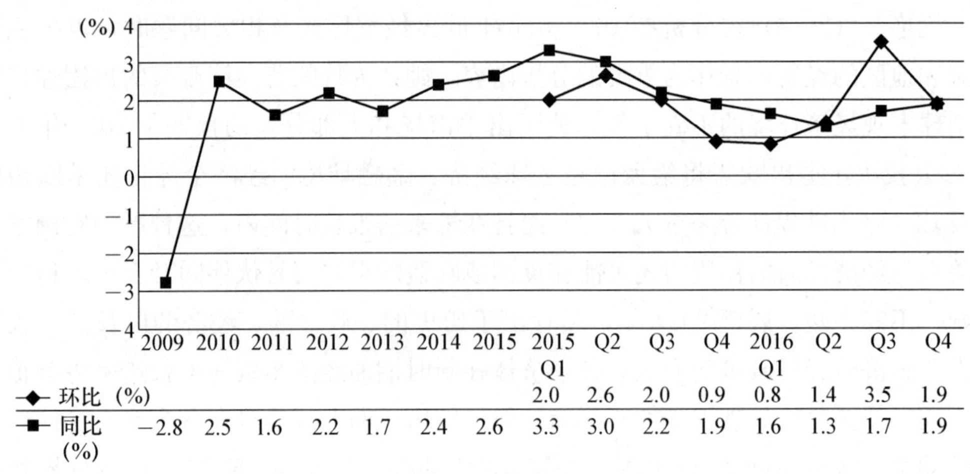

图 6-2　2009—2016 年美国 GDP 年度及季度增长情况

资料来源：国家统计局释经组：《世界经济低速运行　复苏基础趋于稳固——2016 年世界经济回顾及 2017 年展望》，载《全球化》，2017（5）。

就 2016 年主要经济活动领域的发展状况而言，美国经济发展表现为：

第一，消费作为拉动经济增长的重要动力源泉之一，其稳步提升是驱动美国 2016 年经济加快复苏的主要因素。零售额的增速是反映国内消费情况的常用指标之一，2016 年美国零售额一直保持着较高的增速，且这种增速逐月走强，最终实现了全年零售额 3%的增速，较 2015 年加快了 0.7 个百分点。而这一高速增长的国内消费需求是美国经济趋于上行的重要内因。

第二，作为美国经济增长的另一个重要动力——房地产市场，在 2016 年呈平稳扩张态势，主要表现为：1）以全美建筑商信心指数作为衡量建筑商的市场态度的指标，其从1月的61创纪录地升至12月的70，足见在这一年里，美国建筑商信心持续稳定增强；2）全年国内新房开工数量达117万套，同比增长4.9%，实现了次贷危机后连续7年的稳定增长；3）房屋销售量显著增加，其中现房销售量为545万套、新房销售量为56万套，同比增长率分别为3.8%和12.4%；4）房屋销售价格再创新高，现房和新房的价格分别同比增长5.2%和5.7%。总体而言，美国房地产市场仍然保持着繁荣发展的趋势。

第三，国内价格温和上涨。国内物价是监控经济发展形势的四大指标之一。居民消费价格指数（CPI）2016年同比增长了1.2%，与2015年同期相比，上涨了1.1个百分点。工业生产者出厂价格指数（PPI）也同比增长了0.3%，实现了温和上涨。两类重要价格水平的上升在一定程度上是由国际能源价格的上涨所致，其带来的潜在压力威胁着经济的平稳上行。

第四，就业形势改善。失业率是衡量就业形势乃至宏观经济运行的重要指标。2016年美国失业率继续下降，全年失业率降至4.9%，完成了2010年以来的第6次回落，2016年成为金融危机以来首次实现失业率目标[①]的重要时间节点；同时，国内全年新增非农就业人口约224万，就业人口大幅增加。由此不难看出，美国的就业形势在不断改善（见图6-3）。

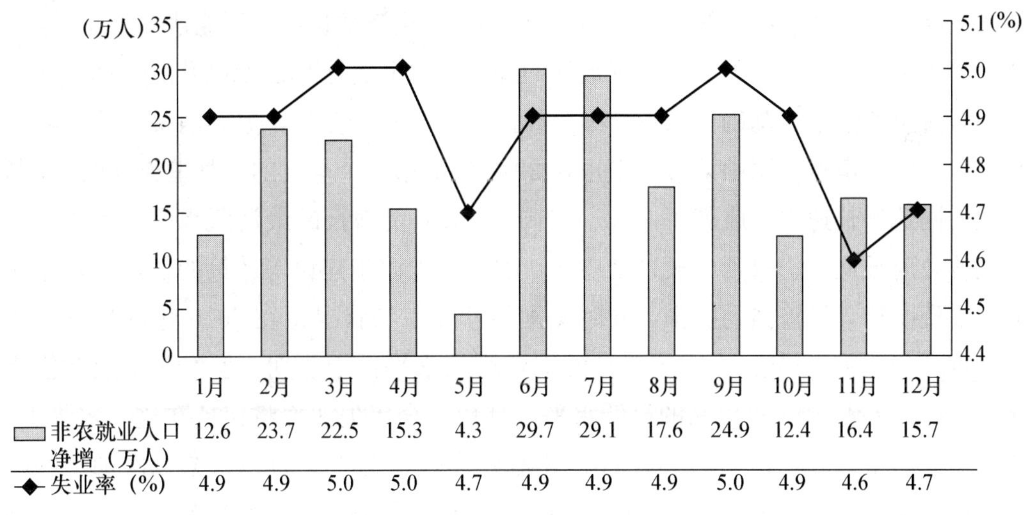

图6-3　2016年美国劳动力市场状况

资料来源：国家统计局释经组：《世界经济低速运行　复苏基础趋于稳固——2016年世界经济回顾及2017年展望》，载《全球化》，2017（5）。

① 金融危机后，美国联邦储备银行将国家年度失业率目标定为5%，这一数据信息可从美国商务部经济分析局（BEA）网站上查询到。

第五，对外贸易增长低迷但年末趋于改善。从全年表现来看，2016 年美国对外贸易大幅度下滑，全年进出口额相较于上一年均有所回落，从数量规模上看，分别达到了 499 亿美元和 517 美元；商品和服务贸易逆差达到了 5 023 亿美元的庞大规模，再创 2012 年以来的历史新高。从月度数据分析来看，2016 年 1—11 月，美国累计出口规模为 20 215 亿美元，进口规模达 24 755 亿美元，同比下降幅度分别为 2.7%和 2.4%；累计实现贸易逆差 4 540 亿美元，同比收窄了 1.1%；2016 年 10—11 月，实现了进出口双正增长，月度出口额在这两个月里被推向了一年半以来的新高点。在此增长趋势的推动下，2016 年 12 月进出口贸易额仍保持了增长趋势且势头很足：单月出口额达到 1 907 亿美元，增长了 2.7%，刷新了 2015 年 4 月以来的单月最高纪录；单月进口额达到 2 350 亿美元，增长了 1.5%；贸易逆差环比收窄 3.2%至 443 亿美元，结束了其从前两个季度以来的扩张势头。

《中国对外贸易形势报告（2017 年春季）》在对美国经济发展形势进行分析时表明，在经历了疲弱后复苏的 2016 年，随着国际能源价格下跌和美元升值带来的不利影响逐渐消退，制造业和投资重获拉动力。进入 2017 年，美国经济有望保持温和的增长态势，并预计可实现 2.1%的增长率。国际货币基金组织在分析了美国经济发展的形势之余，基于特朗普政府设想以基础设施投资刺激国家经济增长的政策目标能够有效实现的前提，预计 2017 年美国的经济增长速度可能达到 2.3%这一较高的水平，成为发达国家中表现最佳的经济体。上述这些强劲提升的经济增速估计都有着重要的现实基础。从各类细分经济指标来看，首先，家庭消费继续平稳增长，以零售额衡量的国内消费水平也在 2017 年的第一个季度的各月里连续保持 5%以上的同比增长速率，成就了 2012 年 6 月以来消费增长的最活跃水平。其次，在特朗普政府强调吸引投资、振兴制造业、加强基础设施建设等政策的作用下，企业固定投资企稳，经济强劲扩张，同时美国的就业市场状况也在 2016 年的良好形势之上进一步改善。尽管 2017 年 3 月的就业增长水平低于预期，但失业率绝对值降至 4.5%，这是 2007 年以来的最低水平，且预计全年失业率将保持在这一水平上。更为显著的是，3 月 15 日，美联储如期实现了 2017 年 3 个月以来第二次加息的政策目标，这一举措无疑再一次印证了当下美国经济形势正在稳健复苏这一论断。最后，在国内需求迅猛增长的驱动下，美国贸易逆差规模在 2017 年 1 月便从 2016 年 12 月的 443 亿美元增加至 485 亿美元，环比增幅为 9.6%，创 2012 年 3 月以来的历史新高，可见贸易活动从低迷中走出来且渐趋活跃。

美国是全球经济发展的超级大国，其经济和美元霸权地位的稳定性一直是美国经济的相对优势，准确把握美国的经贸发展现状，是分析其对世界经济环境以及中国经贸形势作用的前提。“由于美国在世界经济中的巨大作用，政策改变可能会产生全球性的涟漪效应……主要经济体的政策不确定性上升也可能给全球经济增长带来不利影响。”[①] 2017 年，美国经济仍然是全球经济阴霾中的一个亮点，也是中国等新兴市场国家出口增长的主要动力来源之一：一方面，美元持续走强在相当程度上影响着美国出口产品的竞争力，使得企业接单能力和出口利润下降；另一方面，在美国财政刺激及其他政策措施的影响下，国内需求经历着强劲扩张，同时这种需求扩张的溢出效应也对全球经济产生了拉动作用。无论是对世界经济增长，还是对中国对外贸易环境的改善来说，这无疑是利好消息。然而，这并不意味着美国威胁全球经济及中国贸易发展的制约因素完全消失。首当其冲的便是美国国内政策的不稳定性带来的风险，如美国加息进程的不确定性将导致其国内金融市场和国际资本波动加剧、美元的强劲走势与新政府提出的扩大出口及振兴制造业的政策取向明显不符，进而使得其国内政策潜藏着较大的变异的可能性，因此其需求的拉动及相关政策的溢出效应的作用方向与作用力大小有待商榷；同时，日益强势的美元，在给新兴经济体带来高额的负债成本之余，也让其遭遇着新一轮资本外流压力，还将使得一些和中国一样作为美国重要贸易伙伴的国家与经济体面临着日益加大的被动货币升值压力。此外，特朗普上台以后，提出了一系列的对外投资保护主张，与主要贸易伙伴之间的分歧和矛盾也凸显，还可能出台一些不利于中国的贸易政策等行为，这些都将加剧美国对外经贸发展的不确定性，从而成为制约全球经贸增长复苏和中国对外贸易平稳发展的下行风险因子。

2. 欧元区

王灏晨（2017）在进行 2016 年欧洲经济形势分析及 2017 年展望时明确指出：“2016 年的欧洲经济可谓是多事之秋。”他认为，在内部持续大规模的量化宽松政策与负利率刺激政策效果不佳、德意志银行遭重罚等银行风险增大与债务风险不断增加和英国脱欧并对其他欧洲国家形成示范作用等不利因素，以及外部油价波动、新兴市场国家增速放缓、美联储加息可能性加大、多项贸易投资谈判进程不一致等复杂经贸发展环境的共同作用下，欧洲经济增长的力度和可持续性虽然稍显不足，但仍取得了不可忽视的进展：消费对经济增长的拉动作用有所提升；通缩风险逐渐缓解，物价指数呈现回升势头；就业市场改善，失业率稳步下降；虽然进出口贸易不景气，但贸易差额渐趋平稳。陈文玲和颜少君（2017）总结出 2016 年欧元区经济增长的一个突出特点——经济复苏增长与其他国际问题交织带来下行风

① 世界银行发展预测局局长阿伊汗·高斯在发布《全球经济展望》中如是说。

险。经济发展出现了“三个没想到”：其一，英国脱欧促使国家民粹主义、保守主义和孤岛主义浪潮兴起；其二，德意志银行风险的产生及其对全球金融体系的传导；其三，难民潮问题引发的国家财政及社会问题对经济复苏的拖累作用难以全面掌控。最终，在区域内凝聚力不断衰退、经济基本面增长动力疲弱、地缘政治动荡不安等内外经济发展环境下，欧元区未来经贸发展将面临严峻挑战，即短期内欧元区经济复苏难有起色。

从现实情况来看，2016 年欧元区经济以 1.7%的整体增长速率呈温和复苏态势，虽然无论是全年经济增速还是分季度环比增速较 2015 年均有不同程度的回落，但其波动幅度出现明显收窄。下半年以来，在英国脱欧、德国与法国相继发生恐怖袭击等不可预见的社会、政治事件的负面冲击下，欧元区经济复苏的步伐依然平稳，第三、四季度的经济增速分别为 1.8%和 1.7%，可见国民经济活动在面临增长阻力的同时仍保有一定的韧性。

具体而言，一直以来困扰欧元区经济增长的通缩风险有所缓解，2016 年 CPI 在 2015 年零增长的基础上上涨了 0.2%，并且其月度走势在经历了前 5 个月的盘整后一直保持着持续上升态势，到 12 月底欧元区 CPI 同比增长率已达 1.1%（见图 6－4）。基于此，欧洲央行在 2016 年 12 月已对其利率政策和财政政策做出相应调整，以继续推动经济在 2017 年的平稳增长。与此同时，欧元区的整体就业形势也在持续改善。2016 年，欧元区失业率水平为 10%，较上年下降了 0.9 个百分点；从失业率与失业人数的逐月走势来看，二者大体表现出持续同步回落的态

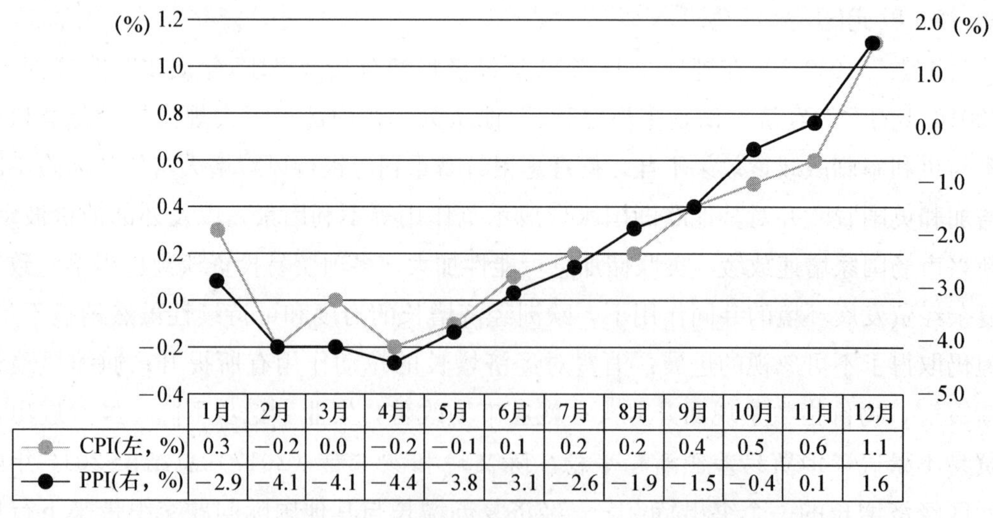

	1月	2月	3月	4月	5月	6月	7月	8月	9月	10月	11月	12月
CPI(左，%)	0.3	−0.2	0.0	−0.2	−0.1	0.1	0.2	0.2	0.4	0.5	0.6	1.1
PPI(右，%)	−2.9	−4.1	−4.1	−4.4	−3.8	−3.1	−2.6	−1.9	−1.5	−0.4	0.1	1.6

图 6－4　2016 年欧元区内 CPI 与 PPI 月度增长情况

资料来源：欧盟统计局。

势，如 2016 年 12 月，失业率为 9.6%，环比增速和同比增速分别回落了 0.1 个百分点和 0.9 个百分点，实现了 2009 年 7 月以来最低的失业率水平，而这一时段内的失业人数为 1 557 万人，环比和同比下降速率分别为 1.1%和 6.2%（见图 6－5）。此外，作为经济增长主要动力的国内消费在欧元区 2016 年较低的通货膨胀率和持续改善的就业市场条件等的影响下，基本保持着稳定的增长，年增长率达到了 7.2%，各月增长率也在波动中呈上升趋势。作为经济发展的重要方面，2016 年欧元区的对外贸易增长形势在波动中趋弱，进出口的年度增长率仅为－1.3%和 0.2%，较上年分别回落 3.5 个百分点和 5.1 个百分点，形势非常严峻，已对经济增长产生了一定的拖累。从进出口增速的月度走势来看，月度之间升降反复，如出口额增速在 7 月降至谷底，为－9.4%，而在接下来的 8 月又迅速地冲高至 8.4%，而后又再次回落；进口额也呈现同样的升降交织的复杂态势，一年之内分别于 3 月和 7 月出现两次增速低谷，且之后强势攀升，但再之后又是一个回落期（见图 6－6）。

进入 2017 年，欧元区经济实现了良好开局，各经济领域发展成效显著：年初以来，市场零售额稳步增长，工业生产波动上升，建筑业快速反弹；失业率再次下降，其中 2 月以 9.5%的绝对失业率水平，创 2009 年 5 月以来的历史新低，同时就业岗位创造速度也达到全球金融危机后的最快水平；通货膨胀率预计为 1.7%，通缩基本得到控制；主要成员国如法国等经济增长形势出现好转，国内需求稳步提升，市场信心也非常高涨。尽管如此，与前文的观点一致，2017 年欧元区的经贸增长仍存在下行风险，如欧盟委员会在对未来欧元区的经济增长速度进行预测时

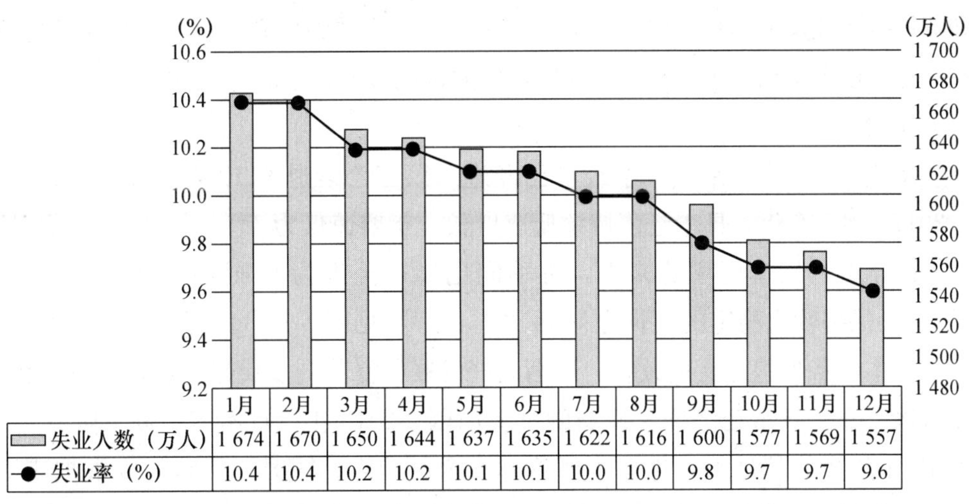

	1月	2月	3月	4月	5月	6月	7月	8月	9月	10月	11月	12月
失业人数（万人）	1 674	1 670	1 650	1 644	1 637	1 635	1 622	1 616	1 600	1 577	1 569	1 557
失业率（%）	10.4	10.4	10.2	10.2	10.1	10.1	10.0	10.0	9.8	9.7	9.7	9.6

图 6－5　2016 年欧元区失业率与失业人数月度统计情况

资料来源：欧盟统计局与欧洲中央银行。

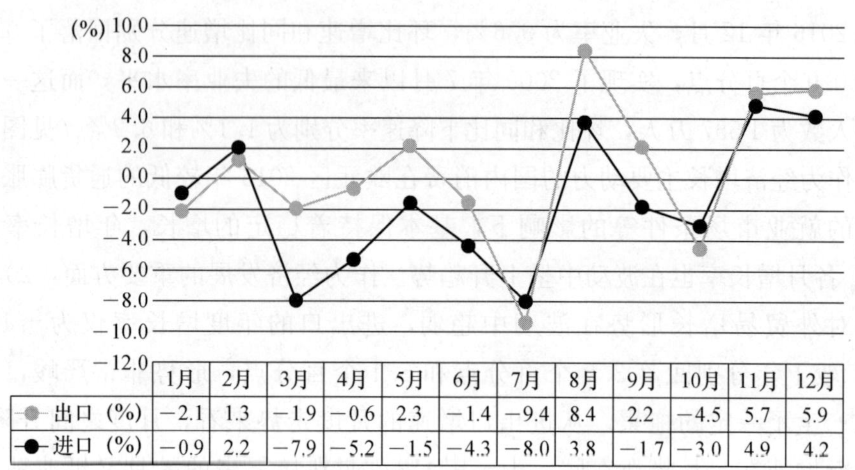

	1月	2月	3月	4月	5月	6月	7月	8月	9月	10月	11月	12月
出口（%）	−2.1	1.3	−1.9	−0.6	2.3	−1.4	−9.4	8.4	2.2	−4.5	5.7	5.9
进口（%）	−0.9	2.2	−7.9	−5.2	−1.5	−4.3	−8.0	3.8	−1.7	−3.0	4.9	4.2

图 6-6　2016 年欧元区进出口同比增长率月度统计情况

资料来源：欧盟统计局与欧洲中央银行。

指出，2017 年欧元区的经济增速可能将较 2016 年再回落 0.1 个百分点，仅达到 1.6%；国际货币基金组织则认为尽管下行风险明显，但在其他增长因素的作用下，欧元区整体经济增速可能与 2016 年一样，停留在 1.7%这一增速水平上。综上可见，虽然经济复苏进程缓慢，但总体而言欧元区的经济增速已日趋好转，逐渐逼近危机前水平。这一良好的经济复苏态势无疑将通过庞大的经济总量与国际贸易地位对世界经贸发展及重要贸易伙伴（如中国）的对外贸易环境的改善产生强大的正向溢出效应，贸易流量的扩张及贸易伙伴关系的建立进程都将在此基础上得到进一步推进。但是，欧元区之外的英国已经启动“脱欧”进程，特朗普政策对未来欧元区的经济政策和贸易投资政策的影响也将开始显现，未来欧元区的经贸政策存在高度不确定性，这在一定程度上又给中国乃至世界经贸发展的乐观形势蒙上了一层阴影。

3. 日本

20 世纪 90 年代以来，日本经济已经进入第三个衰退的 10 年（陈文玲、颜少君，2017）。2016 年，日本经济持续低速增长，年增速仅为 1%，较 2015 年提升了 0.5 个百分点；从季度增势来看，各季同比增速分别为 0.4%、0.9%、1.1%和 1.7%，且保持较为稳定的正向季际环比增长率（见图 6-7）。可见，虽然增长低迷，但日本经济形势已有所改善，逐渐向好发展，复苏的步伐趋于稳定。消费需求持续低迷不振是日本经济增长疲弱的主要原因。2016 年，日本零售额下降 0.6%，在 2015 年降势的基础上，进一步回落 0.2 个百分点；同时，从其月度数据来看，全年大多数月份增速皆处于同比下降的颓势中，仅在年底的 11 月、12 月两个月中转正。在国内消费需求已对经济增长造成拖累之时，对外贸易的恶化则进一步加剧了这一态势。在全球贸易持续低速增长、外需不振和日元面临较大升值压力等内外因素的共同作用下，日本进出口持续出现较大降幅，并在2016年达到15.9%和7.4%的绝对水平。此外，日本仍将面临较大的通缩风险。据统计，2016年日本CPI同比下跌0.1%，通胀水平再次回落到零值以下，且4—9月的同比增速持续为负值，直到第四季度这一态势才稍有缓解。与此同时，PPI指数也同比下降了3.5%，降幅在2015年的基础上进一步提高了1.2个百分点（见图6-8）。由上述

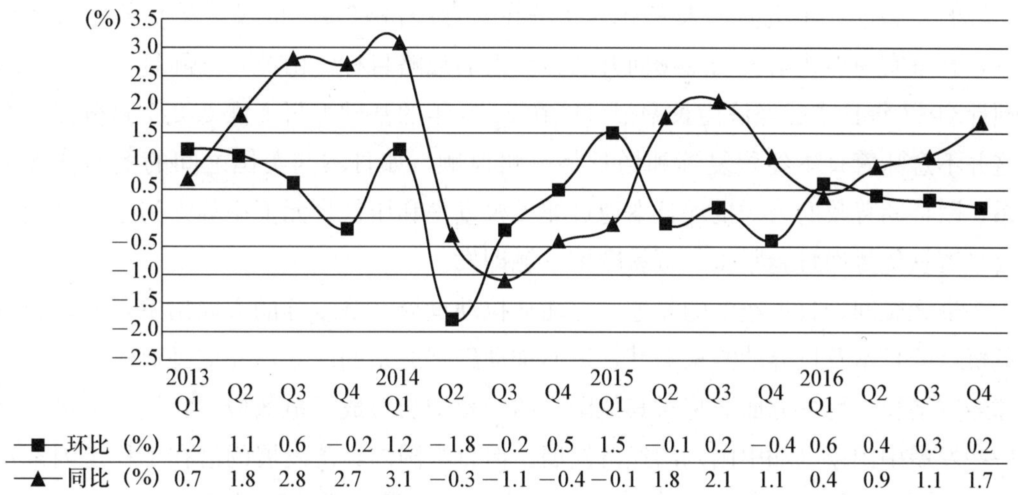

	2013 Q1	Q2	Q3	Q4	2014 Q1	Q2	Q3	Q4	2015 Q1	Q2	Q3	Q4	2016 Q1	Q2	Q3	Q4
—■— 环比（%）	1.2	1.1	0.6	−0.2	1.2	−1.8	−0.2	0.5	1.5	−0.1	0.2	−0.4	0.6	0.4	0.3	0.2
—▲— 同比（%）	0.7	1.8	2.8	2.7	3.1	−0.3	−1.1	−0.4	−0.1	1.8	2.1	1.1	0.4	0.9	1.1	1.7

图6-7　2013—2017年日本GDP增长情况

资料来源：日本内阁府。

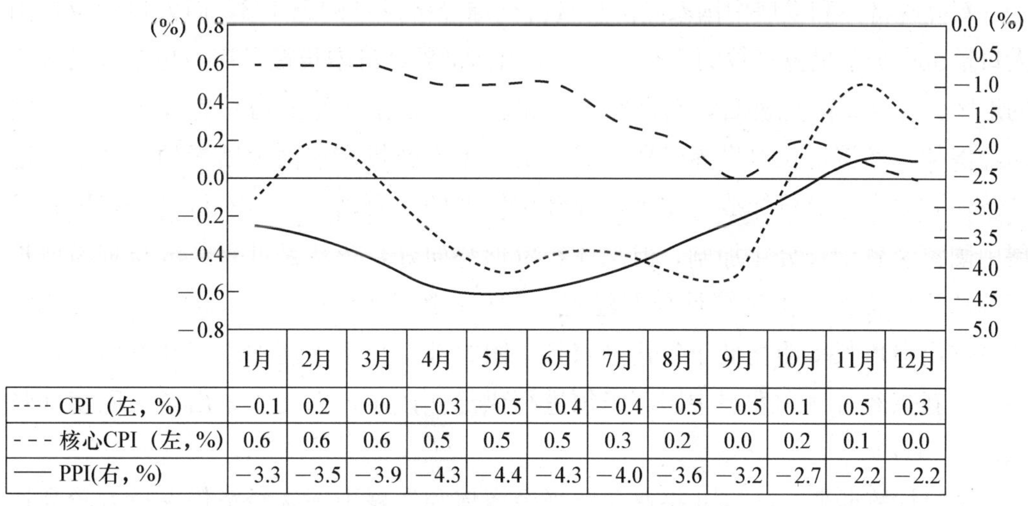

	1月	2月	3月	4月	5月	6月	7月	8月	9月	10月	11月	12月
---- CPI（左，%）	−0.1	0.2	0.0	−0.3	−0.5	−0.4	−0.4	−0.5	−0.5	0.1	0.5	0.3
- - - 核心CPI（左，%）	0.6	0.6	0.6	0.5	0.5	0.5	0.3	0.2	0.0	0.2	0.1	0.0
—— PPI(右，%)	−3.3	−3.5	−3.9	−4.3	−4.4	−4.3	−4.0	−3.6	−3.2	−2.7	−2.2	−2.2

图6-8　2016年日本CPI和PPI同比增长情况

资料来源：日本国家统计局。

分析可知，尽管实施了大规模的政府刺激和央行宽松政策，但日本的经济增长动力仍显不足。有学者表示，这种增长情形证明安倍经济学推动日本经济复苏的作用难以奏效，日本经济在短期内难以走出疲弱的增长状态。

然而，2017年，日本通货紧缩压力在延续2016年第四季度以来的下行态势的基础上得到了进一步的舒缓，就业及企业信心指数等指标也表明经济在逐步回暖，加之一季度以来的贸易复苏与进出口增长等，这些经济发展成果都显示日本经济在向好的势头进一步巩固，未来日本经济在全球经济好转、世界贸易复苏的大环境下，有望实现加快增长和持续回升的经贸发展战略目标。由此，国际货币基金组织预计2017年日本的经济增长率很可能在2016年的基础上再上涨0.2个百分点。但这并不意味着日本经贸复苏和增长将一帆风顺，如日本与美国之间的贸易伙伴关系，因特朗普政府公开批评日本通过非关税壁垒和压低日元汇率等人为手段创造不公平贸易优势而日趋紧张，贸易摩擦一触即发。

毫无疑问，日本经济的复苏一方面从拉动世界经济复苏的方向出发，驱动金融危机后的日本及世界的需求攀升，进而推动经贸关系的改善，并促进亚洲区域及全球经贸增长；另一方面还将对其他国家的经贸增长形成示范效应，直接带动世界及一些发展中国家（如中国）的经济发展。但日本国内经济发展的潜在不稳定因素及美日两国贸易关系的趋紧等经贸下行风险也可能发酵成威胁世界经济平稳增长的阻力。

4. 新兴经济体和发展中国家

新兴经济体和发展中国家经济总量占全球经济总量的近1/3，而人口量及贫困人口量也占据了世界总数的3/4左右，是当前世界经济增长最具潜力也是最具挑战的地区。全球金融危机后，新兴经济体和发展中国家在经济增长速度明显高于发达经济体、经济增长对世界经贸发展的贡献率不断提高这两大因素的驱动下，逐渐替代主要发达经济体成为拉动世界经贸发展的主要动力。当前新兴经济体和发展中国家经贸增长分化加剧，但总体经贸形势向好，依然是世界经济与贸易增长复苏的重要支撑（国家统计局释经组，2017；陈文玲、颜少君，2017）；为切实解决进出口增长率明显低于发达国家且集团内部增长不平衡加剧等经贸增长瓶颈问题，新兴经济体和发展中国家亟须进行供给侧改革，以逐步走出增长困境（张燕生，2017）。

从统计数据来看，2016年亚洲新兴经济体和发展中国家经济仍保持着较高速发展，其中印度的经济增长率为6.8%，成为全球经济增长最快的大型经济体，中国以0.1个百分点的微小差距紧随其后，东盟五国也保持着4.8%的增长速度。世界货币基金组织预计未来印度、中国及东盟国家的经济增速仍将维持在中高速区间。而与之相对，俄罗斯和巴西等国家经济则呈负增长；拉丁美洲和加勒比地区以及一些低收入国家经济增长或停滞或萎缩，发展前景仍不明朗。即使同样处于增长困境之下，发展条件也不尽相同。例如：在世界市场大宗商品价格回升的支撑之下，一些能源资源出口国的经贸状况显著向好发展；受发达国家“再工业化”及一些对全球金融危机前国际投资高增长修正政策实施的影响，流入新兴经济体的国际直接投资流量出现急剧下降，这对那些原本制度相对完善、基础设施建设较好、发展具有比较优势的新兴经济体或许冲击还不太明显，但对那些原本就只能依靠一些援助项目及优惠条件吸引投资的低收入国家而言，将是灭顶之灾。故而，从上述实际增长现状可以看出，尽管新兴经济体和发展中国家在 2016 年整体经贸增长速度仍比较乐观，经济增速达到了 4.1%，远高于世界经济整体增速和发达国家的经济表现，但其发展还存在贸易增速较低、进出口增长疲弱乏力以及经济与贸易增长严重不平衡等现实问题。

新兴经济体和发展中国家的经贸发展关乎世界经济市场的安全与稳定。2017 年，在世界经济复苏的大背景及新兴经济体和发展中国家自身的深入改革初见成效等内外环境下，新兴经济体和发展中国家经贸发展形势有望实现稳步改善，据世界货币基金组织预测数据，其增速将升至 4.5%。其中，虽然亚洲新兴经济体将以 7%的经济增速继续充当世界经贸发展的主力军，为 2017 年全球经济增长做出最大贡献，但在发达国家经贸复苏的推动下，越南、马来西亚等东南亚国家将迎来出口增长的好时机，经贸增长将有望进一步提速；在国际大宗商品价格上涨的增长动力下，非洲经济将实现快速回升，撒哈拉以南非洲经济增长在 2017 年有望达到 2.6%，较 2016 年显著提升 0.8 个百分点；拉丁美洲和加勒比地区经济复苏步伐明显，将从负增长转向正增长，特别是巴西，其经济增速回升的同时通货膨胀呈下降态势，有望成为 2017 年新兴经济体和发展中国家的增长亮点。从 2017 年初的增长态势看，新兴经济体和发展中国家增长的不平衡性在内外经贸条件下趋于改善，但前途依然曲折。此外，在欧美“黑天鹅”事件频发、发达国家大规模推行紧缩型货币政策、全球贸易保护主义思潮升温、国际金融市场震荡风险涌现以及地缘政治关系动荡不稳等因素下，新兴经济体和发展中国家的经贸平稳增长趋势面临一些冲击和挑战。

作为新兴经济体和发展中国家一员的中国，其经贸增速在全球金融危机后虽有回落，在 2016 年经济增速仅为 6.7%，2017 年还可能继续回落 0.1 个百分点，但一直稳步保持在一个中高速的合理区间内，且这段减速增长期只是经济发展到一定阶段时出现的结构调整期，中国仍是新兴经济体和发展中国家中增长潜力较大的国家。与此同时，在新兴经济体和发展中国家经济逐步改善的条件下，中国经贸增长的区域环境将进一步得到优化，有望搭建更加互利友好的区域经贸合作伙伴关系和合作平台，推动中国经贸政策调整与改革，从而促进其经贸稳步健康增长。中国的经贸增长成果也将进一步回馈或辐射到周边国家及区域伙伴国，从而对区域经济增长形成推动力，这个过程将形成一个“区域—国家—区域”的良性循环。

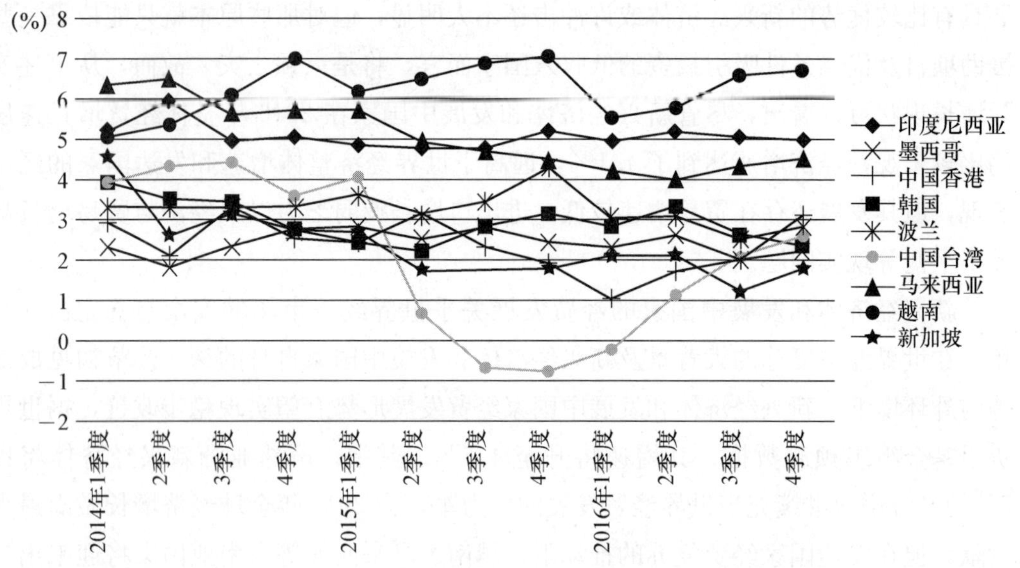

图 6－9　2014—2016 年其他主要新兴经济体 GDP 同比增速走势

资料来源：世界银行。

二、中国对外贸易发展形势解析：贸易新常态

在自由贸易盛行、经济全球化深入发展的今天，对外贸易作为经济增长的重要方面成为各国关注的焦点，准确把握世界经贸增长形势变化，精准定位本国贸易发展现状，进而部署其未来发展的重点和方向一直是各国政府及学者关注的重点。特别是在世界经济复苏乏力、旧的国际贸易体系趋于瓦解、发达经济体货币政策走向分化的背景下，很多国家经济发展面临困境，急需新的经济增长点来带动世界经济，创造新一轮的全球贸易和投资红利。为此，在明确了中国对外贸易发展所面临的外部环境后，对国家对外贸易发展形势进行充分解析是制定国家重大改革发展策略、引领未来经贸发展方向的重要前提。

经历改革开放 40 年的发展，中国综合国力不断提升，目前已经成为世界第二大经济体、世界第一贸易大国、制造业第一大国。世界经济论坛《2016—2017年全球竞争力报告》显示，2016—2017年，中国在全部138个经济体中排名第28位，再次成为全球新兴经济体中最具竞争力的经济体。这表明中国在经济实力、人力资源、产业成熟度、营商环境、基础设施、国际吸引力等方面的综合竞争力处于世界前列、新兴国家之首。但在世界经济仍未摆脱低迷增长、外部需求改善程度有限且不确定性因素增多、国内宏观经济仍有下行压力、传统外贸优势逐渐削弱、新的竞争优势有待形成等内外背景下，中国对外贸易仍维持弱势运行。

国内众多学者对当前中国对外贸易发展所处的阶段与形势进行了深入分析。鞠建东（2017）研究表明，2013年中国取代美国成为世界第一贸易大国；2015年中国以贸易总额占据全球贸易总额11.92%的规模，超过美国11.48%的份额，位列第一。这一系列数据上的变化说明了全球贸易结构发生了剧烈变化——由旧常态进入新常态。与此同时，中国自身贸易现状也发生了重大变化：自2012年起，随着广大发展中国家日益参与全球生产与贸易系统，来自发展中国家的大量低成本劳动力产品不断涌入世界贸易市场，致使中国之前在参与全球化过程中所凭借的廉价劳动力等要素成本的比较优势逐渐丧失；中国面临着“产能过剩”的严峻形势和技术升级的上升空间遭发达国家的严厉压制等短时期内难以破解的问题；中国对外开放进入新阶段，这一阶段要求对外开放呈现“一体两翼、三足鼎立”的贸易新格局与之相匹配；等等。南开大学盛斌教授认为，在中国经济发展“新常态”的重要内涵之下，对外开放形势也呈现十大基本特征，分别是：贸易与国际投资的增长速度由高速转向低速；贸易模式由产业间转向产品内；竞争性贸易收益的来源由总量规模转向附加值；贸易增长的重要区域由发达经济体扩展至新兴市场和发展中国家；贸易结构从货物贸易为主转变为以服务贸易和知识产权贸易为主；贸易与投资政策正历经着从“第一代”向“第二代”的转变；贸易投资合作协定的规格与标准水平不断提升；国际竞争优势的着落点由区位转向制度；贸易合作方式由单边援助与投资走向互利合作与共建；经贸争端与摩擦的来源由政治紧张化转向商业常态化。戴翔、张二震（2015）则指出，中国对外贸易出现的“新常态”集中表现在其增速由以往的超高速转向低速，而较之其速度状态转变而言更为重要且深层次的是其发展模式开始由“量”性特征向“质”性特征转变。毕吉耀等（2016）将外贸新常态界定为新时期经济新常态的重要内容及体现，并在总结了外贸新常态在增长速度、产品结构、市场结构、产品优势等八个方面的趋势性特征后，详细论证了其作为今后较长时期内中国外贸发展的大逻辑这一结论的理论与现实依据。代玉簪和王春艳（2016）也对处于经济“新常态”下的中国对外贸易的发展新特点和存在问题进行了概括和总结并指出，当前中国对外贸易呈现出贸易增速放缓、贸易方式以进料加工为主、中西部贸易增速明显、贸易出口市场以美日为主等特点。同时强调在发展过程中暴露出的贸易发展方式不合理、发展空间不均衡和发展环境不稳定等问题，是我们未来对外贸易改革亟须改进的重要领域。刘志中（2015）同样肯定了在国际环境与国内条件发生重大变革的历史背景下，中国对外贸易呈现出“规模增长、增速放缓”的“新常态”特征。同时，他指出跨境电子商务的发展将成为未来中国外贸增长的重要动力来源。综合相关研究发现，尽管学者们的研究视角与目的不同，对中国对外贸易“新常态”特点的描述详略不一，但中国对外贸易正进入发展历程的“新常态”时期却是他们共同的结论。

就现实状况而言，进入新时期的中国，其对外贸易发展形势虽然短期内难以走出“新常态”下的调整期，但在特定时间内仍呈现出一些有意义的具体特征。

（一）货物贸易进出口规模在低速增长中逐步企稳向好发展

2016 年，在全球贸易复苏放缓态势延续、人民币汇率走势在平稳中走低等发展环境下，货物贸易增速持续下滑。以人民币计价，2016 年中国货物贸易进出口总额为 24.3 万亿元，相较于 2015 年同比下降了 0.9 个百分点。其中，出口总额为 13.8 万亿元，同比降速为 2%；进口总额为 10.5 万亿元，同比增速为 0.6%；全年实现 3.3 万亿元的贸易顺差，同比收窄 9.1%。若按美元计价，则进出口总额为 3.7 万亿美元，同比降幅为 6.8%。其中，进出口分别以 1.6 万亿美元和 2.1 万亿美元的规模，分别较上年同比下降了 5.5%和 7.7%，产生了 5 099.6 亿美元的贸易顺差，收窄幅度则高达 14.2%。从分季度增速看，进出口规模增速呈前半年低迷、后半年高涨、逐季回稳态势。例如：1—4 季度，中国以人民币计价的进出口增速分别为−8.2%、−1.1%、0.8%和 3.8%。其中，出口增速分别为−7.9%、−0.8%、−0.3%和 0.3%；进口增速分别为−8.6%、−1.5%、2.3%和 8.7%。

2017 年以来，在国际经济市场复苏、大宗商品价格显著回升以及中国国内出台的一系列稳增长、调结构和促进产业升级的政策效应相继显现的背景下，中国对外贸易各项指标降幅相对于 2016 年有所收窄，特别是在同期低基数的基础上，进出口贸易实现了较快速的增长。从 2017 年一季度进出口数据看，进出口总规模达 6.2 万亿元，同比增长 21.8%。其中，出口额为 3.3 万亿元，增速为 14.8%；进口额为 2.9 万亿元，增速为 31.1%。若以美元计，则各项数据指标如下：进出口总额为8 999.4 亿美元，增长 15%。其中，出口额为 4 827.6 亿美元，增长 8.2%；进口额为 4 171.8 亿美元，增长 24%。以人民币与美元计价的贸易顺差分别为 4 549.4 亿元和 655.7 亿美元，各自收窄 35.7%与 47.8%。若从单月进出口贸易趋势分解来看，除1月与3月的进出口以及2月的进口皆以两位数的速率实现快速增长，仅2月出口在春节这一特殊因素的影响下以个位数增长（见图6-10）。以上这些数据客观而具体地表明了中国进出口贸易正在复苏向好发展。从WTO贸易量的最新统计数据可知，中国进出口贸易量增速在过去几年与当前世界平均增速持平的基础上，正缓慢出现略微领先的趋势，这充分显示了在世界贸易增速低迷的背景下，中国仍保持良好的增长态势。

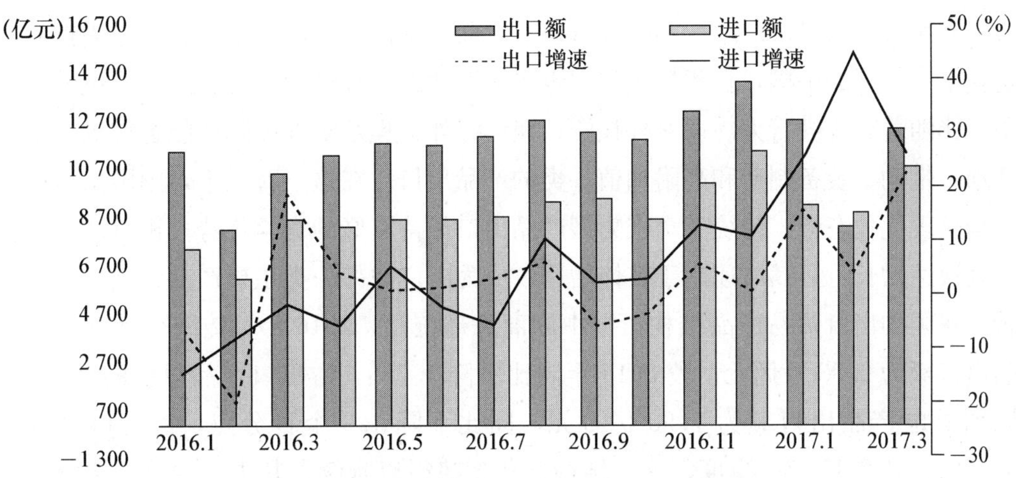

图6-10 中国2016年至2017年3月以来的进出口情况

资料来源：中华人民共和国商务部。

（二）对外贸易结构不断优化

在国内供给侧结构性改革提速和“一带一路”等重大政策措施的推动下，中国对外贸易在贸易方式、产品结构、市场多元化及贸易主体结构等方面出现了明显的优化和改善。

首先，贸易方式多样性进一步显现。2016年在一般贸易和加工贸易进出口额双双实现快速增长的基础上，贸易方式趋于优化：一般贸易进出口总额绝对值水平为13.39万亿元，实现了0.9%的同比增长率；同时，一般贸易进出口额占同期进出口总额的比重不断提升，达到55%，同比提升了1个百分点。这一趋势一直延续到2017年一季度。据中国海关数据统计，2017年一季度，一般贸易进出口额和加工贸易进出口额分别为3.5万亿元和1.8万亿元，同比增幅分别为23.2%和17%，分别占进出口贸易总额的56.2%和29%。此外，跨境电商、市场采购贸易和外贸综合服务等外贸新模式与新业态继续保持良好的增长势头，并逐渐发展成为新时期中国外贸新的增长点。

表 6-5　　2008—2017 年一季度中国分出口贸易方式统计数据　　单位：亿美元

	2008	2009	2010	2011	2012	2013	2014	2015	2016	2017 一季度
总值	14 306.9	12 016.1	15 777.5	18 983.8	20 487.1	22 090.0	23 427.5	22 749.5	20 981.5	4 827.6
一般贸易	6 628.6	5 298.1	7 206.1	9 170.3	9 879.0	10 875.3	12 036.8	12 157.0	11 310.4	2 560.2
加工贸易	6 751.1	5 868.6	7 402.8	8 352.8	8 626.8	8 608.2	8 843.6	7 977.9	7 156.0	1 660.0
其他贸易	927.2	849.4	1 168.6	1 460.6	1 981.4	2 616.7	2 547.1	2 614.6	2 515.1	607.4

资料来源：中华人民共和国商务部。

其次，进出口产品结构不断改善。一方面，从出口产品结构来看，作为世界制造业第一大国的中国，在积极实施“走出去”和加快推进“一带一路”建设的过程中，伴随着企业进行大规模对外投资、建设海外工程及实施国际产能合作等一系列活动，带动了装备制造和高附加值一类的产品出口。在这一背景下，中国出口产品结构呈现优化态势：传统劳动密集型产品出口保持良好的竞争优势；机电产品出口实现快速增长，且其增速高于整体增速，成为出口的另一类主要产品，这进一步改善了我国的出口贸易产品结构。据中国商务部统计，2016 年，传统劳动密集型产品出口额为 2.88 万亿元，较 2015 年同比下降 1.7%，占出口产品总额的 20.8%；同期机电产品出口额为 7.98 亿万元，同比下降 1.9 个百分点，占出口总额的 57.7%。到 2017 年一季度，这一结构优化态势得以延续。其中，传统劳动密集型产品出口额为 6 547.1 亿元，同比增长 10.5%；机电产品出口额为 1.9 万亿元，增长 15.1%，超出出口总体增速 0.3 个百分点，并将其占出口总额的比例提升至 58.1%。另一方面，在国内投资和工业生产增速回升的推动下，中国进口贸易产品结构也趋于改善：进口产品以能源产品和机电产品为主，且其产品品种及数量出现较快增长。2016 年，在许多大宗商品进口量价齐升的形势下，能源主要品种进口快速增长。如煤炭进口 2.56 亿吨，增长 25.2%；原油进口 3.81 亿吨，增长 13.6%。此外，铁矿石、钢材、铜等产品进口也实现了持续增长。这一时期，在国内经济与消费的稳步复苏下，作为进口产品主要分项的机电产品、高档消费品以及电子技术、计算机集成制造技术、生命科学技术等高技术产品也同比有所增长。特别是机电产品进口额在 2016 年仅增长了 1.9%，到 2017 年一季度更是达到了 17.6%的同比增速，对同期进口总额的贡献率达到 27.2%。

表 6-6　　2008—2017 年一季度中国出口商品结构统计　　单位：亿美元

	2008	2009	2010	2011	2012	2013	2014	2015	2016	2017 一季度
总值	14 306.9	12 016.1	15 777.5	18 983.8	20 487.1	22 090.0	23 427.5	22 749.5	20 981.5	4 827.6
初级产品	778.5	631.1	816.9	1 005.5	1 005.6	1 072.8	1 127.1	1 039.8	1 050.7	259.3

续前表

	2008	2009	2010	2011	2012	2013	2014	2015	2016	2017一季度
食品及活动物	327.6	326.3	411.5	504.9	520.7	557.3	589.2	581.6	610.5	137.0
饮料及烟类	15.3	16.4	19.1	22.8	25.9	26.1	28.8	33.1	35.4	6.2
非食用原料	113.5	81.5	116.0	149.8	143.4	145.7	158.3	139.2	130.8	33.1
矿物燃料、润滑油及有关原料	316.4	203.7	266.7	322.7	310.1	337.9	344.5	279.4	268.4	81.6
动、植物油脂及蜡	5.7	3.2	3.6	5.3	5.4	5.8	6.2	6.4	5.6	1.5
工业制成品	13 507.0	11 385.0	14 960.7	17 978.4	19 481.6	21 027.4	22 300.4	21 709.7	19 930.8	4 568.3
化学品及有关产品	793.1	620.2	875.7	1 147.9	1 135.7	1 196.6	1 345.9	1 296.0	1 218.9	309.4
按原料分类的制成品	2 617.4	1 848.2	2 491.1	3 195.6	3 341.5	3 606.5	4 003.8	3 913.1	3 512.0	806.7
机械及运输设备	6 733.3	5 902.7	7 802.7	9 017.7	9 643.6	10 392.5	10 706.3	10 594.5	9 845.1	2 303.0
杂项制品	3 346.1	2 997.5	3 776.5	4 593.7	5 346.6	5 814.5	6 221.7	5 881.5	5 296.2	1 134.3
未分类的其他商品	17.2	16.5	14.7	23.4	14.2	17.3	22.7	24.6	58.6	14.9

资料来源：中华人民共和国商务部。

表 6－7　　2008—2017 年一季度中国进口商品结构统计　　单位：亿美元

	2008	2009	2010	2011	2012	2013	2014	2015	2016	2017一季度
总值	11 325.7	10 059.2	13 962.5	17 434.8	18 184.1	19 499.9	19 592.3	16 795.6	15 874.2	4 171.8
初级产品	3 623.9	2 898.0	4 338.5	6 042.7	6 349.3	6 576.0	6 474.4	4 730.1	4 401.6	1 415.6
食品及活动物	140.5	148.3	215.7	287.7	352.6	417.0	468.2	505.0	491.4	126.6
饮料及烟类	19.2	19.5	24.3	36.8	44.0	45.1	52.2	57.7	60.9	16.3
非食用原料	1 667.0	1 413.5	2 121.1	2 849.2	2 696.6	2 861.4	2 701.1	2 104.6	2 019.1	644.4
矿物燃料、润滑油及有关原料	1 692.4	1 240.4	1 890.0	2 757.8	3 130.8	3 149.1	3 167.9	1 988.0	1 762.8	609.5
动、植物油脂及蜡	104.9	76.4	87.4	111.1	125.3	103.4	84.9	74.8	67.3	18.8
工业制成品	7 701.7	7 161.2	9 624	11 392.1	11 834.7	12 926.9	13 128.5	12 089.4	11 472.6	2 756.2
化学品及有关产品	1 191.9	1 120.9	1 497.0	1 811.1	1 792.9	1 903.0	1 933.7	1 713.2	1 640.1	468.7
按原料分类的制成品	1 071.6	1 077.4	1 312.8	1 503.0	1 462.6	1 482.9	1 724.2	1 333.2	1 218.5	304.5
机械及运输设备	4 417.6	4 078.0	5 494.2	6 305.7	6 529.4	7 103.5	7 244.5	6 834.2	6 579.4	1 525.6

续前表

	2008	2009	2010	2011	2012	2013	2014	2015	2016	2017 一季度
杂项制品	976.4	851.9	1 135.6	1 277.2	1 362.2	1 390.1	1 398.4	1 347.4	1 260.1	302.5
未分类的其他商品	44.2	33.1	184.4	495.1	687.7	1 047.4	827.6	861.3	774.5	154.9

资料来源：中华人民共和国商务部。

再次，贸易市场多元化稳步推进。纵观过去几年，我国对外贸易市场多元化进程加快，对外贸易传统伙伴出现分化趋势，国际大宗商品价格下跌与“一带一路”倡议的实施，使得我国与新兴经济体的贸易往来呈不断扩大之势。若以人民币对出口贸易流量计价，2016 年中国对美、欧、日等传统贸易市场出口流量分别增长 0.1%、1.2%和−2.5%，呈微增或下降态势，且其占中国对外出口贸易总量的比重正在下降。与此同时，中国对巴基斯坦、俄罗斯、波兰、孟加拉国和印度等新兴经济体和发展中国家的出口额分别增长 11%、14.1%、11.8%、9%和 6.5%。特别是随着“一带一路”倡议的推进，中国与其沿线国家的进出口贸易正快速发展。2017 年一季度，中国对印度尼西亚、新加坡和马来西亚的进出口总额的增幅分别为 32.8%、31.6%和 28.5% 。从长远来看，美国政府在特朗普上台后不确定性增加、欧盟市场经济复苏步伐依然沉重、新兴经济体发展加快并将成为我国重要贸易伙伴等一系列因素，将会影响我国对外贸易市场结构发展的前景。不可否认，经过长期的改革与调整，我国过去对外贸易在地理方向上过于集中、地域分布严重不平衡的状况正在稳步

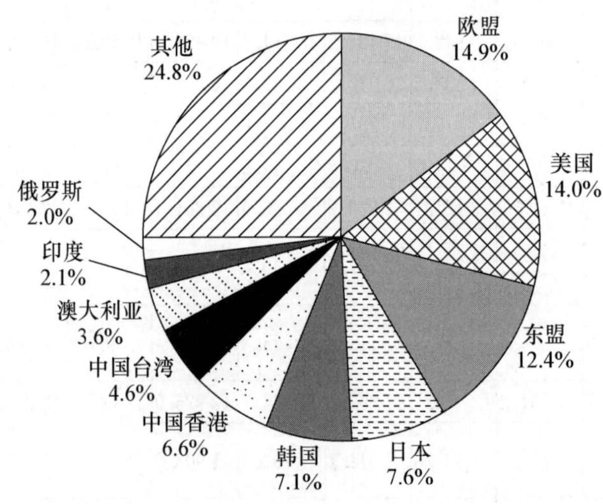

图 6－11　2017 年一季度中国主要贸易伙伴进出口占比情况

资料来源：《中国对外贸易形势报告（2017 年春季）》。

改善。此外，传统贸易市场地位的相对下降，我国与新兴市场和“一带一路”沿线国家的大量贸易往来，也将成为中国经贸发展缔结新伙伴、开拓新市场、扩大新领域的重要手段。

最后，贸易主体结构发生改变，民营企业占进出口总额的比重进一步提升。长期以来，民营企业作为中国国民经济发展的重要市场主体，自改革开放以来便充当推动外贸增长的生力军。开放格局的不断升级，切实推进着贸易升级和贸易产品、模式、业态等方面的重大创新。民营经济贸易比重的提升，在很大程度上意味着国家在外贸领域的创新能力、活跃程度和质量效益的持续增强。2016 年，中国民营企业进出口总计 9.28 万亿元，增长率为 2.25%，占全年外贸总额的比重高达 38.1%。最新数据统计显示，2017 年一季度民营企业进出口总额为 2.3 万亿元，同比增长 22.5%，占外贸总额的比重为 36.8%，同比提高了 0.2 个百分点。经过一个时期的蓬勃发展，民营企业的第一大外贸经营主体地位得以确立和巩固。

（三）服务贸易加速发展

正如前文所言，随着全球化与中国经贸发展进入“新常态”的发展阶段，中国对外贸易面临着转变旧的发展模式、推进贸易加速升级和大力促进服务贸易发展的艰巨任务。在政府全面推进改革、出台鼓励政策和深化国际合作以及服务贸易供给侧结构性调整的背景下，当前中国服务贸易发展呈现出行业结构不断优化、服务外包快速发展、区域布局更加合理和国际市场更加多元化等良好特征。2016 年以来，中国服务贸易规模一直以高于世界主要经济体的增速，保持着较好的增长势头，全年服务贸易进出口总额为 5.35 万亿元，首次突破 5 万亿元大关，实现了高达 14.2%的同比增长率；同时，服务贸易总额在外贸总额中的占比达到 18%，在 2015 年的基础上提高了 2 个百分点，正逐步成为中国对外贸易发展和对外开放深化的新引擎。此外，在高附加值服务出口加快、出口结构进一步优化、服务贸易创新试点地区成为支撑服务贸易进出口增长的平台等一系列利好因素的推动下，中国已然发展成为世界第二大服务进口国和第三大服务出口国。

（四）一系列有利于企业参与国际竞争的因素和条件应运而生

中国面临外贸发展基本面长期向好的形势，在各发展主体的各项改革措施及创新发展策略作用效力的深化与延伸下，支撑进出口企业参与国际竞争的有利因素和条件正在孕育中产生：

一是对外贸易竞争的新优势正逐步形成。经过改革开放以来的长期经济发展和贸易实践，中国已经成为具备完整的工业体系、较强的产业配套能力、健全高效的基础设施和网络技术等先进发展特征的世界第一制造业大国，出口效率和响应速度远高于其他新兴经济体，一大批进出口企业在国际市场激烈竞争环境的多年磨砺下，积累了有关国际市场开拓及国际化经营的宝贵经验；同时，随着中国科研与教育体制的发展，截至 2016 年中国总计拥有 1.7 亿受过高等教育的高技能型人才，2016 年研发投入占 GDP 的比重达 2.08%，规模仅次于美国。这些无疑为中国企业培育对外贸易产品和技术优势奠定了坚实基础。

二是对外贸易发展的新动能正不断积聚。一方面，制造业数字化、网络化和智能化进程不断加快，新产品、新技术层出不穷，这些都将是促进对外贸易升级发展的重要动力源泉；另一方面，大量进出口企业为适应全球竞争新形势，积极探索商业发展新模式，培育跨境电商、外贸综合服务、市场采购贸易方式等外贸新业态，为经济与贸易增长提供了新亮点。此外，在“一带一路”倡议的推动下，中国与相关国家之间的国际产能和装备制造合作取得了积极进展，有力地带动了高技术产品出口。

三、新时期中国对外贸易发展前景展望

尽管在过去的几年中，面对错综复杂的国内外形势，外贸发展呈现平稳向好的趋势，但未来中国外贸形势依然严峻而复杂，贸易增长的过程将是机遇与挑战并存(梁达，2017)。

基于前文分析可知，未来的一个时期，至少是中短期内，世界经济仍将处于危机后经济发展引擎的换挡期。经济增长动力不足、经济增长驱动力“青黄不接”、全球性结构调整任务艰巨、主要国家政治领域出现重大变数等多重因素还将继续对全球经济增长形成制约，致使其陷入结构性改革滞后、有效需求不足和生产效率下降的增长困境。国际经济面临深度调整：一方面，鉴于当前世界经济增长缓慢、世界市场有效需求不足、贸易保护主义抬头等发展态势，全球化趋势正逐步减弱；另一方面，主要国家政治局势频繁变动、国际金融市场震荡性风险凝聚和碎片化的国际规则与标准面临加速调整等风险因子加剧了全球贸易与投资的不确定性，全球贸易与投资增长前景堪忧。未来，作为经济增长重要引擎的贸易与投资将处于异常艰难的增长阶段。此外，全球地缘政治矛盾加剧，中东、朝鲜半岛等地区紧张局势升温，地区恐怖主义势力活跃，都可能对全球经济发展造成干扰，增加世界经济与贸易发展的不确定性。在这种国际经济与贸易增长的大背景下，中国外贸增长也难以独善其身。

而就中国视角来说，虽然在 2017 年之初，经济与贸易增长呈现平稳向好态势，

实现良好开局，经济与贸易发展中也有新的亮点。但也要看到，当前经济向好有周期性等因素，经济结构调整任重道远，对外贸易面临不少挑战。首先，在中国长期以来所形成的出口驱动式外向型贸易增长模式下，外贸发展一直面临着“浮萍经济”和“低端锁定”的双重风险，而这种弊端一经外部冲击更是显露无遗（张宇燕等，2011；张二震，2014）。其次，就现实发展而言，虽然中国主要出口市场在世界经济总体复苏步伐加快的拉动下，有望实现扩张，但世界经济深层次结构性的矛盾没有根本解决。例如：发达国家收入分配不平衡加剧而导致的居民消费能力受到抑制，新一轮科技革命处于蓄势待发阶段而未引发大规模设备投资热潮，多数新兴经济体经济增速呈现阶段性放缓等，这些都表明外部需求回升基础不够稳固，中国的消费品和投资品出口需求增长均缺乏有力支撑，预计回升幅度有限。再次，在经济发展的“新常态”时期，新一轮产业竞争将使中国外贸处于更加激烈的国际竞争环境之下。一方面，各主要经济体纷纷推出“再工业化”战略，大力发展实体经济，并在大幅度放宽外资准入之余，综合运用土地、税收等实施引资优惠政策，积极吸引国际投资，发展出口加工业，以期提高本国制造业竞争力、抢占国际市场份额；另一方面，中国正面临着土地、人口红利的消散及产能过剩矛盾凸显等发展瓶颈，国内要素成本持续攀升，劳动力成本是周边新兴经济体的2～6倍，沿海不少城市土地成本甚至超过发达国家的，制造业传统竞争优势不断削弱，出口订单和产业向外转移增多，少有的几个产业领域如机械装备等制造业竞争力稍有上升之势，但仍存在发展短板，开拓国际市场面临激烈竞争。最后，如前文所述，随着中国国际市场份额的不断扩张和金融危机后贸易保护主义在全球范围内的进一步蔓延，中国与其他国家之间的贸易摩擦进一步凸显，连续21年成为遭受反倾销调查最多的国家，连续10年成为遭受反补贴调查最多的国家，致使中国成为贸易保护主义最大的受害国，因而外贸增长形势不容乐观。

当然，经过多年的开放实践积累，中国外贸发展的国际环境和国内发展条件在发生深刻变化的同时也渐趋成熟，其经济与贸易韧性好、潜力足、回旋余地大，在遭受外部冲击时，外贸发展的内外部仍存在诸多有利条件和良好机遇。经过40年的改革开放实践，在以经济实力、人力资源、产业成熟度、营商环境、基础设施和国际吸引力等指标衡量的综合国力和国际竞争力方面，中国呈明显增强之势，已位居世界前列、新兴国家之首，这为我国外贸发展奠定了坚实的基础；同时，在复杂且严峻的国内外形势下，中国各地区、各部门按照党中央决策部署，主动适应经济发展新常态，坚持新发展理念，坚持以供给侧结构性改革为主线，积极推进结构调整和新旧动能转换，有效防控风险，推动经济社会发展，取得了来之不易的成绩。

此外，国家支持外贸发展、支持外贸企业创新发展的各项政策将继续推出，新一轮高水平的对外开放正在稳步推进，中国对外开放领域将进一步扩大，服务贸易将加速发展，进而将促进贸易质量和效益不断提高和发展环境不断优化，推动未来中国对外贸易的增长。

长期以来的“中国经验”或“中国模式”（江小娟，2007）表明，“以开放促增长”仍将是新时期构建开放型经济新体制的理论支点（姜荣春，2015）。对外贸易作为开放型经济体系的重要组成部分和国民经济发展的有力驱动，其提质保量和优化升级是当前中国实现经济发展、构建高水平开放体系的紧要任务（王备，2017）。综合来看，在今后的很长一段时间内，处于经济与贸易发展“新常态”阶段的中国，进出口有望继续回稳向好，但不确定因素依然较多，实现全年回稳向好目标需要付出艰苦努力。而在奉行互利共赢的开放战略的基础上，需要充分认识新时期中国外贸发展所面临的挑战，抓住全球贸易“新常态”为其转型升级与提质增效所创造的战略机遇，突出培育外贸新的增长点，创新发展方式，形成开放型经济竞争新优势（裴长洪，2016）。要以实现“新常态”下发展动力转换和可持续增长为根本宗旨，构建开放型经济体系、形成对外贸易开放新格局，这对推进中国外贸转型与升级发展具有重要现实指导意义（裴长洪、郑文，2014；唐海燕，2014；裴长洪，2015；王备，2017）。在此过程中，与时俱进地调整对外开放战略、探索并建立更加合理而有效的贸易开放机制与对外开放合作模式，着力营造良好的外部经贸环境是当前经贸治理所面临的重要实践问题（姜荣春，2015；张亚雄、张晓兰，2015；张琳，2015；颜少君，2017）。

第二节　构建中国对外开放新格局

构建对外开放新格局是新时期党中央在分析了国内外发展形势后对未来中国对外贸易发展前景做出的重大战略部署。复杂而动荡的经贸发展态势酝酿着贸易战略与开放政策顶层设计的变革。面对当前复杂而不确定的国际经贸发展的“新常态”，构建中国对外开放新格局既是应时代发展所需、破解发展瓶颈的必要之举，也是顺应未来经济与贸易发展趋势、抢占新一轮发展先机的题中之意。这意味着未来的很长一段时间内，以不断调整和优化对外开放顶层设计为导向、探索更加科学而有效的对外开放新模式、营造公平而和谐的全球经贸发展与治理关系为主要内容的构建中国对外开放新格局，将是中国对外贸易与开放实践方面的重要内容。

那么，如何与时俱进地推动中国对外贸易新格局与框架建设？对外贸易制度和模式的顶层设计与指导仍将是构建开放格局的基础。近半个世纪以来，中国在“以开放促增长”的理论支撑下，倡导发展开放型经济，走开放型经济发展道路，并历经了一个漫长的理论探索与实践总结过程。

自1978年起，邓小平便多次提出要以对外贸易为抓手，多吸收外国资金、先进技术与管理经验。到了党的十二大，在邓小平的倡议下，中国正式确立对外开放的基本国策，提出“我们坚定不移地实行对外开放政策，在平等互利的基础上积极扩大对外交流”①。随后，党的十四届三中全会提出发挥中国比较优势，积极参与国际竞争与国际经济合作，“充分利用国际国内两个市场、两种资源、优化资源配置……发展开放型经济”②，实现国内经济与国际经济的互接互补。这是中国首次在战略发展上明确提出要发展开放型经济。党的十五大报告基于已有的开放经验和基础，先后两次提及发展开放型经济，强调中国“开放型经济进入新阶段”，为了“完善全方位、多层次、宽领域的对外开放格局，发展开放型经济”③，中国应扩大服务贸易，同时积极参与区域经济合作和全球多边贸易体系，从而有步骤地推进中国服务业对外开放，扩展对外开放的领域和内容，进一步“提高开放型经济水平”，这一理念在党的十五届五中全会中再一次被重申和强调。此后，中国对外贸易的理论与实践进程不断演进，2002年党的十六大报告指出，中国对外经济发展已经逐步进入“开放型经济迅速发展，商品和服务贸易、资本流动规模显著扩大，国家外汇储备大幅度增加，中国加入世界贸易组织，对外开放进入新阶段”④ 的历史时期，此后五年的开放重点应是将“引进来”和“走出去”相结合。党的十六届三中全会更为具体地提出了将今后的开放型经济发展重点落实到按照市场经济体制目标及WTO规则，“深化涉外经济体制改革”和“完善对外开放的制度保障”这两个重点领域上。⑤ 党的十六届五中全会更是首次提出要通过促进并逐步实现全球贸易和投资的便利化和自由化，广泛与世界各国开展贸易往来建立互利共赢的开放战略，以

---

① 《中国共产党第十二次全国代表大会开幕词》（1982年9月1日），《邓小平文选》，北京，人民出版社（1993年第1版），第3卷第3页。

② 中国共产党第十四届中央委员会第三次全体会议通过的《中共中央关于建立社会主义市场经济体制若干问题的决定》。

③ 中国共产党第十五次全国代表大会上的报告——《高举邓小平理论伟大旗帜，把建设有中国特色社会主义事业全面推向二十一世纪》。

④ 中国共产党第十六次全国代表大会上的报告——《全面建设小康社会，开创中国特色社会主义事业新局面》。

⑤ 中国共产党第十六届中央委员会第三次全体会议通过的《中共中央关于完善社会主义市场经济体制若干问题的决定》。

推进“开放型经济达到新水平”。① 随着中国开放型经济进入加速发展时期，“开放型经济”这一理论不断地被充实并赋予新的内涵。党的十七大报告首次将开放型经济发展的任务拓展至“开放型经济体系”的构建，明确新时期全面提升开放型经济水平的总任务是“扩大开放领域、优化开放结构、提升开放质量，完善内外联动、互利共赢、安全高效的开放型经济体系，形成经济全球化条件下参与国际经济合作和竞争新优势”，这标志着中国特色开放型经济理论的基本形成。② 更深入地，党的十七届五中全会通过的决议，倡导未来中国应“积极参与全球经济治理和区域合作”，“推动国际经济体系改革”，“完善更加适应发展开放型经济要求的体制机制”。③ 党的十八大报告对中国开放型经济做出了更加全面和完整的表述：“适应经济全球化新形势，必须实行更加积极主动的开放战略，完善互利共赢、多元平衡、安全高效的开放型经济体系。”④ 党的十八届三中全会在新的时代背景下明确提出了“构建开放型经济新体制”的任务和要求。党的十八届五中全会提出“必须顺应我国经济深度融入世界经济的趋势，奉行互利共赢的开放战略……发展更高层次的开放型经济，积极参与全球经济治理和公共产品供给，提高我国在全球经济治理中的制度性话语权，构建广泛的利益共同体”，并强调“丰富对外开放内涵，提高对外开放水平，协同推进战略互信、经贸合作、人文交流”⑤，这些都是在新形势下对开放型经济理论的补充和完善。中国特色社会主义理论是一个在发展中不断成熟的理论，它总结了中国推动对外贸易发展的基本经验：既要坚持独立自主、自力更生的方针，又要善于利用“两个市场”和“两种资源”；在改革和开放的相互促进中统筹国内国际两个大局；在实施开放战略的行动部署中坚持“两种思维”，既要抓住和利用机遇，又要有防范风险的安全意识。此外，这一理论体系还向我们揭示了国家对外经济发展的客观规律，即经济全球化是资本主义生产方式和世界经济发展新的历史阶段，中国对外开放和参与经济全球化必然会使中国深度融入世界经济并参与未来开放型世界经济体系的构建，也必将促进国际经济秩序朝着平等公正、合作共赢的方向发展。这些都将为我们构建开放型经济新体制，培育和引领国际经济合

① 中国共产党第十六届中央委员会第五次全体会议通过的《中共中央关于制定国民经济和社会发展第十一个五年规划的建议》。

② 参见裴长洪：《中国特色开放型经济理论研究纲要》，载《经济研究》，2016（4）。

③ 中国共产党第十七届中央委员会第五次全体会议通过的《中共中央关于制定国民经济和社会发展第十二个五年规划的建议》。

④ 在中国共产党第十八次全国代表大会上的报告——《坚定不移沿着中国特色社会主义道路前进，为全面建成小康社会而奋斗》。

⑤ 中国共产党第十八届中央委员会第五次全体会议通过的《中共中央关于制定国民经济和社会发展第十三个五年规划的建议》。

作竞争新优势，积极参与全球经济治理和公共产品供给，迈向更高层次的开放型经济提供理论支持。可见，新时期开放型经济理论的发展是我国完善对外开放战略布局的基础与战略指导。

顶层设计与多元化基层实践探索相结合的双重驱动机制一直是中国对外经济发展的重要模式（姜荣春，2015）。为此，中国对外开放新格局的构建与完善离不开对在基本理论指导下的多元化实践模式的探索及其经验的总结。中国目前形成的对外开放格局便是在长期的对外开放基层实践中逐步形成的。党的十四届三中全会在“以开放促增长”的开放型经济理论的指导下，部署了三方面的具体任务：一是将开放的区域由经济特区和沿海开放城市向沿边、沿江和内陆中心城市等地区推进；二是深化外贸体制改革，特别要加速转换各类企业的对外经营体制；三是积极引进外来资金、技术、人才和管理经验。党的十五大提出发展服务贸易，促进服务业的贸易出口；党的十六大在强调“走出去”与“引进来”相结合的基础上，提出要实现贸易与投资便利化，并积极部署和调整中国对外贸易与投资格局……在这一系列实践的过程中，中国逐渐形成了全方位、系统化、多领域的经济开放格局，无论是通过双边还是多边渠道，都在持续加大和周边国家以及世界重要经济体之间的合作力度。但在不断优化对外开放格局的过程中，中国对外经济发展面临着严峻的“沿海强内陆弱、东部强西部弱”的区域失衡问题，同时在“引进来”与“走出去”的问题上还需进行系统优化，以便达到区域之间的均衡。

而今，历经了40年的改革开放实践，在中国对外贸易和国际经济治理的全球环境发生变化的同时，其对外贸易和投资格局也正处于深刻的变革之中。中国正处于对外开放的新起点，在经贸发展进入“新常态”的背景下，为妥善应对经济与贸易发展过程中的困难和挑战：一是需要进一步发挥开放对于技术创新和产业升级的引领作用，在广泛的开放实践中，推动开放型经济从规模扩张向质量效益提升转变，培育中国产业综合竞争新优势，提高中国在国际产业分工中的地位；二是在开放实践中探索政府职能转变和管理模式创新，包括放宽外商投资市场准入、创新利用外资管理体制、改革对外投资管理体制等举措的实施，以加快形成一套有利于培育新的比较优势和竞争优势的制度安排；三是在深度参与全球经济与贸易的过程中，增强在国际经贸规则制定上的话语权，更好地维护国家的根本利益。为此，在中国特色的开放型经济理论的指导下，完善国家的对外开放战略布局，主动参与全球经济治理和国际贸易投资新规则的制定，推进更为广泛和平衡的贸易关系网络的构建，进而嵌入全球价值链高端、培育国际竞争新优势、抢占经济全球化中的先机和主动权，这是时代和现实的必然要求。国家主席习近平指出：“我国发展仍处于重要战略机遇期，我们要增强信心，从当前我国经济发展的阶段性特征出发，适应新常态，保持战略上的平常心态。”[①] 党的十八届五中全会明确提出，要“完善对外开放战略布局。推进双向开放，促进国内国际要素有序流动、资源高效配置、市场深度融合”[②]。站在新的时代起点上，自由贸易协定的签订、自贸区战略以及“一带一路”建设的推进作为构建对外开放新格局的新路径，正释放着中国对外开放的新思维。

一、积极签订自由贸易协定

形成助推国家或地区参与国际分工、经贸规则制定和全球问题治理以及促进产品与服务、生产要素在国际国内自由流动和优化配置的制度性安排是中国构建对外开放新格局的重要基础。其中，积极签订自由贸易协定是重要的抓手。作为两国或多国间以消除贸易壁垒和促进经济一体化为目标，具有法律约束力的契约，自由贸易协定（Free Trade Agreement）一方面可以有效地降低交易成本和流通费用，在实现贸易和投资自由化、便利化的基础上，优化世界产业结构和资源配置效果，推动自由贸易区的建立，促进国际贸易和投资的发展；另一方面能够推动成员间经济合作关系在贸易自由化的基础上继续发展和深化，对区域共同货币、世界共同货币的产生，对世界各国经济利益共同性的强化，乃至对世界政治以和平方式实现一体化的进程都将产生积极影响。

从全球化进程来看，多边贸易体制和区域贸易安排一直是驱动经济全球化向前发展的两个轮子。而国家间的自由贸易协定更是驱动全球化进程、重构世界贸易格局和引领国际经贸规则重塑与升级的重要动力。自 1994 年乌拉圭回合谈判以来，全球贸易体系正经历新一轮重构的关键时期，在此过程中，全球化驱动力的重构是其重要内容。特别是多哈回合启动至今，部分发达国家与发展中国家出于对自身利益的考虑，加之经济体间存在很大的差异性，使得各方试图借助多边谈判取得一致意见的合作进程显得异常困难，旷日持久的争议使得多边贸易体制谈判陷入僵局。而在多边贸易体制发展出现坎坷的同时，各种双边和区域贸易协定在世界范围内逐渐扩展和巩固，在驱动经济全球化发展进程中的重要性不断增强。并且，自由贸易协定还将成为重塑今后世界经贸格局的重要因素。截至 2017 年 6 月，全球共签订

---

① 《习近平在河南考察时强调：深化改革发挥优势创新思路统筹兼顾　确保经济持续健康发展社会和谐稳定》，载《人民日报》，2014 年 5 月 11 日。

② 中国共产党第十八届中央委员会第五次全体会议通过的《中共中央关于制定国民经济和社会发展第十三个五年规划的建议》。

了455个区域贸易协定，其中50%是近10年出现的，特别是2008年全球金融危机后，世界贸易大国纷纷参与到双边和区域贸易协定的谈判中，不仅推动了全球区域经济一体化更广泛地发展，而且使区域经济集团日趋“大型化”。跨区域的大型自贸区发展迅猛，从贸易流量数据来看，区域贸易协定经济体间的贸易额占世界贸易总额的比重正在迅速上升，全球有一半以上的贸易发生在区域贸易集团内部，这显著地改变着世界经贸格局。此外，自由贸易协定的迅猛发展还带来了贸易规则的重构。2008年全球金融危机发生以来，发达国家大力推进以“21世纪新议题”为标志的高标准自由贸易协定的签订，力图重塑国际经贸规则，争夺后危机时代国际经贸规则制定的主导权，主要表现为自由化水平的提高和新规则、新议题的不断提出。尤其是由美欧牵头的区域经贸规模庞大、标准更高的自贸协定，推动全球经贸格局和国际经贸规则加速演变，使其他国家都感受到新的竞争压力，被迫调整贸易策略，寻求新的更高水平的贸易与投资自由化安排。

自由贸易协定正在成为部分发达国家进行国际贸易新格局塑造与竞争战略实施的关键工具。如今，无论是美欧发达国家，还是新兴经济体和发展中国家，都在积极推动自贸协定谈判，希望以此扩大对主要贸易伙伴的市场准入，提高市场份额，形成“抱团取暖”的局面。作为全球贸易体系的重要成员，任何主要的多边、双边或区域协定特别是涉及亚洲的贸易安排，都会对中国产生重大影响。如何在全球贸易体系面临重大重构时抢占先机、赢得主动，积极和各个贸易伙伴国签订自由贸易协定以稳定长期贸易合作关系成为中国新时期布局对外开放关系网的一个重要抓手。此外，随着中国经济结构逐步优化，区域合作成为中国深层次推动区域协调发展、实现地区经济转型和构建全方位开放新格局的重要措施。

加入世贸组织以来，中国在“实践先行、战略指导”等方针和“区域经济一体化”战略的指引下，积极布局自由贸易伙伴关系网络，加快与不同国家签署双边自贸协定，进而构建全方位开放格局，对外贸易呈现较快的发展势头。以时间为轴进行梳理，2002年中国对外签署第一个自由贸易协定——中国-东盟自由贸易协定时，中国还处于对自贸区的探索阶段；从2002年到党的十七大之前，虽然陆续与香港地区和澳门地区签署《关于建立更紧密经贸关系的安排》(CEPA)，2005年和智利、2006年和巴基斯坦签署自由贸易协定，但此时对签署自由贸易协定的关系网络还未形成系统的谋划和布局；2007年党的十七大，中国虽首次明确提出要“实施自由贸易区战略”，但也并没有对区域布局进行规划；2008年开始，中国陆续与新西兰、新加坡、秘鲁、哥斯达黎加签署了自由贸易协定，之后中国大陆与台湾地区签署了《海峡两岸经济合作框架协议》(ECFA)；2013年11月，党的十八届三中全会首次明确提出要以周边为基础，加快实施自贸区战略，形成面向全球的高标准自贸区网络，提出了区域布局的基本思路；2015 年 12 月，中国国务院正式下发《加快实施自由贸易区战略的若干意见》，这是中国开启自贸区建设进程以来的首个战略性、综合性文件，对中国自贸区建设做出了“顶层设计”，也是中国未来同大部分新兴经济体、发展中国家、主要区域经济集团和部分发达国家建立贸易伙伴关系、签署自由贸易协定，形成区域和全球自由贸易关系网络布局的指导性文件。随后，中国与冰岛、瑞士、韩国和澳大利亚签署了自由贸易协定，积极推动与“一带一路”沿线国家进行自由贸易协定磋商和谈判。尤其是伴随中韩自贸协定、中澳自贸协定谈判的完成，中国的自由贸易协定实践实现了快速发展和新突破。中国自贸区服务网统计数据显示，截至 2017 年底，中国已签署自贸协定 16 个，涉及 24 个国家和地区；除已签署的自贸协定，多项自贸区谈判也提上日程，并有望取得突破，具体如表 6－8 所示。

表 6－8　截至 2017 年底中国自由贸易协定签署情况

类型	数量和涉及范围	亚洲	欧洲	美洲	大洋洲	非洲
已签署	16 个，涉及 24 个国家和地区	中国香港、中国澳门、东盟（10 国）、巴基斯坦、新加坡、中国台湾、韩国、格鲁吉亚、马尔代夫	冰岛、瑞士	智利、秘鲁、哥斯达黎加	新西兰、澳大利亚	
正在谈判	11 个，涉及 29 个国家	海合会（6 国）、中日韩、RCEP（15 国）、斯里兰卡、以色列、巴基斯坦（第二阶段）、新加坡（升级）	挪威、摩尔多瓦		新西兰（升级）	毛里求斯
正在研究	11 个，涉及 11 个国家	尼泊尔、蒙古、孟加拉国、巴勒斯坦	瑞士（升级联合）	哥伦比亚、加拿大、巴拿马、秘鲁（升级联合）	斐济、巴布亚新几内亚	

资料来源：根据中国自贸区服务网资料整理。

仔细分析中国与世界各经济体签署的各项自由贸易协定的历程及所达成的相关协定内容不难发现，在自由贸易协定数量稳步增加的同时，所签署的自由贸易协定还呈现以下特点：

首先，在区域布局上，以亚洲周边国家为主体，逐步向全球拓展。中国已签署协定的24个自贸伙伴中，16个位于亚洲周边区域。其中，东盟10国与中国陆海相邻，长期以来，双方在全面建立友好对话关系之后，保持着密切的经济、政治与文化往来，尤其是1998年亚洲金融危机之后双方深化经贸合作的愿望强烈，因此中国-东盟自贸区的建立成为2002年中国与东盟各国签署的第一个自贸协定的重要成果，同时这一协定的完成也成为带动亚洲区域其他自贸协定取得新进展的示范；继与东盟签署自贸协定之后，2003年陆续与香港地区和澳门地区签署CEPA，2006年和巴基斯坦、2009年与新加坡、2010年与中国台湾、2015年与韩国、2017年与马尔代夫签署了自贸协定，在亚洲周边国家和地区共布局了8个自贸协定；除了亚洲周边外，中国还积极推进面向全球的跨洲自贸关系网络建设，自贸伙伴涵盖了大洋洲的新西兰、澳大利亚，拉丁美洲的智利、秘鲁和哥斯达黎加，以及欧洲的冰岛和瑞士，自贸协定关系网络覆盖范围逐步扩大。

其次，在自贸伙伴主体的选择上，以发展中国家为基础，逐步向发达国家拓展。在自贸协定关系发展初期，中国的自贸伙伴基本上是发展中国家，以“南南合作”为主，主要和与中国政治和外交关系较好的发展中国家开展自贸协定谈判。与东盟、巴基斯坦、智利、秘鲁等发展中国家发展自贸协定关系并开展自贸区建设，不仅有利于与这些国家深化经贸合作，建立更加稳固的利益纽带，而且有利于为中国制定成熟的自贸关系布局战略和发展全方位、多层次、宽领域的自贸协定谈判对象实践积累经验。2008年，中国与新西兰签署了自贸协定，标志着中国将全面开启与发达国家建立自由贸易关系的进程；随后，便与冰岛、瑞士和澳大利亚等发达国家签署了自贸协定，并在此基础上与这些发达国家先后建立自贸区，使得中国进一步适应并融入国际通行规则与标准，促进了中国国内市场开放水平的提升，加快了中国改革开放的进程。

最后，贸易便利化水平和开放水平不断提高，开放内容也在进一步拓展，这是自贸协定助推中国形成全面开放新格局的重要动力源泉。一是传统贸易开放领域开放水平的进一步加大。如后期签署的自贸协定关税下降幅度大，覆盖范围更加广泛：中国对从格鲁吉亚进口葡萄酒的平均关税从14%降为0，进口的铜和铜制成品以及矿砂、矿渣和矿灰关税降为0；2015年6月签订的中澳自贸协定连续三次降税。二是世界各方自贸协定特别是发达经济体之间的自贸协定的协定范围逐步超出货物贸易和服务贸易的范畴。以《跨太平洋伙伴关系协定》和《跨大西洋贸易和投资伙伴协定》为代表的新一代自贸协定，要求谈判各方就服务贸易和投资实行负面列表，包括监管一致性、投资开放、知识产权、政府采购、劳工、环境、竞争、国有企业等众多非传统贸易议题。谈判范围从边境措施延伸到边境后措施，谋求制定

“面向21世纪的规则”，即从“第一代”自贸协定的范围向“第二代”发展升级（王琳，2015)。三是中国签署的自贸协定也从贸易自由化逐渐延伸到了投资自由化，体现了自由贸易协定调整范围的进一步扩大。以贸易自由化为主所达成的地区化贸易安排向涵盖经济合作领域各个方面发展，投资自由化就是其中的一个令人瞩目的新动向。“要努力扩大数量，更要讲质量”，国家主席习近平强调要“大胆探索、与时俱进，积极扩大服务业开放，加快新议题谈判”[①]。四是中国所签署的自贸协定所涉及的条款不仅从深度上有所延伸，在广度上也有所拓宽。在后期的自贸协定中，新增很多条款，且更加关注环保、电子商务、知识产权保护等方面的内容。例如：中瑞自贸协定涉及环境、劳工与就业合作、知识产权、政府采购信息交流、竞争等诸多新规则；中韩自贸协定是按照中、韩两国元首确定的要建立一个高水平、高质量、利益大致平衡的自贸协定原则完成谈判的，这个协定既包含传统的货物贸易和服务贸易、投资领域的开放，也涉及金融、电信、人员流动等领域，还涉及环境、标准、劳动以及竞争中立等所谓“21世纪新议题”；中澳自贸协定在内容上涵盖货物、服务、投资等十几个领域，实现了“全面、高质量和利益平衡”的目标，是中国同世界发达经济体达成的贸易投资自由化整体水平最高的自贸协定之一。五是中国对外开放进程加快和在自贸协定谈判方面的实践经验更加丰富，中国在签订自由贸易协定的过程中，通过不断细化条款内容以明确开放领域，全面服务于对外开放的便利化。例如：中国与格鲁吉亚、马尔代夫等签署的自贸协定和中国早期与巴基斯坦、东盟10国、新加坡等签订的自贸协定相比，其条款更加细化且有针对性。协定各方会根据各自经济发展优势提出有关条款，如中格自贸协定对原产地规则做了详细规定，企业通过申领原产地证书，享受关税减免，从而加深了双边贸易联系（见表6-9和表6-10）。

表6-9　　中国已签署的重要自由贸易协定的贸易便利化情况概览

贸易便利化一级议题	中国-澳大利亚	中国-韩国	中国-哥斯达黎加	中国-秘鲁	中国-新西兰	内地与港澳关于建立更紧密经贸关系的安排
信息的公布与获得	√	√	√	√	√	√
评论机会、生效前信息及磋商	√	√				
预裁定	√	√	√	√	√	
申诉或审查程序	√	√	√	√	√	√

① 《在十八届中央政治局第十九次集体学习时的讲话》（2014年12月5日），载《人民日报》，2014年12月7日。

续前表

贸易便利化一级议题	中国-澳大利亚	中国-韩国	中国-哥斯达黎加	中国-秘鲁	中国-新西兰	内地与港澳关于建立更紧密经贸关系的安排
提高公正性、非歧视性和透明度的其他措施						
进出口费用及收费的规定和处罚		√	√			
货物的放行及清关	√	√	√	√	√	√
边境机构合作						√
海关进口监管货物的转关						
与进出口和过境相关的手续	√	√	√	√	√	√
过境自由	√	√	√	√	√	√
海关合作	√	√	√	√	√	√

说明：对各个自由贸易协定中的贸易便利化的一级议题存在相应条款及规定时则用√表示。

资料来源：赵航：《中国自贸协定的贸易便利化水平测度及对贸易规模的影响》，杭州，浙江大学，2017。

表 6－10　　　　中国主要自由贸易协定核心条款概览与比较

条款	中国-东盟（10＋1）升级	中国-新加坡	中国-巴基斯坦	亚太贸易协定
原产地规则	对46个章节的绝大部分工业品同时适用“4位税目编码”和“区域价值百分比40％”标准，涉及3 000多种产品，两种原产地标准，企业可自行选择适用	不完全获得产品以区域增加值标准为主，原产于任一成员方的成分应不少于40％	不完全获得产品以区域增加值标准为主，原产于任一成员方的成分应不少于40％	来自非参加国或不明原产地的原材料、零件或制品的总价值不超过该产品FOB价格的55％
贸易自由化	零关税已经覆盖了90％～95％税目的产品，货物贸易自由化水平较高；具体关于贸易自由化的条款未充分说明	在协定目标中提及推动货物贸易、服务贸易自由化，但未充分说明	在第五章贸易救济部分提及关税减让以实现贸易自由化，但未充分说明	第二章阐述贸易自由化规划：关税减让；非关税措施以及给最不发达国家的特殊减让等
贸易便利化	同意进一步简化海关通关手续，确保双方相关法律法规公开透明，运用自动化系统、风险管理等手段；就预裁定、复议与诉讼制度以及对程序定期审议等达成共识，保障货物流动畅通，共同提高便利化水平	未提及	未提及	在第二章贸易自由化部分的最后提及“贸易便利化”，但未充分说明

续前表

条款	中国-东盟（10+1）升级	中国-新加坡	中国-巴基斯坦	亚太贸易协定
服务贸易	中国在建筑工程、证券、旅行社和旅游经营等部门做出改进承诺；东盟各国在商业、通信、建筑、教育、环境、金融、旅游、运输8个部门做出更高水平的开放承诺；双方的具体改进措施包括扩大服务开放领域、允许对方设立独资或合资企业、放宽设立公司的股比限制、扩大经营范围、减少地域限制等	第八章服务贸易通过对各参与人的资格限定给出服务贸易的具体定义，并对市场准入、国民待遇、具体承诺减让表、投资透明度等问题进行说明	未提及	在第二章贸易自由化部分的最后提及“服务贸易”，但未充分说明
投资	同意在农业、渔业、林业、信息技术产业、旅游、交通、知识产权、人力资源开发、中小企业和环境等10多个领域开展合作；同意为有关经济技术合作项目提供资金等支持，推动更好地实施中国-东盟自贸协定	参照《中华人民共和国与东南亚国家联盟全面经济合作框架协议》第五条进行的中国与东盟之间的投资协议	对投资的促进与保护以及投资待遇等问题进行说明	在贸易扩大的功能中提及投资，但未进一步说明
知识产权	同意在知识产权领域展开经济合作，但未充分说明	未提及	第十条“与边境措施有关的特殊要求”中提及知识产权，但未充分说明	未提及
环境	未充分说明	在区域合作发展中提及环境保护和能源资源节约	在目标中提及要以与环境保护相一致的方式促进可持续发展	未提及
电子商务	将跨境电子商务合作这一新议题纳入《中华人民共和国与东南亚国家联盟关于修订〈中国-东盟全面经济合作框架协议〉及项下部分协议的议定书》，通过加强信息交流促进双方的贸易和投资	未提及	未提及	未提及

资料来源：韩剑、闫芸、王灿：《中国与“一带一路”国家自贸区网络体系构建和规则机制研究》，载《国际贸易》，2017（7）：16～23。

目前，中国正在加速双边自贸谈判，推动多边贸易协议进程，倡导统筹式而非碎片化的自由贸易整体架构，继续发挥自贸协定对贸易投资的促进作用，推进构建全方位开放格局的历史进程，由点到线、由线到面，中国倡导的自由贸易蓝图正在绘就。未来，中国还将配合国家总体对外战略，在现有已签署和在谈自贸区的基础上，以全球视角和长远眼光分析中国在各区域的战略诉求，在明确自贸伙伴选择标准、分类施策等原则的指导下，挖掘潜在自贸伙伴，积极部署，夯实周边，深耕“一带一路”沿线，努力在与非洲大陆、新兴经济体和大经济体量的发达国家达成自贸区建设等方面取得突破性进展，逐步形成以周边和“一带一路”沿线国家和地区为主体、以新兴经济体和大经济体量发达国家为重点的全方位、多层次、宽领域的全球自由贸易区网络布局。

二、发展自贸区战略

在世界多边贸易组织的规则中，有两个概念的自由贸易区：一个是WTO界定的自由贸易区（Free Trade Area，FTA），即指两个以上的主权国家或单独关税区通过签署协定，在世贸组织最惠国待遇基础上，相互进一步开放市场，分阶段取消绝大部分货物的关税和非关税壁垒，改善服务和投资的市场准入条件，从而形成的实现贸易和投资自由化的特定区域，这类自由贸易区所涵盖的范围是签署自由贸易协定的所有成员的全部关税领土，而非其中的某一部分；另一个是世界海关组织（WCO）定义的自由贸易区（Free Trade Zone，FTZ），不同于基于国家之间签署的自由贸易协定而建立的自由贸易区，此类自贸区是指在某一国家或地区为达到特定经济目的，通过某些特殊政策在其境内设立的实行优惠税收和特殊监管政策的小块特定区域，即通常所说的自由贸易试验园区[①]。从概念可知，自由贸易区相比于多边贸易体制是更高水平的开放。一方面，自由贸易区是世贸组织最惠国待遇的一种例外，是一些国家和地区在多边承诺基础上，进一步相互开放市场，实现贸易和投资自由化的重要经济手段；另一方面，自由贸易区已经超越了经济范畴，兼有外交、政治方面的战略意义，它通过更加优惠的贸易和投资条件，将成员的经济利益紧密联系在一起，而经济利益的融合又加强了成员之间的政治、外交关系，形成各种利益共同体，故而自由贸易区对于世界经济、政治格局的重大影响使得其成为大国开展战略合作与竞争的重要手段。对中国而言，加快实施自由贸易区战略是新一轮对外开放的重要内容。中国既是经济全球化和贸易自由化的坚定支持者和积极

---

① 参见《商务部　海关总署关于规范“自由贸易区”表述的函》，2008年5月9日。

参与者，也是主要受益者和重要建设者。新时期中国构建开放型经济新体制，要统筹国内改革和对外开放两个大局，而进一步推进自贸区战略是中国根据本国经济社会发展现状和经济全球化新趋势做出的重大战略决策，是构建开放型经济新体制、全面深化改革的客观要求，也是积极实现对外战略目标、运筹对外关系的重要途径。

加快实施自由贸易区战略对新时期的中国而言，至少具有三个方面的重大意义。首先，自由贸易区相较于多边贸易体系的开放，具有对象可选、进程可控的特点，使得其能够更好地发挥以局部带动整体的开放效用，因而是为中国经济发展注入新动力、增添新活力和拓展新空间的重要机制和平台。根据国际规则，自由贸易区的成员必须相互提供超过世界贸易组织最惠国待遇的优惠贸易待遇，因而会在自贸区成员之间产生“贸易创造效应”；通过有选择地与有关国家和地区建立自贸区，在互惠互利的基础上相互开放市场，改善其他准入条件，从而开拓新市场，实现出口市场多元化。区域经济合作发展的主题内容是在追求区域之间利益一致的基础上生产要素的移动和优化配置，自由贸易区建设的过程必然伴随着生产要素流动的加快和区位比较优势下专业化生产的进一步发展，从而促进各成员更有效地发挥比较优势，将内部的资源配置向优势产业集中，促进结构升级和整体效率的提高。从微观企业层面来说，自由贸易区取消了关税保护，促使企业在产品市场、生产要素资源等方面重新布局，迫使企业为求得生存提高自身素质，优化产业结构，改善企业管理。由此，加快实施自由贸易区战略是实现产业升级、推动企业“走出去”的重要举措。其次，自由贸易区为中国积极并主动参与国际经贸规则制定、争取全球经济治理制度性权力提供了重要平台。由于历史的原因，全球贸易和投资规则是由一些发达国家主导制定的。后发展国家要实行对外开放，不得不遵从这些规则。然而，这种遵从并不会抹杀后发展国家为争取话语权付出巨大努力的重要意义。只有积极参与，才能获得信息，培养新的习惯，形成新的惯例，建立新的规则，最终塑造有利于我国的国际规范。当前，中国虽逐步进入国际经贸问题谈判的核心圈，但仍缺少深度合作的手段和途径。面对区域合作和多边合作中“规则之争”超越“市场之争”的严峻局面，中国更为迫切地需要加快在全球区域一体化进程中的角色转变。通过加快实施自由贸易区战略，中国可以在知识产权、劳工标准等方面的新“门槛”上表达自己的诉求；通过尊重并顾及自由贸易区伙伴包括能源安全、环境保护在内的正当关切和经济利益，按照国际通行规则和当地法律规章约束“走出去”企业的经营行为，使它们主动承担相应的社会责任，并在力所能及的范围内提供一定的公共产品，为中国以更积极的姿态、更正面的形象有效参与国际治理和国际规则的制定积累经验、奠定基础。正如国家主席习近平说的那样：“加快实施自由贸易区战略，是我国积极参与国际经贸规则制定、争取全球经济治理制度性权力的重要平台，我们不能当旁观者、跟随者，而是要做参与者、引领者，善于通过自由贸易区建设增强我国国际竞争力，在国际规则制定中发出更多中国声音、注入更多中国元素，维护和拓展我国发展利益。”① 最后，自由贸易区的发展是中国积极运筹对外关系、实现对外战略目标的重要手段。自由贸易区框架下相互开放、互利共赢的有予有取，有助于化解国际贸易争端，树立中国开放、负责任的大国形象；同时，自由贸易区可作为大国进行地缘政治和经济博弈的重要手段，建立自由贸易区可带动政治、安全及其他领域的全面合作，进而起到提升双边或多边关系的战略性作用。深刻地把握自贸区发展的特点和趋势，在自贸区的赛场上敢于和善于做规则的制定者和引领者，真正使自贸区战略成为中国新一轮对外开放的重要支撑和手段，将助推中国为世界经济区域一体化快速发展做出贡献。

为实现全面推进实施自由贸易区战略，经过漫长的理论与实践探索，中国在自贸区理论总结与开拓方面日臻成熟，并形成了中国特色的自贸区发展战略。2007 年 10 月，党的十七大报告明确提出，要“拓展对外开放的广度和深度，提高开放型经济水平”，要“实施自由贸易区战略，加强双边多边经贸合作”。这是中国首次将自由贸易区建设作为国家战略提出来，为中国自由贸易区理论的形成指明了方向。此后，在 2011 年《中华人民共和国国民经济和社会发展第十二个五年规划纲要》中写明了“加快实施自由贸易区战略，进一步加强与主要贸易伙伴的经济联系，深化同新兴市场国家和发展中国家的务实合作”，这些关于自由贸易区建设的积极探索为党的十八届三中全会明确提出“形成面向全球的高标准自由贸易区网络”奠定了基础。这一时期，中国的自由贸易区建设处于不断探索和适应阶段。党的十八大之后，党中央依据全球战略、经贸规则、外交格局等方面的变化以及我国在全球经济、政治格局中的战略定位等因素，提出了加快实施自由贸易区战略的总体思路、战略布局等重要思想，逐步形成了具有中国特色的自由贸易区理论体系。党的十八大报告提出加快实施自由贸易区战略；党的十八届三中全会提出以周边为基础加快实施自由贸易区战略，形成面向全球的高标准自由贸易区网络；2014 年 12 月 5 日中共中央政治局第十九次集体学习时，习近平总书记进一步提出要逐步构筑起立足周边、辐射“一带一路”、面向全球的

① 《加快实施自由贸易区战略　加快构建开放型经济新体制》，载《人民日报》，2014 年 12 月 7 日。

自由贸易区网络，加快实施自由贸易区战略是我国积极参与国际经贸规则制定、争取全球经济治理制度性权力的重要平台；2015 年 11 月 9 日，中央全面深化改革领导小组第十八次会议审议通过了《关于加快实施自由贸易区战略的若干意见》，进一步明确提出了我国自由贸易区建设的总体要求、基本原则、目标任务、战略布局等，标志着我国自由贸易区理论体系已经形成。这一时期，在维护多边贸易体制有效性和权威性的同时，中国实施了更加主动的自由贸易区战略，推动建设开放透明的区域自由贸易安排，不断进行实践创新，实现了新突破，形成了新格局。

一方面，就具体举措及发展现状而言，中国在内外联动的自贸区战略的总体布局下，通过国内自由贸易试验区（FTZ）、沿边重点口岸、内陆经济带的建设，走主动开放之路，进一步促进了经济体制的改革和创新、地区的平衡发展、市场一体化水平的提升，创造了为加快实施自由贸易区战略的良好基础和环境。后危机时代，为在新形势下全面深化改革和扩大开放，党中央提出了建设自由贸易试验区的战略举措，提出要主动对接国际高标准贸易和投资规则体系。从 2013 年 9 月成立中国（上海）自由贸易试验区，到 2015 年 4 月成立广东、天津、福建三个自由贸易试验区（见表 6－11），再到 2017 年 4 月成立湖北、辽宁、浙江、河南、重庆、四川、陕西自由贸易试验区，中国自由贸易试验区形成了“1＋3＋7”的布局，覆盖区域从东部沿海扩展到中西部地区。自由贸易试验区坚持以制度创新为核心，对接高标准国际经贸规则，全力推进外商投资负面清单管理、贸易便利化、服务业开放、金融开放和创新、事中事后监管等各项试点任务，积累可复制、可推广的经验，为全面扩大开放进行压力测试，以应对国际经济贸易规则重构带来的挑战。建设自由贸易试验区发挥了对外开放先行一步的改革创新作用，自由贸易试验区则承担着在开放型经济体制下构建中国对外开放新格局试验田的角色。这一进程将为中国对外经贸发展在中国境内营造更加稳定、便利、具有制度化保障的环境，推动中国由自贸区建设的跟随者向更加主动的参与者和建设者的角色转变。未来，中国自由贸易试验区这一全新的开放体系将横跨东、中、西部地区和东北地区，再加上粤港澳大湾区、海峡西岸、关中平原、呼包鄂榆等开放、开发区域，形成一个东部和中西部齐头并进、沿海和内陆比翼齐飞，兼顾各地特点、因地制宜的大开放、大发展新局面，进而促进中国对外开放新格局的形成。

另一方面，就跨国（区域）自贸区而言，中国通过与当前和未来重要的经贸合作伙伴在贸易、投资等领域共同建立跨国（区域）自贸区，增强了经贸合作伙伴双

表 6－11　　中国四个自由贸易试验区比较

区域	战略意义	总体功能定位	主要任务	实施范围	各片区功能定位
上海	顺应全球经贸发展新趋势，实施积极主动战略的一项重大举措，是国家战略	中国第一个自贸试验区，面向全球，为全国新一轮改革积累可复制、可推广的经验。加快转变政府职能，积极推进服务业扩大开放和外商投资管理体制改革。探索资本项目可兑换和金融服务业全面开放，探索建立货物分类监管模式，努力形成促进投资和创新的政策支持体系，着力培育国际化和法治化的营商环境	1. 国家治理制度变革，主要表现为与政府职能有关的投资管理制度改革，首先是行政审批制度改革中的管理制度创新 2. 贸易自由化改革，主要表现为构建海关、商检和外汇等政府机构的协同、高效管理模式 3. 市场起到决定性作用，核心是金融市场化改革，表现为金融市场化与资本项目的可兑换	涵盖 4 个海关特殊监管区和陆家嘴金融片区、金桥片区、张江高科技片区，总面积从 28.78 平方千米拓展至 120.72 平方千米	外高桥片区定位为物流贸易功能区；洋山港片区定位为国际航运功能服务区；浦东机场片区定位为国际航空服务与现代商贸功能区；陆家嘴金融片区以总部经济、金融为主；张江高科技片区主要以高科技、智库研发为主；金桥片区以高端制造为主
天津	新形势下推进改革开放和加快实施京津冀协同发展战略的重要举措	北方首个自贸试验区，努力成为京津冀协同发展高水平对外开放平台、全国改革开放先行区和制度创新试验田，面向世界的高水平自贸区	1. 政府职能转变与体制改革 2. 服务业开放与金融创新 3. 贸易自由化与便利化改革试验 4. 国际租赁与远洋航运改革试验	涵盖天津港东疆片区、天津机场片区、滨海新区中心商务片区三个片区，总面积 119.9 平方千米	天津港东疆片区重点发展航运物流、国际贸易、融资租赁等现代服务业；天津机场片区重点发展航天航空、装备制造等高端生产性服务业；滨海新区中心商务片区重点发展以金融创新为主的现代服务业
广东	新形势下推进改革开放和促进内地与港澳地区深度合作的重要举措	粤港澳深度合作示范区，21 世纪海上丝绸之路重要枢纽，全国新一轮改革开放先行区	1. 建设国际化、市场化、法治化的营商环境 2 深入推进粤港澳服务贸易自由化 3. 强化国际贸易功能集成 4. 深化金融领域开放创新 5. 增强自贸区辐射带动功能	涵盖广州南沙新区片区、深圳前海蛇口片区、珠海横琴新区片区，总面积 116.2 平方千米	南沙新区片区重点面向世界发达国家，建设以生产性服务业为主导的现代产业新高地和具有世界先进水平的综合服务枢纽；前海蛇口片区重点推进粤港深度合作，建设我国金融业对外开放试验示范窗口、世界服务贸易重要基地和国际性枢纽港；横琴新区片区重点推动粤港深度合作，建设文化教育开放先导区、国际商务服务休闲旅游基地和打造促进澳门经济适度多元化发展新载体

续前表

区域	战略意义	总体功能定位	主要任务	实施范围	各片区功能定位
福建	新形势下推进改革开放和深化两岸经济合作的重要举措	立足两岸、服务全国、面向世界，建设成为制度创新的试验田，深化两岸经济合作的示范区和建设21世纪海上丝绸之路的核心区	1. 切实转变政府职能 2. 推进投资管理体制改革 3. 推进贸易发展方式转变 4. 率先推进与我国台湾地区投资贸易自由化 5. 推进金融领域的开放创新 6. 培育平潭开放开发新优势	涵盖厦门、福州、平潭三个片区，总面积118.04平方千米	厦门片区重点发展两岸新兴产业和建设现代服务业合作示范区、东南国际航运中心、两岸区域性金融服务中心；福州片区重点建设先进制造业基地、21世纪海上丝绸之路沿线国家和地区交流合作的重要平台、两岸服务贸易与金融创新示范区；平潭片区重点建设两岸共同家园和国际旅游岛

资料来源：全毅：《中国自贸园区发展进程与福建自贸区建设策论》，载《发展研究》，2016（11）：32～39。

边、多边经贸活力，提升了资源跨境配置效率。立足周边、辐射“一带一路”、面向全球的自贸区战略和自由贸易区（FTA）网络建设，推动了中国参与国际经济合作和全球经济治理。中国自贸区建设起步于2002年。自与东盟签署第一个自贸协定以来，经过十余年的发展，中国自贸区建设进展显著。从目前已经建成的自贸区看，中国自贸区建设总体遵循“审慎稳重、循序渐进”的原则，在立足周边的同时，从双边到区域寻求扩展，从小到大寻求升级。首先选择与地理位置较近、关系密切的东盟、我国香港地区和澳门地区结成自贸伙伴，逐步扩展到东南亚的新加坡和南亚的巴基斯坦等，此后又转向大洋洲、拉丁美洲、欧洲等。中国自贸伙伴已经遍及亚洲、大洋洲、拉丁美洲和欧洲等，涵盖中国外贸总额约40%。我国与这些自贸伙伴签订的自贸协定总体达到了WTO的原则要求，且自由化水平不断提升。对中国大部分自贸伙伴来说，中国的自由化水平已达到90%甚至95%以上，对韩国等制造业强国，最终零关税产品税目比例达到90%，约占双边贸易额的85%。此外，党的十八大以来，中国主动融入高标准自贸区建设，推动了中国自贸区建设提质升级。遵循大胆探索、与时俱进的工作思路，中国参照国际通行规则及其发展趋势，结合自身发展水平和治理能力，积极扩大服务业开放，加快推进对知识产权保护、环境保护、投资保护、电子商务、竞争政策、政府采购等新议题的谈判，主动表达中国的诉求：在以中国-瑞士、中国-韩国、中国-澳大利亚自贸协定为代表的新时期自贸区建设中，以全面、高质量和利益平衡为目标，先行推动部分领域的高标准开放试点，加快贸易投资规则的国际接轨，为以更积极的姿态、更正面的形象有效参与国际经贸规则的制定积累经验、奠定基础；通过新时期几个重大自由贸易区的建设，增强中国国际竞争力，在国际规则制定中发出更多中国声音、注入更多中国元素，维护和拓展中国发展利益。借助自贸区建设这个机制和平台，中国积极参与国际经贸规则的制定，实现了从规则的接受者、遵循者到参与者、制定者角色的转换。当前，面对国内外新形势、新挑战，中国进一步加快了自贸区建设步伐，全面且深入参与双边、区域和多边经贸合作，推动开创亚太区域经济一体化新局面。中国自贸区建设进入了战略性的提挡加速期，逐步构筑起与世界其他国家和地区的自贸合作平台，形成货物贸易更加自由、服务贸易更加开放、相互投资更加便利、商业规则更加协调的自由贸易区网络。未来，随着自贸区战略的持续推进，中国还将在贸易伙伴经济体量、区域分布、开放水平等方面提升自贸区建设水平。

当今世界经济、政治、外交等国际环境正处于复杂而不稳定的发展状态，特别是国际经济格局深刻调整，国际经贸规则面临重构压力，中国需要主动谋划、抢占先机。加快实施自贸区战略、建设高标准自贸区网络刻不容缓。新形势下，中国需要积极发挥自贸区在促进经济发展方面的重要和独特作用，将自贸区作为积极参与国际经贸规则制定、争取全球经济治理制度性权力的重要平台。同时，将加快高水平、高标准自贸区建设作为新一轮对外开放的重点予以实施。

三、推进“一带一路”建设

“一带一路”(The Belt and Road，B&R)是“丝绸之路经济带”和“21世纪海上丝绸之路”的简称，分别源于2013年9月和10月由中国国家主席习近平提出建设“新丝绸之路经济带”和“21世纪海上丝绸之路”的战略构想。它旨在借用古代丝绸之路的历史符号，高举和平发展的旗帜，充分依靠中国与有关国家既有的双边、多边机制，借助既有的、行之有效的区域合作平台，积极发展与沿线国家和地区的经济合作伙伴关系，共同打造政治互信、经济融合、文化包容的利益共同体、命运共同体和责任共同体。“一带一路”倡议，是人类合作的新模式，也是世界融合发展的新理念。借助“一带一路”倡议下的区域合作平台，对于推动中国扩大和深化对外开放、构建经济发展新格局、践行合作共赢理念的重要倡议，探寻新的区域经济增长之道和动力源泉，进而助圆中华民族伟大复兴“中国梦”，具有十分重要的意义。

“一带一路”是中国在改革开放关键时期和经济结构进入转型升级的重要阶段提出的战略构想。第二次世界大战之后世界经济逐步确立了一套涉及贸易、投资、发展合作的制度安排，全球化与区域化相互促进，各国经济朝着更加开放的方向发展。进入 21 世纪以来，特别是 2008 年全球金融危机发生之后，发达国家和发展中国家的力量发生了此消彼长的变化，新兴市场国家的崛起导致原有以发达国家为主导的国际经贸规则与现有国际经济格局愈发不相适应。多哈回合谈判受阻，多边投资规则尚未确立，国际金融体系亟须改革，国际经贸规则整体面临重构，贸易保护主义抬头。为缓解国内经济、政治压力，主要发达国家掀起"逆全球化"的浪潮，特朗普政府更试图以"美国优先"的策略遏制发展中国家分享全球化的收益。在此之前，中国提出"一带一路"倡议，为周边国家经济对外开放、市场资源的高效整合与优势互补提供了新的发展机遇，推动了构建高起点的国际合作机制。同时，与沿线国家和地区通过合作创新、互利共赢、利益共享，打造政治互信、经济融合、文化包容的命运共同体，不但是对现有区域经济合作理论的重大创新，而且将在实践中与现有的区域合作机制相互补充，为双边、多边经济合作提供一个新平台。毫无疑问，它是促进全球发展与合作的"中国方案"，将为加快未来区域经济一体化和经济全球化贡献重要的推动力。而对中国来说，在全球金融危机的影响和国内巨大的经济下行压力下，"一带一路"倡议可以有效拓宽国际市场空间，挖掘周边地区的市场潜力，寻求多元化的投资目标，拉动市场消费需求，提升其东部地区对外开放功能，健全对外贸易机制，加速中部地区崛起，增强外贸合作中的纽带作用，并将进一步构建起以中国为核心的亚太经济一体化格局，彰显中国对外开放的积极态度，体现面向世界的和平、包容、互惠、共赢的合作精神。

经过近几年的发展，"一带一路"倡议指导下的区域合作深刻改变着中国经济贸易现状，为新时期中国开放型经济发展带来累累硕果。

（1）"一带一路"倡议开启了中国对外开放的新阶段、助推形成了中国全方位对外开放的新局面。2008 年以来，国际经济持续动荡，欧美发达国家历经美国次贷危机和欧债危机等冲击，经济复苏缓慢，市场需求减少，全球贸易陷入衰退，这对中国的出口型经济造成很大的冲击。在此阶段，中国的对外开放事业所面临的国际环境已与之前完全不同，如中国在 2010 年已跃居全球第二大经济体，成为世界进出口贸易额最大的国家以及"亚太再平衡"和 TPP 挤压中国发展空间等。因此，能否在这样的环境下开创对外开放的新局面，事关中国未来的国运。而"一带一路"的提出与实施，可以说正是中国应对这一全新的国际环境，走出了新局面：一方面继续向西方学习先进技术，重视欧美市场；另一方面则开拓更广阔的全球市场，把改革开放的成功经验与民族复兴结合起来，深根固柢、谋求发展。这是中国根据自身发展经验和国际视野做出的非常重要的判断，是中国结合自身经济形势和比较优势，寻求走向世界的独特之路。此外，在这一发展过程中，中国还顺利地实现了从梯度开放到全方位开放的格局转变。《推动共建丝绸之路经济带和21世纪海上丝绸之路的愿景与行动》提出了“推进‘一带一路’建设，中国将充分发挥国内各地区比较优势，实行更加积极主动的开放战略，加强东中西互动合作，全面提升开放型经济水平”。用习近平总书记的话讲，就是“陆上、海上、天上、网上”四位一体的联通。即以中国境内各区域有特色的经济板块，通过发达的交通、信息，直接对应“一带一路”沿线国家和地区，既各尽所能、各据优势、各展风采，又相互配合，与世界经济相联结、相融合。以对外的全方位开放，对应国内的全方位开放，沿海、中部、西部都有各自开放的重点和方向。

(2)“一带一路”倡议激发了区域内发展活力和合作潜力，成为构建对外开放新格局、引领中国经济进一步融入世界的强力引擎。长期以来，亚洲和中东欧国家在基础设施领域有着巨大的投资需求，而“一带一路”以推动实现区域内政策沟通、设施联通、贸易畅通、资金融通、民心相通为重点，促进包括基础设施互联互通、能源资源合作、园区和产业投资合作、贸易及成套设备出口等领域的发展。同时，以沿线基础设施的互联互通为依托，提升沿线国家和地区贸易和投资便利化水平，对沿线贸易和生产要素进行优化配置。自“一带一路”倡议提出以来，100多个国家和国际组织参与其中，中国与数十个沿线国家和地区签署了合作协议，综合利用政策性、开发性、商业性资金，推动重大项目建设取得积极进展。巴基斯坦喀喇昆仑公路二期、卡拉奇高速公路、中老铁路已开工建设，土耳其东西高铁、匈塞铁路等项目正在有序推进。积极发挥驻外经商机构的一线作用，加强对企业的服务和指导，为重大项目建设保驾护航。此外，中国企业也在“一带一路”倡议的指引下，纷纷走出国门，扩大对外投资合作，分享区域合作与开放红利。中国海关进出口统计数据显示，2016年中国与“一带一路”沿线国家和地区贸易总额为9 535.9亿美元，占中国与全球贸易额的比重为25.7%，较2015年的25.4%上升0.3个百分点。其中，中国向“一带一路”沿线国家和地区出口额为5 874.8亿美元，较2015年下降4.4%，但其占中国总出口额的比重比2015年上升了0.9个百分点，达到27.8%；进口方面，2016年中国自沿线国家和地区进口额为3 661.1亿美元，较2015年下降5.7%，中国自“一带一路”沿线国家和地区进口占中国总进口额的比重为23.0%，较2015年下降0.1个百分点，延续了2011年以来的下降态势（见图6-12）。而商务部数据显示，2017年一季度中国与“一带一路”沿线国家和地区的贸易规模增长态势仍在保持，其中，对沿线国家和地区出口9 376亿元，同比增长15.8%，占同期中国出口总额的28.2%；中国自“一带一路”沿线国家和地区进口额为7 177亿元，同比增长42.9%，占同期中国进口总额的25.0%。此外，作为“一带一路”的另一个重要方面，投资领域的增长也非常显著。通过境外合作区的建立、基础设施的互联互通和帮助“一带一路”沿线国家和地区加快其工业化进程等三条基本路径，打造产业集群式走出去，目前中国与“一带一路”沿线国家和地区的投资合作正进入发展黄金期。商务部数据显示，2016 年中国对“一带一路”沿线 53 个国家直接投资 145.3 亿美元，占同期对外投资总额的 8.5%；中国企业与相关 61 个国家的新签合同额达 1 260.3 亿美元，占同期对外承包工程新签合同额的 51.6%，完成营业额 759.7 亿美元，占同期总额的 47.7%。截至 2017 年一季度，中国已在 23 个国家建立了境外合作区，有 1 200 多家中资企业进驻，年产值已超过 200 亿美元，为当地解决了 25 万人的就业；到 2017 年 6 月，中国企业共对“一带一路”沿线的 47 个国家进行的非金融类直接投资达 66.1 亿美元，同比下降 3.6%，占同期总额的 13.7%，主要流向新加坡、老挝、印度尼西亚、马来西亚、巴基斯坦、柬埔寨、俄罗斯等国家。在对外承包工程方面，中国企业在“一带一路”沿线 61 个国家新签对外承包工程项目合同 2 431 份，新签合同额达 714.2 亿美元，占同期国家对外承包工程新签合同额的 57.7%，同比增长 38.8%，完成营业额 330.7 亿美元，占同期总额的 49.2%，同比增长 7.6%。

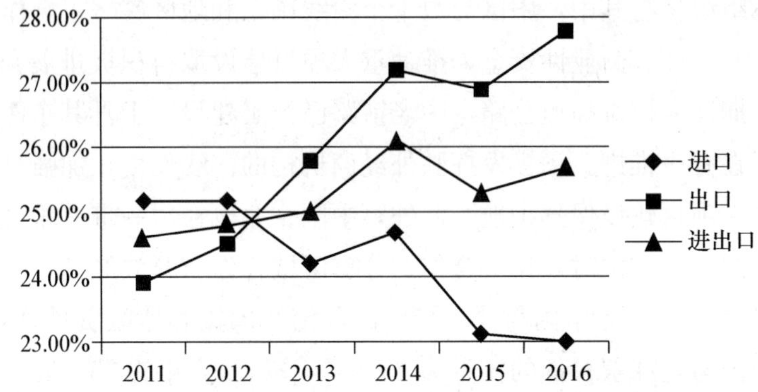

图 6-12　2011—2016 年中国与“一带一路”沿线国家和地区贸易额占中国与全球贸易额的比重

（3）“一带一路”倡议不仅是提供给世界的国际公共产品，而且将为广大发展中国家谋求国际经贸治理话语权，参与更为公正、平衡的新一代国际经贸治理体系的制定提供交流机制和对话平台。目前的全球化进程面临着非常复杂的局面，其中就有现在很多人都在谈论的“逆全球化”动向。全球贸易领域保护主义抬头、英国退出欧盟、特朗普提出“美国优先”等，都是这一新动向的体现。然而，从人类的发展历史和未来趋势看，全球化是一个不可逆的不以人的意志为转移的历史进程。

正是基于这一点，习近平总书记站在历史与未来的高度提出了“一带一路”倡议。在一些欧美发达国家对全球化问题有所逆势而动的背景下，中国恰逢其时，提出“一带一路”倡议，接过话语权，成为全球化和自由贸易的倡导者，继续推进更加公平、平衡的全球化进程。中国在实施“一带一路”倡议的过程中，秉承共商、共建、共享的原则，发扬丝路精神，加强与沿线国家和地区的战略对接和政策沟通，共同管控风险，进一步深化投资和贸易合作，积极稳妥地推进“一带一路”建设，更好地造福各国和各地区人民；积极推动与沿线国家和地区交流沟通并夯实合作，充分利用双边经贸“联委会”“混委会”等现有机制以及区域、次区域合作平台，发挥驻外经商机构作用，加强与沿线国家和地区的交流对话，积极推动政策沟通和战略对接；密切与发展中国家的合作，在全面探索中非合作、金砖国家合作、中国-拉美合作等其他更灵活更多元化的合作模式，加快与周边国家互联互通建设的同时，加快构建有中国特色的对外援助体系，加大对最不发达国家的援助力度。迄今为止，中国已成功就“一带一路”倡议同欧盟“容克投资计划”、柬埔寨“四角战略”、老挝“变陆锁国为陆联国”战略等对接并达成共识，推动“一带一路”倡议同捷克、波兰、乌兹别克斯坦、文莱等国以及欧亚经济联盟的发展战略对接。2017年5月，中国在北京主办“一带一路”国际合作高峰论坛，这是中国首次以“一带一路”建设为主题举办的最高规格的国际论坛，也是中国继G20领导人杭州峰会之后，再次就共同构建人类命运共同体做出的努力和贡献。高峰论坛的举办，对于推动世界各国特别是广大发展中国家就当前世界经贸重要问题进行磋商、谈判，从而推进更有活力、更加包容、更可持续的经济全球化历程，促进开放型世界经济发展，具有重大的现实意义和深远的历史意义。

“一带一路”建设从无到有、由点及面，进度和成果超出人们的预期。从早期的产能合作，国内优势产能转移，到如今更高层次的全球经济合作，“一带一路”建设正成为应对“逆全球化”浪潮的最好“注脚”。它是新时期中国对外开放战略的重大突破和构建开放型经济新体制的重要内容之一，描绘了中国为构建以自身为中心的全方位开放新格局和从区域大国迈向全球性大国的新蓝图。成功践行这一极富想象力的伟大蓝图将在为沿线国家和地区带来国际公共产品和发展红利的同时，逐步改变中国改革开放以来东西发展不同步、海陆开放不平衡的局面，为中国开放型经济发展提供新动力、打开新格局、创造新境界。

四、“一带一路”与自贸区：共创对外开放新局面

2015年3月，国家发展改革委员会、外交部、商务部联合发布《推动共建丝绸

之路经济带和21世纪海上丝绸之路的愿景与行动》，明确提出了投资贸易合作是“一带一路”建设的重点内容，要积极同沿线国家和地区共同商建自由贸易区。2015年12月国务院发布的《关于加快实施自由贸易区战略的若干意见》进一步提出，结合周边自贸区建设与推进国际产能合作，积极同“一带一路”沿线国家和地区商建自由贸易区，形成“一带一路”大市场。国家主席习近平指出：“加快实施自由贸易区战略是一项复杂的系统工程……要加强顶层设计、谋划大棋局，既要谋子更要谋势，逐步构筑起立足周边、辐射‘一带一路’、面向全球的自由贸易区网络，积极同‘一带一路’沿线国家和地区商建自由贸易区，使我国与沿线国家和地区合作更加紧密、往来更加便利、利益更加融合……要努力扩大数量、更要讲质量，大胆探索、与时俱进，积极扩大服务业开放，加快新议题谈判。”① “一带一路”倡议不仅是对现有区域经济合作理论的重大创新，在实践过程中，还将与现有的区域合作机制相互补充，为双边、多边经济合作提供一个新平台。而自贸区是打造区域经济合作的重要制度性安排，加快实施自由贸易区战略是我国新一轮对外开放的重要举措。“一带一路”和自贸区建设都是我国新时期构建全方位对外开放新格局的重要内容，开放是两者的共同主题，两者相互促进、相辅相成。把“一带一路”和自贸区建设有机结合，有助于丰富我国对外开放内涵，有助于推动我国与有关国家和地区的战略互信、投资经贸合作和人文交流，有助于推动形成深度融合的互利合作新格局，开创我国对外开放新局面。以“一带一路”建设为统领，将“一带一路”沿线国家和地区作为自由贸易区的战略布局重点，加快推进自贸区建设，使每个自贸试验区都根据自身发展基础和优势，有针对性地提出服务于“一带一路”建设的试验任务；同时，自由贸易区战略的深入实施有助于加速推进“一带一路”建设，通过自由贸易试验区的建设与发展充实“一带一路”建设的内容，这些都将共同支撑新时期我国构建全方位对外开放新格局。

中国“一带一路”建设实践和自由贸易区战略的实施为实现“一带一路”和自贸区的协同发展提供了新机遇。

一方面，“一带一路”与中国自贸试验区发展实现互动连接。目前，中国改革开放已进入一个新的历史阶段，“一带一路”倡议的提出为中国“走出去”步伐的加速提供了新的契机。新时期，中国尤以特区、新区以及各大开发区为主的沿海、沿边省市在“一带一路”的建设过程中承担起了开放“引擎”的重任，对中国改革开放产生了强势带动的影响。2012年12月，国务院以中国（上海）自贸试验区试

① 《在十八届中央政治局第十九次集体学习时的讲话》（2014年12月5日），载《人民日报》，2014-12-07。

点内容为主题，先后在广东、天津以及福建的特定区域内按照上海园区的经验进行了三个自由贸易试验区的建设，这些自贸试验区与地方经济发展特色相结合，不断拓展新的试点内容。观察“一带一路”的大背景，新建成的自贸试验区能够以自身优良港口为支撑，为海上丝绸之路发挥支点作用，成为对接海上丝绸之路的不可或缺的桥头堡。由此可知，自贸试验区建设依然是中国改革开放大格局的重中之重，而“一带一路”在其中发挥的则是互动连接的作用。“一带一路”与自贸试验区战略的实施，不仅是我国为良好应对全球自贸新格局而采取的积极主动开放的重大改革举措，更是为探索对外开放新路径而做出的更加有意义的尝试，推动着我国经济增长方式的转变与经济结构的优化，促进中国经济与世界经济的融合和中国文化的传播。

另一方面，“一带一路”推动了中国跨区域自贸区的建立。中国实施“一带一路”涉及很多国家，如果能以此为契机连接欧亚两大区域，便有可能同欧盟与北美形成三足鼎立的态势，从而缓解国际地缘政治和贸易壁垒造成的压力。国际经贸局势要求，中国自贸区除了继续承担对外开放的重任外，更为重要的是为促进经济“走出去”进行有效的探索。以“一带一路”为支撑，中国自贸区有望形成立足周边、辐射“一带一路”沿线区域、最终面向全球的自贸区网络。依托自贸区建设进程中提供的国际化合作大平台与“一带一路”的地缘要求，自贸区能够在不断探索的过程中寻找更为适宜的区域合作方式。在经济发展上，中国与“一带一路”沿线国家和地区的贸易互补性很强，可以此为契机与这些国家和地区在货物贸易与资源开发上进行优势互补，作为自贸协定的重要内容。此外，在“一带一路”背景下，我国沿海与沿边各省市应该更为积极地鼓励特区与新区同相关国家建立合作共建模式，对境外工业园区的建立进行探索，加速产业转移与贸易流通。对企业而言，还可以借助亚洲基础设施投资银行提供的融资便利实现进一步的发展，赴“一带一路”沿线国家和地区投资建厂，投身于当地的基础设施建设与资源开发进程，最终加速“走出去”步伐，在自贸区战略的引领下使中国与“一带一路”沿线国家和地区实现互利共赢。

此外，截至 2017 年 7 月，在中国广泛而深入的对外贸易实践下，“一带一路”与自贸区协同发展取得了令人瞩目的进展。仔细分析当前中国自贸协定签署与自贸区建设情况可知，已签署的自由贸易协定中有 4 个与“一带一路”倡议相联系，分别是：2002 年 11 月中国与东盟 10 国领导人签署的《中华人民共和国与东南亚国家联盟全面经济合作框架协议》，2006 年 11 月签署的《中华人民共和国政府和巴基斯坦伊斯兰共和国政府自由贸易协定》，在中国-东盟自贸区基础上于 2008 年 10 月签署的《中华人民共和国政府和新加坡共和国政府自由贸易协定》以及2017年5月签署的《中华人民共和国政府和格鲁吉亚政府自由贸易协定》。正在谈判的和正在研究的自由贸易区中有大量包括东南亚、南亚、西亚以及独联体在内的“一带一路”沿线国家。比如，中国与东盟10国、日本、韩国、澳大利亚、新西兰、印度等15个国家正在进行《区域全面经济伙伴关系协定》（RCEP）谈判。该协定的推行意义重大，对中国“一带一路”的实施及从区域走向全球的道路影响深远，如果该协定达成，将建立包括34亿人口和占全球贸易额总量近30%的经济大集团。对于南亚地区的自贸区开拓，中国也相当重视。中国-斯里兰卡自贸区和中国-马尔代夫自贸区已分别进行了五轮和四轮谈判，对于此区域内FTA进程最快的印度，中国也已着手研究与其签署自贸协定的可能性。在西亚地区，中国目前已同格鲁吉亚签署了正式的自由贸易协定，并且中国-海合会自贸区和中国-以色列自贸区的建设都已在谈判中。其中，中国-海合会自贸区已于2016年12月21日结束了第9轮谈判，并在服务贸易、投资、电子商务领域取得了新进展。中亚及独联体地区中国FTA涉及较少，目前正在开展欧亚经济伙伴关系协定可行性研究（见表6-12）。

总体来看，“一带一路”沿线FTA发展还面临自由化程度较低、覆盖范围和战略支点相对单一、辐射范围有限和碎片化问题突出等困境。观察当前中国与“一带一路”国家和地区的FTA发展现状可知，其协定伙伴主要集中在东南亚地区，在其他地区涉及较少，在西亚地区只同格鲁吉亚签署了自贸协定，而在中亚及独联体地区还没有任何中国参与的自贸区，是亟待开发的区域。在自贸协定内容方面，中国目前经过多轮谈判达成并已签署的自贸协定大多只涉及货物贸易、服务贸易以及投资，其余如知识产权、电子商务、环境保护等涉及较少，因而中国走向更深层次的经济一体化的道路还很漫长。这些都将制约中国对自贸区网络贸易和投资收益的充分挖掘。

作为对亚洲、非洲以及欧洲大陆进行连接的重要纽带的“一带一路”已上升为指导中国区域经贸合作的重大战略，在这种新形势与新背景下，中国应积极把握主动权，加快与“一带一路”沿线国家和地区合作的步伐，并在扮演制定国际经贸规则参与者角色的同时，逐步成为规则的引领者。面向全球构建高标准自贸区网络，落实“以周边为基础”的自贸区战略推动亚太自贸区建设。与此同时，在实施自由贸易区战略、建设自贸区的过程中，中国应十分注意强化与“一带一路”沿线重要支点国家和地区的商谈，以自身优势为立足点推动与沿线国家和地区的经贸往来，深化经济的对外开放，使区域经济实现共同发展。此外，加速中

表 6－12　　截至 2017 年 7 月中国与“一带一路”沿线国家和地区自由贸易区发展情况概览

<table>
<tr><th colspan="4">已签协议的自贸区</th></tr>
<tr><th>自贸区</th><th>签署方所属地区</th><th>签署时间</th><th>最新动态</th></tr>
<tr><td>中国-东盟</td><td>东南亚</td><td>2002.11</td><td>2015.11.22　中国与东盟结束自贸区升级谈判并签署升级版议定书</td></tr>
<tr><td>中国-巴基斯坦</td><td>南亚</td><td>2006.11</td><td>2015.11.11　《中华人民共和国政府和巴基斯坦伊斯兰共和国政府自由贸易区服务贸易协定银行业服务议定书》正式生效</td></tr>
<tr><td>中国-新加坡</td><td>东南亚</td><td>2008.10</td><td>2015.1.20—2015.1.22　中国-新加坡自贸区联委会第五次会议在新加坡举行</td></tr>
<tr><td>中国-格鲁吉亚</td><td>西亚</td><td>2017.5</td><td>双方将抓紧履行国内程序，力争于 2017 年底或 2018 年初使协定生效实施</td></tr>
<tr><th colspan="4">正在谈判的自贸区</th></tr>
<tr><th>自贸区</th><th>谈判方所属地区</th><th colspan="2">最新动态</th></tr>
<tr><td>《区域全面经济合作伙伴关系协定》(RCEP)</td><td>亚太地区</td><td colspan="2">2017.5.21—2017.5.22　RCEP 部长级会议在越南河内举行，希望达成一个现代、全面、高质量、互惠的 RCEP 协定，实现各国领导人指示的迅速结束谈判的目标</td></tr>
<tr><td>中国-海合会</td><td>西亚</td><td colspan="2">2016.12.19—2016.12.21　第 9 轮谈判在沙特利雅得举行，就技术性贸易壁垒（TBT）、法律条款、电子商务 3 个章节内容基本达成一致，在核心的货物、服务等领域取得积极进展</td></tr>
<tr><td>中国-斯里兰卡</td><td>南亚</td><td colspan="2">2017.1.16—2017.1.19　第 5 轮谈判在科伦坡举行，中、斯双方就货物贸易、服务贸易、投资、经济技术合作、原产地规则、海关程序和贸易便利化、技术性贸易壁垒和卫生与植物卫生措施、贸易救济等议题充分交换意见</td></tr>
<tr><td>中国-马尔代夫</td><td>南亚</td><td colspan="2">2017.3.7—2017.3.9　第 5 轮谈判在马尔代夫首都马累举行，双方进一步就货物贸易及其相关规则、服务贸易、投资、经济技术合作和法律问题等领域的遗留问题深入交换意见</td></tr>
<tr><td>中国-以色列</td><td>西亚</td><td colspan="2">2017.3.22　中、以两国已同意加快自贸协定谈判进程</td></tr>
<tr><th colspan="4">正在研究的自贸区</th></tr>
<tr><th>自贸区</th><th>研究方所属地区</th><th colspan="2">最新动态</th></tr>
<tr><td>中国-印度</td><td>南亚</td><td colspan="2">2014.6.8—2014.6.9　中国外交部长访问印度，指出中、印两国在贸易、投资和人员往来方面有很大的发展空间，潜力无穷</td></tr>
<tr><td>中国-尼泊尔</td><td>南亚</td><td colspan="2">2016.3.22　启动自贸协定联合可行性研究并签署谅解备忘录</td></tr>
<tr><td>中国-俄罗斯</td><td>独联体</td><td colspan="2">2017 年 7 月　中、俄两国决定开展欧亚经济伙伴关系协定可行性研究</td></tr>
</table>

资料来源：韩剑、闫芸、王灿：《中国与“一带一路”国家自贸区网络体系构建和规则机制研究》，载《国际贸易》，2017（07）：16～23。

日韩、中韩、RCEP、中巴以及中新自贸区的建设和发展，打造中国-东盟自贸区升级版，努力解决谈判过程中出现的难点与焦点问题，使自贸区网络建设取得实质性的进展，以此为契机密切与“一带一路”沿线国家和地区的经贸关系。如此双向联动、相辅发展，共同为实现中国全方位、多层次、宽领域的开放型经济发展创造有利条件。未来，中国还应深入探索和建立“一带一路”与自贸区协同发展的联动机制，共创中国对外开放新格局。

第三节　中国对外贸易环境与格局的优化

从前文论述可知，新时期自由贸易协定、自贸区战略和“一带一路”等贸易措施与机制的单独及协同作用，已经成为新时期中国发展开放型经济、构建对外开放新格局的关键动力。通过这一系列贸易机制的创新与战略设计的发展，中国对外贸易的环境与格局得到了显著优化。

首先，中国在构建对外开放新格局的过程中，积极参与经济全球化，不断推进自由贸易协定的签署和自贸区建设的进程，在开拓对外贸易与投资市场空间之余，不断提高自身以及协定伙伴与世界市场的融合度和贸易便利化水平。自由贸易协定和自贸区的发展代表着全球化的高级水平，它们能够在贸易双方的共同协商下，有效地削减关税和贸易壁垒，提升产品国际竞争力、促进企业进出口，提高货物贸易开放水平，拓展经济发展空间。根据合作国家和地区的实际经贸发展水平和层次，深植双方的可贸易要素禀赋，从比较优势出发，避开双方敏感领域，就金融、教育、文化和医疗等服务业领域的有序开放达成协定，对商贸物流和电子商务等服务业领域逐渐放开准入限制，推进负面清单谈判模式，量身裁定双方都能接受的开放水平和开放模式以达成贸易合作，在增加贸易流量和扩大开放领域的同时，提高国家和地区间贸易开放的效率。通过良好有序的投资机制和投资平台的设定与管理，降低企业投资风险与成本，促进投资便利化。据商务部的统计数据，2016 年中国已经签署协定的自贸区经济规模占全球的 10.3%，加上自身 14.9%的份额，已形成占世界经济 25.2%的大市场；与 23 个自贸伙伴的进出口总额超过 1.4 万亿美元，涵盖中国对外贸易的 38.6%左右，利用来自自贸伙伴的外资覆盖率不断提升至 76.5%，同时对外投资覆盖率也高达 60.3%的水平。自贸伙伴已成为中国重要的出口市场、进口来源地和投资合作对象，中国与自贸伙伴相互间的经济融合度不断提高。以世界经济论坛出版的全球贸易促进报告中的贸易促进指数（Enabling Trade Index，ETI）为观测指标，通过整理汇总可得到中国已签署的 14 个自贸协定中所涉及的主要国家和地区相应年份的贸易便利化水平及其在全样本中的排名。① 通过动态比较分析可以发现，2008—2016 年与中国签署自由贸易协定的经济体贸易促进指数总体水平（即自由贸易协定签署方平均值）始终在世界平均值之上，且变化趋势与其保持一致（见表 6-13）。可见，自由贸易协定和自贸区的发展促进了中国对外合作良好环境的形成和经贸发展战略空间的拓展。

表 6-13　2008—2016 年中国自由贸易协定签署方贸易促进指数（ETI）及其排名情况

签署方	2008 年		2009 年		2010 年		2012 年		2014 年		2016 年	
	ETI	排名	ETI	排名	ETI	排名	ETI	排名	ETI	排名	ETI	排名
澳大利亚	5.22	17	5.07	14	5.13	15	5.08	17	4.9	23	5.10	26
韩国	4.95	24	4.73	26	4.72	27	4.65	34	4.7	30	5.04	27
瑞士	5.58	9	5.44	3	5.37	5	5.29	8	5.2	7	5.45	11
冰岛	—	—	—	—	5.26	11	5.08	16	4.9	22	5.27	19
哥斯达黎加	4.41	44	4.36	43	4.45	44	4.41	43	4.4	42	4.52	57
秘鲁	3.76	69	3.81	65	4.04	63	4.31	53	4.3	51	4.54	54
新西兰	5.52	10	5.27	11	5.33	6	5.34	5	5.2	4	5.27	18
新加坡	5.71	2	5.97	1	6.06	1	6.14	1	5.9	1	5.97	1
巴基斯坦	3.54	84	3.43	100	3.39	112	3.39	116	3.5	114	3.51	122
智利	4.88	27	4.96	19	5.06	18	5.12	14	5.1	8	5.26	21
东盟	3.86	69	3.89	67	4.03	69	4.13	67	4.2	62	4.33	71
中国香港	6.04	1	5.57	2	5.70	2	5.67	2	5.5	2	5.66	3
中国台湾	5.15	21	4.75	25	4.72	28	4.81	29	4.9	24	4.89	35
自由贸易协定签署方平均值	4.89		4.77		4.87		4.81		4.8		4.99	
世界平均值	4.13		4.07		4.18		4.13		4.1		4.38	
样本总数	118		121		125		132		138		136	

注：由于数据缺失，不包括冰岛 2008 年和 2009 年的 ETI，东盟的 ETI 与排名根据成员方数据的可得性，由印度尼西亚、马来西亚、菲律宾、泰国、越南、柬埔寨 6 国的 ETI 与排名的算术平均数求得，新加坡在报告中为单独考虑国。ETI 具体数值保留的小数位数视各年报告给出的具体格式而定。

资料来源：2008 年、2009 年、2010 年、2012 年、2014 年和 2016 年的全球贸易促进报告。

其次，在自贸协定、自贸区和“一带一路”的实施与推进过程中，中国对外贸易的产品及市场格局得到明显优化，贸易争端与摩擦得以缓解。一直以来，中国对外贸易领域的商品进出口市场呈现不对称且集中的局面。中国开展对外贸易的原材料和零部件多数来自周边国家和地区，以中国的香港、澳门、台湾地区和日本、韩

① 由于世界经济论坛出版的全球贸易促进报告只发布到 2016 年，因而 2017 年新签订生效的自贸协定及其所涉及的国家和地区并未收录进来并做分析。

国、东盟等为主；出口市场主要集中在日本、美国和欧盟等发达工业化国家和地区（见表6-14）。中国参与国际分工的格局极易引发同贸易伙伴之间的摩擦与争端，1995—2016年，中国已连续22年成为遭遇贸易摩擦最多的国家。争执点从原来的法律层面向政策制度层面延伸。贸易摩擦发生的国家（地区）、产品呈现多样化态势，对中国相关优势产品的出口造成了较大的影响。为避免贸易争端集中多发，中国加快了贸易平衡发展步伐，不断拓展新的贸易“朋友圈”，在自由贸易协定和自贸区的发展框架下，中国自贸伙伴不断扩容。截至2017年底，中国已签署的自贸协定达到16个，涉及24个国家和地区；以中韩和中澳自贸协定的“点”，串起《区域全面经济伙伴关系协定》（RCEP）的“线”，再融合汇聚为亚太自贸区的“面”。随着中国自贸区战略实施步伐的加快，中国自贸区网络将成为中国培育外贸竞争新优势的重要基础。通过发展自贸协定关系和实施自贸区战略，中国将和各个贸易伙伴一起扩大在货物、服务贸易和投资等领域的相互开放，对接国际经贸新规则，优化对外贸易结构，带动各行各业向纵深发展。强化贸易伙伴各方之间的关系，推动自贸伙伴承认中国的市场经济地位，减少相互间的贸易摩擦。近年来中国的自贸伙伴关系网逐渐向发达国家延伸，这在很大程度上将促进中国受益于发达国家的“技术溢出”效应和“贸易溢出”效应，更加主动地适应发达国家的市场规则，进而带动产业结构的优化和升级，合理规避原先发达国家与中国的贸易摩擦。此外，“一带一路”的实施为中国拓展对外贸易伙伴关系开启了新方向、新领域和新思维。“一带一路”沿线国家和地区约占世界人口总数的63%，占近1/3的经济总量，所涉及的经济体发展层次多样，既有日、韩及欧盟等发达经济体，也包括诸如中国、金砖国家等新兴经济体，还有相当一部分发展中经济体，具有广阔的市场和丰富的资源，经济发展的互补性空间很大。中国通过“一带一路”，可以与广大新兴经济体和发展中国家开展友好贸易往来，消除所谓的“中国威胁论”，以友好共赢的开放姿态拓展贸易“朋友圈”，开辟经贸发展新的关系网络，由此既丰富了对外开放的内容和层次，又可以在很大程度上减少与传统贸易伙伴之间的贸易摩擦问题。同时，在“一带一路”的合作框架下，基于已有的经济发展共识，综合利用政治、经济和文化等多种有利因素，促进与欧亚发达国家发展更为深入的经贸关系：一方面，可以在更加友好的合作氛围和平台上开展贸易与经济合作，避免经济摩擦；另一方面，可以探索与发达国家的友好发展与共赢之道，积累经验，提高自身发展开放型经济的竞争优势和适应高水平竞争的能力，争取与更多发达国家建立友好的贸易合作关系，从而改变中国单一而不平衡的贸易市场结构，减少贸易摩擦和降低可能发生的摩擦造成的危害和影响。

表 6－14　　　　2016 年中国与主要贸易伙伴商品进出口总值情况一览表

目的地	进出口合计（千美元）	出口（千美元）	进口（千美元）	累计同比（%）		
				进出口	出口	进口
总值	3 684 925 029	2 097 444 193	1 587 480 835	－6.8	－7.7	－5.5
中国香港	305 246 490	288 369 972	16 876 518	－11.1	－12.7	32.4
印度	70 075 816	58 317 412	11 758 404	－2.1	0.2	－12.0
日本	274 800 031	129 244 936	145 555 095	－1.3	－4.7	1.9
韩国	252 431 614	93 537 626	158 893 987	－8.5	－7.7	－8.9
中国台湾	179 595 407	40 367 282	139 228 125	－4.5	－10.1	－2.8
东盟	451 795 791	255 571 521	196 224 270	－4.2	－7.8	0.9
其中：印度尼西亚	53 464 177	32 071 368	21 392 809	－1.4	－6.6	7.6
马来西亚	86 720 573	37 510 149	49 210 423	－10.8	－14.7	－7.6
菲律宾	47 158 576	29 788 685	17 369 891	3.3	11.7	－8.4
新加坡	70 388 466	44 446 947	25 941 519	－11.5	－14.4	－5.9
泰国	75 763 445	37 086 399	38 677 045	0.4	－3.1	4.1
越南	98 205 221	61 059 168	37 146 053	2.5	－7.5	24.5
欧盟	546 896 523	338 961 544	207 934 979	－3.1	－4.7	－0.4
其中：英国	74 338 299	55 686 814	18 651 486	－5.3	－6.5	－1.5
德国	151 293 398	65 249 288	86 044 110	－3.5	－5.6	－1.8
法国	47 118 992	24 642 465	22 476 527	－8.3	－7.9	－8.7
意大利	43 054 302	26 350 270	16 704 031	－3.6	－5.3	－0.7
荷兰	67 215 410	57 425 595	9 789 814	－1.5	－3.4	11.5
俄罗斯	69 525 626	37 297 041	32 228 585	2.2	7.3	－3.1
南非	35 321 772	12 837 460	22 484 312	－23.2	－19.0	－25.4
巴西	67 705 787	21 968 124	45 737 663	－5.3	－19.9	3.7
加拿大	45 627 957	27 321 694	18 306 263	－18.0	－7.1	－30.2
美国	519 614 344	385 203 733	134 410 611	－6.7	－5.9	－9.1
澳大利亚	107 826 726	37 161 313	70 665 412	－5.3	－7.8	－3.9
新西兰	11 898 069	4 758 366	7 139 703	3.4	－3.3	8.4

资料来源：全球经济数据网。

最后，中国全方位、多层次、宽领域的开放型经济发展体系和贸易开放新格局正在逐步形成。当前中国的对外开放格局，无论是在国内区域层面，还是在对外合作区域与主体层面，都日趋平衡和优化。改革开放以来，中国对外贸易发展逐步规范化。入世后，在政府的推动下，中国市场进一步开放，出口导向型外贸战略成为主导战略，成为中国外贸规模增长的重要推动力。由于中国地域辽阔、不同省份及地区的经济基础差异较大，政府提出了地区经济的梯度开发思想，即以发展对外贸易比较便利的东部沿海地区作为先发基地，进而再向内陆地区发展的战略，经过多年的发展，形成了东部、中部和西部三大经济地带，也使得这三大经济区域之间和沿海与内陆之间的经济与贸易发展呈现梯度失衡的状态。东部地区的经济与贸易率先与世界接轨，利用国家优惠政策以及国际国内两个市场、两种资源，特别是借助其优越的地理位置，对外贸易额与贸易量不断攀升，遥遥领先于中、西部地区，实现了“先富”。然而，中、西部地区处于内陆，信息与交通均比较闭塞，经济发展与对外贸易十分落后，与东部地区的差距越来越大。如何实现中国内部各区域的经贸发展平衡是中国实现经济结构调整、发展全方位开放型经济体系和构建对外开放新格局的根本性问题。与此同时，中国对外开放的经济发展主体长期以来以广大发展中国家为主，在区域布局上呈单一、集中的态势，而从全球角度看则显得偏狭和不合理，切实改变这一对外开放区域布局也是构建中国对外开放新格局的重要内容。

自贸协定、自贸区和“一带一路”的发展释放着开放新思维，将有助于从根本上化解这些发展难题。在推进自贸协定、自贸区和“一带一路”的发展过程中，中国倡导区域发挥自身比较优势，在新的产业领域和新的国际市场布局框架下，实现海陆并举：一方面，使得东部沿海经济发达地区继续保持发展优势，充分利用临海条件，发展“海洋经济”，积极在全球范围开拓和布局市场；另一方面，通过在国内建立自贸试验区，在“一带一路”沿线重要节点布局境外工业园区、自由贸易区等，并实现其有机结合和联动发展，促进中国中部和西部地区的经济崛起和发展，改变东部地区“垄断”对外贸易发展的状态。在开发陆上国家贸易与经济合作潜力的基础上，为了挖掘内陆地区新的外向型经济潜力与贸易增长点，实现东西部地区联动发展，国家明确支持福建建设 21 世纪海上丝绸之路核心区，明确定位河南、重庆、陕西等自贸试验区为深入推进“一带一路”建设的重点区域。与此同时，其他每个自贸试验区都根据自身发展基础和优势，以“一带一路”建设为统领，有针对性地提出了服务于“一带一路”建设的试验任务。新疆、陕西、福建等地继续加强与“一带一路”建设的对接，或将成为“一带一路”建设的重点突破区域。据悉，2017 年新疆计划投资超 1.5 万亿元加速基础设施建设，加快中巴经济走廊等 5 大通道建设；陕西提出抓住自贸区机遇，融入“一带一路”大格局；福建提出推进“海上丝绸之路”核心区建设，打造“一带一路”茶香通道。至此，中国自贸试验区已覆盖东、中、西部及东北“四大板块”，其与“一带一路”建设、京津冀协同发展和长江经济带构成了中国经济的“三大战略支撑带”。还有“1＋3＋7”自贸试验区布局，呈雁阵模式，全方位推进中国经贸发展，形成了对外开放的区域内部平衡、协调发展新格局。

就对外开放的外向市场布局方面而言，自贸协定、自贸区和“一带一路”塑造了新格局、新境界。如前文所述，自贸区战略在世界范围内为中国开发了广泛的“朋友圈”，特别是中新、中韩和中澳等高水平贸易协定的签署与生效，表明中国已与发达国家开展友好贸易往来，开启了中国与其他发达国家的国际合作之路，这在很大程度上丰富了中国对外开放的内容、水平层次及市场布局。同时，“一带一路”的深入推进，更是指引着中国新时期建立对外开放新格局的方向。“一带一路”建设涉及的国家众多，东面是活跃的东亚经济圈，西面是发达的欧洲经济圈，广大中间腹地国家经济发展潜力巨大。“丝绸之路经济带”重点打通的路线是，中国经中亚、俄罗斯至欧洲（波罗的海），中国经中亚、西亚至波斯湾、地中海，中国至东南亚、南亚、印度洋；“21世纪海上丝绸之路”重点方向则是从中国沿海港口经南海到印度洋，延伸到欧洲，还有一个方向是从中国沿海港口经南海到南太平洋。“一带”和“一路”并举，既重新开辟欧亚大陆这一传统的贸易主通道，规避可能出现的海上风险，又通过加强与沿线新兴经济体和发展中国家的投资、贸易往来，丰富中国对外开放的市场层次、平衡贸易布局。而“一带一路”与自贸区战略的协同推进，将推动中国贸易市场层次和开放市场格局的优化和全面纵深发展。

而今，在勇于突破发展瓶颈、奋于创新与改革对外开放的机制设计和战略布局下，中国对外贸易环境在复杂多变的全球经贸形势下渐趋改善与优化，全方位、多层次、宽领域的对外开放新格局也逐步从蓝图变为现实。

第七章 结论与展望

根据世界银行于2017年1月发布的《全球经济展望》，2015年和2016年全球GDP平均增速分别约为3.2%和3.1%。其中发达国家这两年GDP增速分别为2.1%和1.7%；新兴经济体和发展中国家这两年GDP增速均为4.1%。预计2017年和2018年全球GDP增速分别约为3.4%和3.6%。其中发达经济体这两年GDP增速分别为1.9%和2.0%；新兴经济体和发展中国家这两年GDP增速分别为4.5%和4.8%。虽然2016年全球经济增长有所放缓，但由于各国政府的政策刺激，预计2017—2018年全球经济增长会加快，尤其是新兴经济体和发展中国家。乐观的经济增长前景将促进全球贸易及中国贸易的发展。

根据IMF于2017年4月发布的《世界经济展望》，2015年和2016年全球贸易量增速分别为2.6%和1.3%。其中发达国家这两年出口量增速分别为2.7%和1.4%，进口量增速分别为4.7%和2.0%；新兴经济体和发展中国家这两年出口量增速分别为2.0%和1.3%，进口量增速分别为0.5%和0.2%。根据预测，2017年和2018年全球贸易量增长率将会有所上升。世界银行的相关研究表明，2015年和2016年全球贸易增速的下降主要由政策的不确定性引起，包括发达国家“黑天鹅”事件、金融市场动荡不安、大宗商品价格总体止跌回升、部分品种价格暴涨暴跌等。2017年全球贸易随着全球经济的复苏而复苏，预计2017—2018年全球贸易会有所提升，但由于全球贸易保护主义的抬头，未来全球贸易的发展仍存在较大的不确定性。

中国作为最大的发展中国家和新兴经济体，经济发展进入新常态。2015年和2016年GDP增速分别为6.9%和6.7%，预计2017年和2018年GDP增速将分别为6.6%和6.2%，仍远高于世界经济发展水平。与全球贸易增长放缓不同，中国的对外贸易出现了负增长：2015 年和 2016 年中国对外贸易增速分别为－8.0％和－6.8％，其中出口增长率均为－1.9％，进口增长率分别为－13.2％和 0.6％。随着外部需求的恢复，2017 年一季度中国对外贸易增长率为 15％，其中出口增长率和进口增长率分别为 14.8％和 31.1％。

虽然 2017 年中国对外贸易发展形势有所好转，但依然面临着诸多挑战。首先是全球经济仍有下行的风险，外部需求稳步回升得不到保障；其次是国内生产成本的上升，使我国面临着全球制造业生产的激烈竞争；再次是国际政治的不确定性，特朗普上台、英国“脱欧”给世界贸易带来了不确定性，中东政治矛盾加剧，恐怖主义势力仍威胁世界经济的稳定发展；最后是全球贸易保护主义的抬头，将加剧中国在全球贸易中与一些发达国家的贸易摩擦。

为了促进中国对外贸易的健康持续发展及中国经济发展质量的全面提升，基于上文分析，本章着重就应对贸易摩擦的有效方法、重新提振贸易的方案与策略以及对中国在世界贸易规则重构中的角色提出政策建议。

第一节　应对贸易摩擦的有效手段

从第四章中国面临贸易摩擦的新动向中可以看出，2015—2017 年，反倾销仍是中国遭遇贸易摩擦的最主要形式。为了全面了解反倾销对中国贸易的影响，并提出应对贸易摩擦的有效措施，本节先对各国发起反倾销诉讼对中国贸易的影响进行总结，然后对世界各国对中国发起反倾销诉讼的原因进行分析。

根据王孝松等（2014）的研究，贸易伙伴发起的反倾销措施显著抑制了中国出口增长的内涵边际和外延边际，并且反倾销措施对外延边际的抑制效应要大于对内涵边际的抑制效应；根据王孝松等（2015）的研究，反倾销使中国的出口额减少 2～3.2 个百分点，而发达国家反倾销的抑制效应明显高于全球平均水平，反倾销带来的“贸易缺口”还具有显著的行业差异。

表 7－1 总结了相关研究中世界各国对中国发起反倾销诉讼的原因，从中可以发现贸易伙伴的经济发展状况是影响其是否会对中国发起反倾销诉讼的主要因素。具体来说，当贸易伙伴经济发展状况较差时，如失业率增加、产出增长率下降，贸易伙伴便倾向于对中国发起反倾销诉讼；中国对贸易伙伴出口的大幅增加也会引发贸易伙伴对中国发起反倾销诉讼；当人民币贬值时，中国的出口会相应增加，从而促使贸易伙伴对中国发起反倾销诉讼。中国和贸易伙伴的政治关系也会影响中国贸易，当双方关系良好时，贸易伙伴便不太会对中国发起反倾销诉讼。根据鲍晓华

(2011) 的研究，世界各国对中国发起反倾销诉讼具有相当的主观任意性和歧视性，即中国相比其他出口国遭到了更多的反倾销诉讼。

表 7-1　世界各国对中国发起反倾销诉讼的原因

作者	样本	促进因素	抑制因素
谢建国（2006）	美国	美国国内工业产出的波动 中美政治关系的恶化	
沈国兵（2007）	美国	● 美国工业生产增长率的下降 ● 美国失业率的增加 ● 美国从中国进口渗透率的提高 ● 美元对人民币实际汇率变动率的上升 ● 美国反倾销法的变化	● 美国对中国出口比重的增加 ● 中国对美国出口比重的减小
王孝松（2008）	美国	申诉者的政治势力	
王孝松等（2009）	积极使用反倾销措施的前 16 个国家	● 中国的出口激增 ● 人民币贬值 ● 反倾销的非传统使用者 ● 发起国较高的关税减让幅度 ● 发起国较高的参与 FTA 数量	
鲍晓华（2011）	使用反倾销最多的前 20 个国家	● 对中国发起的反倾销具有相当的主观任意性和歧视性	
于津平等（2011）	发达国家和发展中国家	● 韩国、巴西：政治选举年份 ● 美国：较低的增长速度，较大的贸易赤字 ● 印度：人民币贬值	● 澳大利亚、阿根廷：政治选举年份 ● 加拿大：较高的失业率 ● 阿根廷、墨西哥：人民币贬值
梁俊伟等（2015）	发展中国家	从中国的进口和进口渗透率提升	● 中国较高的平均出口单位价值 ● 发起国较高的工业产出增长率

基于上文的分析，本部分提出以下政策建议：

一、坚定维护 WTO 规则并充分利用 WTO 争端解决机制

WTO 中《反倾销协定》《补贴与反补贴措施协定》和《保障措施协定》分别对倾销、补贴和保障措施进行了明确的定义，并规定了相应的认定条件、调查程序，

以及在初步或最终确认倾销、补贴或保障措施成立后相应的具体措施。根据 WTO 的统计，截至 2016 年底，我国已经连续 22 年成为遭遇反倾销调查最多的国家，连续 10 年成为遭遇反补贴调查最多的国家。根据鲍晓华（2011）的研究，世界各国对中国发起的反倾销具有相当的主观任意性和歧视性，因而这些反倾销和反补贴调查是否符合 WTO 规则是值得研究和厘清的问题。

根据傅东辉（2009）的研究，世界各国对华反倾销调查在一般规则、正常价值和倾向认定规则、程序公正性和透明度规则、非市场经济政策上，具有不同程度地违反 WTO 规则的事实。例如：欧盟在对华的反倾销中实行双重标准，对中资企业和欧资企业区别对待，对于在华欧洲企业基本给予市场经济地位或最低税率，而对中国本土企业则尽量不给予市场经济地位或征收高额税，甚至把对大多数欧盟企业都不适用的“国际会计准则”强加给中国企业；欧盟对中国柠檬酸案件中，申诉企业不公开审计报告，只声称遭遇严重亏损；美国常常选择完全背离市场价格的替代国价格来确定中国材料和零部件的成本或其他费用，以此来认定是否存在倾销行为；在印度对中国化工原料顺酐反倾销案中，印度方面以经费限制为由，将通常为 2 天的核查缩短为半天；等等。2016 年的 1 月，WTO 裁定欧盟对中国钢铁固件反倾销违规。另外，一些国家针对我国产品征收长达 20 年的反倾销税，日落复审制度有被滥用之嫌。

对于国外对华贸易摩擦调查中违反 WTO 规则的情况，我国应该特别强调遵守 WTO 规则，并诉诸 WTO 争端解决机制。乌拉圭回合谈判结果——一揽子协议的达成标志着 WTO 争端解决程序的正式诞生，作为 WTO 协定重要组成部分的《关于争端解决规则与程序的谅解》规定了解决贸易争端的全部细节，对磋商和申请成立专家组、审理、中期评审、裁决、上诉、执行等环节制定了完备的程序规则。整个争端解决程序在设计上突出了规则的法律特征，使贸易体制更加安全和具有可预见性。

WTO 争端解决机制可以在一定程度上避免成员因违反 WTO 规则而造成对中国的不利判决。WTO 争端解决机制确立了争端解决机构对案件的强制管辖权，这就有利于防止某些成员无理阻挠专家组成立或阻挠专家组报告的通过，相对中立的司法结构更能保证判决的公平性。对于 WTO 争端解决机制无法解决不公平现象的情况，如其他成员对华日落复审的滥用等，我国应该提出修改的意见，提出具有操作性的相关提案，争取在 WTO 中获取更多话语权。

2015 年至 2017 年上半年，中国作为争端方参与的 WTO 争端解决案新增 8 起，其中在 2 起案件中作为起诉方，在 6 起案件中作为被诉方，可见中国主动提起的争端案件不多。因此中国应该积极培养通晓WTO规则的法律人才，建立政府和企业的联动机制，积极主动地运用WTO争端解决机制，有效地解决贸易纠纷，更好地维护自身的合法权益。

二、积极缔结自贸协定寻求更为便利的贸易合作

20世纪末以来，基于WTO框架的全球多边贸易体制的建设进程缓慢，截至2017年上半年，WTO已经拥有164个成员，致使多边谈判难度加大，进程进展缓慢，多哈回合谈判从2001年开始，至今仍没有实质性进展，谈判陷入僵局。相比于WTO多边自由贸易谈判，FTA涉及的谈判主体较少，谈判的内容更具有针对性，谈判的方式比较灵活，协定的达成难度较低，协定各方可以较快地享受到FTA带来的好处；FTA后续的扩展或谈判升级也比较便捷，参与方可以充分有效地针对特定产品和重点领域进行协商，从而促进参与方之间的经贸合作。

截至2017年6月，向WTO通报的区域贸易协定有659个，其中445个已生效。美国参与的已生效区域贸易协定共13个，均与自由贸易区相关；欧盟参与的已生效区域贸易协定共40个，其中36个为自由贸易区；日本参与的已生效区域贸易协定共15个，均与自由贸易区相关。我国已签订的区域贸易协定共15个，其中14个为自由贸易区，涉及国家和地区包括我国港澳地区、格鲁吉亚、澳大利亚、韩国、瑞士、冰岛、哥斯达黎加、秘鲁、新加坡、新西兰、智利、巴基斯坦、东盟等；正在谈判中的自由贸易协定7个，涉及海合会、挪威、斯里兰卡、马尔代夫、以色列、中日韩自由贸易区和区域全面经济伙伴关系（RCEP，即10+6）；正在研究的自由贸易区9个，涉及哥伦比亚、摩尔多瓦、斐济、尼泊尔、巴布亚新几内亚、加拿大、孟加拉国、毛里求斯和蒙古。

从第四章的分析中可以看出，对中国发起贸易救济调查最多的主要是那些未与中国缔结自由贸易协定的国家。以自由贸易协定作为中国减少在国际贸易中面临的贸易摩擦的手段并没有得到充分利用，中国应该综合考虑尽快与这些国家缔结自由贸易协定并积极展开对话、进行磋商，在自由贸易协定中可以规定贸易救济、争端解决等条款，以期能通过自由贸易协定来有效控制所面临的贸易摩擦。

下面解释如何利用FTA反倾销条款有效控制贸易摩擦。最直接的方法是在FTA协定中废除区内反倾销措施，如加拿大-智利自贸区等。比较普遍的做法是在WTO规则的基础上，增加一些程序性规定或某种特殊机制以减少成员之间反倾销措施的使用。例如：可以就反倾销调查过程的透明性、协助调查条款等做出规定，以限制反倾销调查的随意性；在WTO规则的基础上，规定微幅倾销幅度、可忽略

的进口量条款、降低反倾销税税率条款和禁止使用归零法则[①]等，以减少倾销成立的可能性，并减轻反倾销处罚力度；设置更为严格的争端解决机制来削弱成员之间滥用反倾销的可能性。

三、加快“去产能”步伐，优化出口产品结构

中国经济进入“新常态”，由于宏观调控不到位，有些行业盲目扩张，到2014年，共有九大行业产能过剩，包括钢铁、煤炭、平板玻璃、水泥、电解铝、船舶、光伏、风电和石化行业，为此中央提出了“去产能、去库存”战略。与之相对应的是，2015—2016年，钢铁及其制品是世界各国对华发起贸易救济调查涉案最多的行业，分别占世界各国各年对华发起贸易救济调查案件总数的46.9%和41.2%，超过80%的贸易摩擦案件集中在六大行业，包括基本金属、化工、机械设备、纺织、橡胶塑料和建材。产能过剩行业是中国遭受贸易摩擦最严重的领域。

以钢铁行业为例（见图7-1），中国粗钢的产量在全球粗钢产量中的占比较高。从2013年开始，占比达到了49%以上，加之全球经济疲软导致需求不振，中国钢铁行业产能过剩的问题更加突出，2015年钢铁行业产能利用率只有64.8%，低于81%的合理水平。根据2016年2月国务院发布的《关于钢铁行业化解过剩产能实现脱困发展的意见》，中国钢铁行业“去产能”的步伐进一步加快，中国钢铁企业

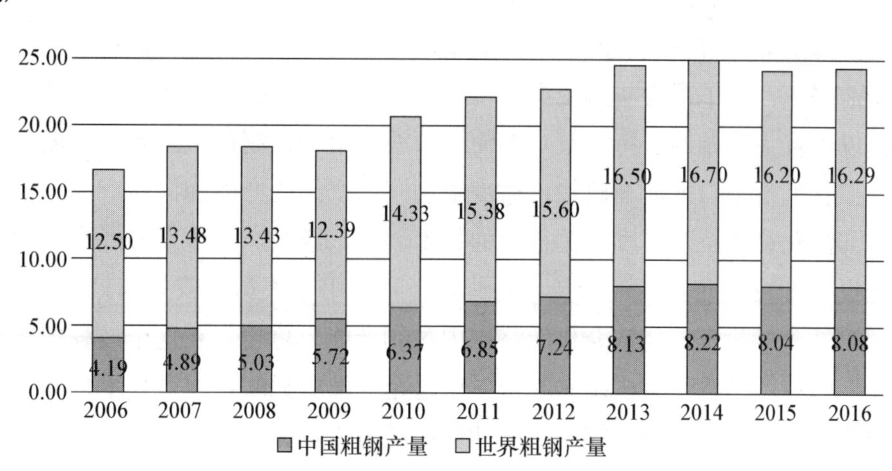

图7-1　2006—2016年中国和世界粗钢产量

资料来源：中国的相关数据来自国家统计局，全球数据来自世界钢铁协会。

① 归零法则是指在反倾销调查时，把出口价格低于正常价值的部分认定为正倾销幅度，而不把出口价格高于正常价值的部分视为负倾销幅度，而是当作零计算。

以低价出口，试图消化钢铁行业过剩产能。中国钢材产品出口平均单价变化如图7-2所示，从2011年开始下跌，尤其是在2014年之后，中国钢材产品出口平均单价下跌幅度更大。另外，虽然我国钢铁产量高居全球第一，但每年仍有一定量的高端和特殊钢材产品的进口。根据海关数据，2016年中国进口钢材1 321万吨，同比增长3.4%，进口价格是出口价格的数倍，说明在产品升级方面，我国仍不能懈怠。

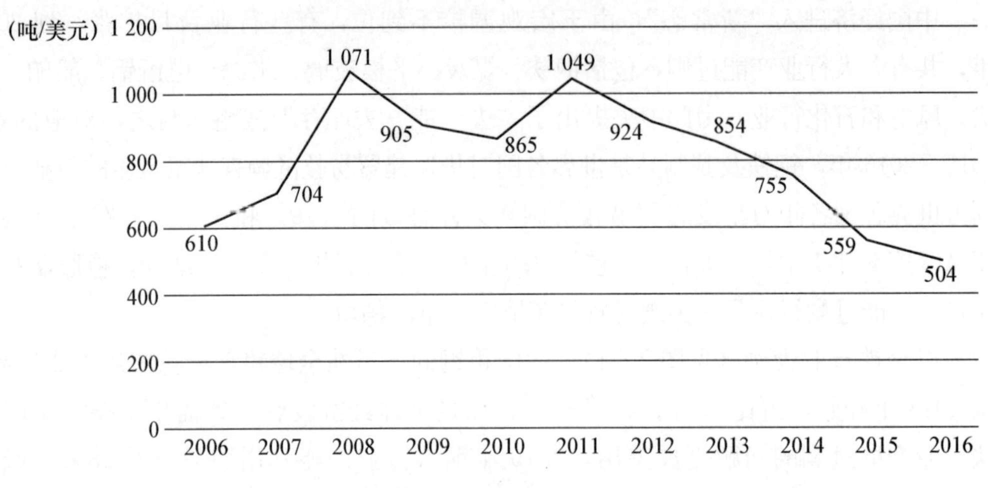

图7-2　2006—2016年中国钢材产品出口平均单价

资料来源：国家统计局。

中国钢铁行业以低价格进入国际市场，遭遇贸易摩擦的概率大大增加，事实也正是如此。如何解决这些问题，需要我们认真对待，国内方面在不损害国内经济发展的前提下，为了减少或避免类似情况的发生，根据国际去产能的经验，政府可以实施以市场为基础的扶持政策，促使资源根据市场机制优化配置；适度提高出口门槛，扭转低价出口的产业政策；适度限制同质产品的产能和同质产品进口，促进国家内部消化；支持和鼓励相关行业的技术创新，通过产品研发和提高环保标准倒逼企业提质升级；推动兼并重组，提供政府补贴用于人员的安置与产品设备的升级；利用对外直接投资和经济合作转移国内过剩产能。总之，在这个过程中需要把“去产能”与“调结构”有机统一起来，调整企业发展战略，通过技术创新实现产品升级换代，提高行业过剩产能利用率和产品竞争力，实现产业结构调整与转型发展相结合。

国际方面，随着德国政府发布《德国2020高技术战略》，全球进入工业4.0时代，即第四次工业革命。中国应该抓住科技改革的机遇，融入并引领全球大生产，促进全球分工和合作更加合理，提升自身在国际分工中的地位，调整和升级出口结构，淘汰落后产能，降低在国际贸易中发生贸易摩擦的可能性。

四、加大市场多元化，建立和完善贸易摩擦预警机制

2015 年至 2017 年上半年，对中国发起贸易救济调查的国家主要是美国和印度，同时美国和印度也是中国出口的主要目的国，在中国 2016 年出口的目的国中排名分别列第 1 位和第 6 位（欧盟各成员国单独计算）。如表 7－2 所示，2015 年和 2016 年中国出口市场比较集中，中国对前 10 位贸易伙伴的出口在各年中国总出口中的占比接近 60%。

表 7－2　　2015 年和 2016 年中国十大出口目的国或地区　　金额单位：百亿美元

2015 年			2016 年		
目的国或地区	出口额	累计出口占比	目的国或地区	出口额	累计出口占比
美国	41.01	18%	美国	38.91	18%
中国香港	33.45	33%	中国香港	29.40	32%
日本	13.59	39%	日本	12.96	38%
韩国	10.15	43%	韩国	9.58	43%
德国	6.92	46%	德国	6.60	46%
越南	6.64	49%	越南	6.20	49%
英国	5.97	52%	印度	5.94	51%
荷兰	5.97	54%	荷兰	5.81	54%
印度	5.83	57%	英国	5.66	57%
新加坡	5.32	59%	新加坡	4.74	59%

资料来源：国际贸易研究及决策支持系统。

根据王孝松等（2009）的研究，中国对贸易伙伴出口的激增会显著增加其对华发起反倾销的可能性，以及确认倾销和损害的数量，因此中国只有不断开拓市场，使出口市场的分布趋于合理，才能避免某种商品大量涌入某一国家或地区。

对于与我国没有贸易合作或合作程度不高的国家或地区，我国有关部门可以对有类似需求的新市场开展深度调研，为我国遭受贸易摩擦较多的行业寻找出口替代国，政府可以提供相应的财政支持、金融支持、保险支持、信息支持和人才支持，引导我国企业大力拓展对这些国家或地区有针对性地出口，从而减少我国遭遇的贸易摩擦。对于与我国贸易合作程度较高的国家或地区，我国有关部门同样可以进行市场调研，了解是否具有进一步加深合作的可能性，分析我国引发贸易摩擦较多的产品在这些国家或地区遭遇贸易摩擦的可能性，如果可能性较低，则政府可以引导相关产品出口企业从美国或印度等国家转移到这些国家或地区。

对于贸易摩擦频发的国家或地区，我国应该建立和完善相应的预警机制，引导企业尽量避免低价、大量地向这些国家或地区出口相关产品。做到高准确率的贸易摩擦预警，需要明确政府、行业协会和企业间的责任分工。政府要承担更多的责任，行业协会要承担起政府委托和下放的职能，企业应该减少搭便车的心理，参与预警机制的建设与完善；政府、行业协会与企业之间要注重效率，强化各个工作环节之间的衔接。其一，需要提高预警机制信息的时效性。相关国家或地区的经济、产业、市场方面的各种信息的时效性对预警的成功具有决定性作用，应该加大相应的科研投入、人才的培养，以开发和使用先进的分析方法和信息系统，提高预警机制的时效性。其二，需要扩大预警机制的受益人覆盖面。加大宣传力度，使得各类企业，尤其是中小企业，认识到贸易摩擦的长期性和危害性，激发其主动参与预警机制的意识，确保各个机构信息传递的畅通性，从而扩大受益人覆盖面。

五、深化市场改革，争取市场经济地位获得认可

“非市场经济地位”条款是中国加入 WTO 法律文件中的一大歧视性安排，对中国的贸易利益造成了极其不利的影响。《中国加入世界贸易组织议定书》第 15 条（a）款规定，如果受调查的生产者能够证明其在制造、生产和销售环节具备市场经济条件，则 WTO 进口成员在确定价格可比性时，应该使用受调查产业的中国价格或成本，否则可使用替代国价格。正是由于此项规定，与我国存在贸易摩擦的主要贸易伙伴不承认我国市场经济地位，在倾销认定过程中使用了偏离我国国内真实成本的替代国价格，致使对我国反倾销起诉往往取得较高的肯定性裁决及较高的反倾销税税率，导致我国在国际贸易中遭受巨大的损失。

《中国加入世界贸易组织议定书》第 15 条（d）款规定，一旦中国根据 WTO 进口成员的国内法证实中国的市场经济地位，则（a）款规定即应终止。根据商务部的统计，截至 2016 年，已有 88 个 WTO 成员先后承认了中国的市场经济地位，但主要对华采取贸易救济措施的经济体并没有承认。《中国加入世界贸易组织议定书》第 15 条（d）款还规定，在加入日后 15 年终止替代国价格的使用，即在 2016 年 12 月 11 日，反倾销和反补贴调查中的替代国条款应自动失效。虽然美国、欧盟、日本、加拿大、印度、墨西哥等主要对华采取贸易救济措施的经济体依旧不承认中国的市场经济地位，但根据此项规定，不管 WTO 成员是否承认中国的市场经济地位，替代国价格条款在中国入世 15 年后都会自动失效，此后，针对中国的反倾销或反补贴调查都应使用中国国内相关产业的生产成本。

但事实并未如此，如 2017 年 6 月 20 日，欧洲议会国际贸易委员会通过反倾销

调查新方法修正案，该修正案套用现行非市场经济国家的标准，以存在“严重市场扭曲”国家的名单代替非市场经济国家的名单，本质上是变相使用替代国方法，延续歧视性和不公平的做法。因此，中国在诉诸 WTO 的同时，仍需要主动且积极地与这些国家进行磋商，促使这些国家承认中国的市场经济地位。

中国为何没有获得美国、欧盟、日本等经济体的认可？第一种观点认为中国确实没有达到欧美对市场经济的认定标准，如 Bernard O'Connor（2011）；第二种观点认为是政治冲突所致，如 R. N. Mattew（2014）；第三种观点认为这些经济体与中国在贸易上存在矛盾，不承认中国的市场经济地位对它们向中国发起贸易救济诉讼更有利，如刘希全（2011）。为了促使这些经济体承认中国的市场经济地位，避免在贸易摩擦中的不利局面，中国应该首先区分是否存在合作的可能性，对于具有合作可能性的成员，我国应该加强与其沟通，共同探讨解决这一问题的途径；对于坚决不合作的成员，我国可以诉诸 WTO，要求其遵守 WTO 规则。重要的是，中国应该以此为契机，促进国内市场的改革，减少政府干预，使市场在资源配置中起作用，可以参考美国《1930 年关税法》中规定的“市场经济 6 条标准”[①]，作为中国改革和谈判的方向。另外，政治因素是一项重要的考虑因素，我国要审时度势，创造和利用有利战略机遇，迫使这些经济体做出让步。

六、争取汇率市场的自由化

2016 年 9 月的第一场美国总统大选辩论中，特朗普指责中国引导人民币贬值，意在质疑中国通过操纵人民币获得了不公平的贸易优势。2017 年 4 月 6—7 日，中国国家主席习近平在美国佛罗里达州海湖庄园同特朗普举行了会晤，两国同意建立新的对话合作机制，并且展开为期 100 天的贸易谈判计划，称为“百日计划”。这个计划将推动美国出口，减少美国对华贸易逆差，作为交换，特朗普放弃将中国列为“汇率操纵国”。为了从根本上杜绝被指控为“汇率操纵国”，我国需要全面了解该机制，以备不时之需。

最早美国国会两院于 1988 年通过了《贸易和竞争综合法案》，2016 年开始则适用《2015 年贸易便捷与贸易促进法案》。美国自 1988 年开始对其主要贸易伙伴进行每半年一次的国际经济和汇率政策评估，判断有关贸易对象是否利用对汇率的操纵（即不合理定价）获取对美优势。根据美国法律的规定，认定一国为“汇率操纵国”

① 这 6 条标准包括：货币的可兑换程度；劳资双方进行工资谈判的自由程度；设立合资企业或外资企业的自由程度；政府对生产方式的所有和控制程度；政府对资源分配、企业的产出和价格决策的控制程度；商业部认为合适的其他判断因素。

需要完全符合三个条件：一是对美国存在超过200亿美元的贸易顺差；二是经常账户顺差占GDP的比重超过3%；三是持续单边干预汇率市场。具体来说，就是通过买入外国资产促使本国货币贬值，且买入规模在一年中达到GDP的2%。2016年，中国对美国顺差为253.7亿美元；2016年四季度经常账户盈余占GDP的比重为1.9%；相比于2016年12月，2017年5月人民币兑美元汇率微幅上升，并且近年来中国已在出售以美元为代表的外汇储备以支撑人民币汇率，防止人民币贬值，所以第二个和第三个条件无法成立。

假如中国被美国错误地列为“汇率操纵国”，中国可以诉诸IMF，因为IMF汇率问题的评估体系纳入了衡量美国嚣张特权等指标，相较于聚焦货物贸易和经常账户的美国框架更贴近现实，也更合理。IMF相关负责人表示，从2016年底人民币对美元汇率的波动情况来看，人民币不存在“汇率操作”的事实。

根据美国的法律，一旦被认定为“汇率操纵国”，美国财政部就会与该国进行谈判，敦促其解决货币低估的问题，而且美国总统在此过程中有权采取行动，如果持续一年被认定为“汇率操纵国”，美国就会采取惩罚措施或直接提请IMF进行裁决。一旦被贴上“汇率操纵国”的标签，美国对该国进行贸易制裁就会变得相对容易，使该国在贸易中处于不利地位。美国会与“汇率操纵国”进行谈判，要求该国以浮动汇率为方向进行改革，减少资本管制。不过，就长期而言，持续推进人民币汇率改革才是核心。根据余永定等（2016）的研究，过于严格的汇率管制将会妨碍正常的贸易结算和资本跨境流动，导致资源配置的严重扭曲。目前，银行间即期外汇市场人民币兑美元交易价浮动幅度为2%，人民币汇率制度需迈向“清洁浮动”。

七、利用对外直接投资规避贸易摩擦

有针对性地对外直接投资可以减少对东道国相关产品的出口，从而减少贸易失衡，起到缓解贸易摩擦的作用。对外直接投资主要有四种效应：出口诱发效应、进口转移效应、出口替代效应和逆向进口效应。前两种效应会增加投资国的出口、减少投资国的进口，从而加剧贸易失衡，不利于缓解贸易摩擦；相反，后两种效应会减少投资国的出口、增加投资国的进口，从而减少贸易失衡，有利于缓解贸易摩擦。这四种效应的最终净效应决定了对外直接投资对缓解贸易摩擦的效果。

第二次世界大战后，贸易随着日本经济的快速发展不断发展，带来的是逐渐频发的贸易摩擦。日本充分利用和扩大了对外直接投资，不仅有效地缓解了贸易摩擦，而且有力地促进了外向型经济的发展及整体实力的提升。如日美汽车摩擦，20世纪70年代后期，日本对美国的汽车出口数量大且逐年大幅度增加，对美国的汽车行业产生了巨大的冲击，美国汽车行业不得不进行裁员以降低成本，这导致美国汽车行业及工人的不满情绪日益高涨，日美汽车贸易摩擦由此爆发。为了缓解日美汽车贸易的紧张局势，日本各大汽车公司相继对美国进行投资，在美国本土生产及销售汽车，有效地替代了出口，缓解了贸易摩擦。

针对国内对外直接投资对贸易的效应研究，利用中国工业企业数据库较短期面板数据进行的研究普遍认为中国对外直接投资具有出口诱发效应（蒋冠宏等，2014；毛其淋等，2014），而利用国家层面的长期宏观数据的研究普遍认为中国对外直接投资具有出口替代效应和逆向进口效应（王胜等，2014；王恕立等）。因此，中国对外直接投资短期内首先呈现的是出口诱发效应，随着对外直接投资的加深，长期呈现的是出口替代效应和逆向进口效应。从长期来看，中国对外直接投资有利于缓解中国在国际贸易中遭遇的贸易摩擦。

我国对外直接投资缓解贸易摩擦的作用初步显现，应该继续有针对性地进行对外直接投资。在对外直接投资过程中，要正确选择对外直接投资的区域，可以考虑直接到主要对华采取贸易救济措施的国家进行投资，或者到一些生产成本较低、与我国签订了贸易协定的发展中国家进行投资；要正确选择对外直接投资的产业和产品，从长远发展看，可以加大对传统行业的投资，对于东道国可以增加就业和改善贸易环境，对于我国可以利用东道国的资本和技术实现传统产业的升级，同时可以选择发达国家技术密集型的产业进行投资，充分利用学习效应和溢出效应，加快我国产业的发展和升级。我国可以就特定产业的对外直接投资制定相应的支持政策，鼓励中小企业和民营企业参与对外直接投资，使对外直接投资更好地发挥规避贸易摩擦的作用。

八、增强知识产权保护意识，加强知识产权保护

随着中国出口结构的不断优化和提升，出口产品的技术含量虽然不断提升，但中国在技术发展的初期，主要借鉴和利用国外先进的技术，对国外技术具有一定的依赖性。发达国家与发展中国家在技术水平上有着很大的差异，对于发展中国家来说，由于创新能力较弱，因此倾向于采取较弱的知识产权保护措施促进对国外技术的吸收与模仿，以实现技术的赶超。发达国家为了保护研发成果和维护新技术的市场垄断，知识产权的保护程度强于发展中国家。随着中国贸易的快速发展，知识产权保护成为我国遭遇的贸易摩擦的主要形式之一。

以美国“337 调查”为例。“337 调查”是美国国际贸易委员会（USITC）根据《1930 年关税法》的第 337 节，针对侵犯美国知识产权等不公平贸易行为进行的调

查，包括专利侵权、商标侵权、著作权侵权、不公平竞争和商业秘密侵权，其中专利侵权是“337调查”主要的诉讼内容，占所有“337调查”案件的93.49%。该调查的特点是申请门槛低且制裁措施严厉，应诉时间短且诉讼费用高，因此成为中国企业对美出口的主要障碍。从1995年到2017年上半年，美国总共对中国发起211起“337调查”，造成的直接影响是减少了中国高新技术产品对美国的出口规模和阻碍了企业发展，更深层次的影响是制约了中国高新技术产业的发展，这会严重制约中国经济的发展。

采取积极的应对策略是必要的，以下分别从国家层面和企业层面提出政策建议：

从国家层面看：首先，完善知识产权保护法制建设和提高执法力度。在科技快速发展的今天，政府应该在完善知识产权保护的立法上，顺应国家和世界的发展，加快知识产权保护法律法规的制定和修改。为了更好地确保知识产权得到有效保护，要提高执法队伍的业务水平和专业素质。其次，组建人才队伍，加强对国外知识产权制度的研究，以避免和应对贸易摩擦。如研究美国“337调查”的相关法律，并向中国出口企业公开，确保它们尽量规避调查或在遭遇调查时能够快速应对，以避免更大的损失。再次，通过磋商机制赢得发达国家的理解。我国作为发展中国家，在技术水平方面与发达国家还有一定的差距，在发展过程中可能无法避免借鉴国外先进的技术。我国应与相关国家或机构进行磋商，及时传达本国在知识产权保护方面的进展和努力，赢得发达国家的理解和支持，为我国科学技术发展赢得更大的空间。最后，提高研发投入，鼓励创新。从根本上解决中国面临的知识产权贸易摩擦的办法，是我们对知识具有自主权，不仅需要加大研发投入，而且需要政府出台融资、奖励等支持政策鼓励企业的创新。一步实现全国创新具有难度，可以先培养数个科技创新领头企业，逐步实现全国创新。

从企业层面看：首先，增强知识产权保护意识。企业自身应该增强知识产权保护意识，加强市场调研，避免新技术开发中的侵权行为，积极在国内外相关机构申请专利保护以维护自身的权益，企业在出口时，应加强知识产权保护意识，以避免不必要的争端。其次，积极应诉，努力维护自身的合法权益。由于经验缺乏和观念问题，企业在面对产品侵权时不积极应诉，会导致自动败诉。我国企业在被诉时，要争取在最短的时间内做好相关准备工作，聘请相关专业律师、翻译，与其他被诉企业分工合作，增加胜诉的概率，必要时，可以主动出击，策略性地发动调查以作为和解谈判的筹码。再次，加大研发投入，提升自主研发能力。我国企业应该逐步摆脱对国外技术的依赖，着眼于长远利益，加大科研经费投入，提升发明专利的研发能力，形成自主知识产权，从根本上避免知识产权贸易摩擦。最后，积极拓展高新技术的新领域，避免出口产品过于集中。我国出口产品集中在计算机与通信技术类，遭遇“337调查”最多的产品便是计算机与通信技术类产品。企业需要积极探索高新技术的新领域，争取在技术含量和附加值较高的航空航天技术产品、生物技术产品的出口上有所提高，使得高新技术产品出口多元化，从而分散风险。

结合分析对华贸易救济频发的原因，本节分别从WTO规则、WTO争端解决机制、“去产能”、产品出口结构、市场多元化、贸易摩擦预警机制、市场经济地位、汇率、对外直接投资、知识产权保护的角度提供了相应的分析及规避贸易摩擦的对策。除此之外，我国还要与贸易伙伴国保持良好的政治关系，为良好的经贸合作关系奠定基础；健全和完善中国相关贸易救济法律，必要时，要充分、合理、有效、熟练地运用贸易救济措施来抵制不正当的竞争行为，营造公平的贸易环境，维护我国在国际贸易中的地位；加强行业协会和商会的建设，明确责任，使其发挥政企间的纽带作用，加强企业间的协调与合作，争取信息共享，促使企业联合起来参与国外市场竞争，并在竞争中协调解决好各种贸易摩擦与矛盾。总之，全国各相关部门、行业都应该各司其职，为我国对外贸易健康持续发展和中国经济的全面腾飞做出贡献。

第二节　重新提振贸易的方案与策略

全球贸易规模从1960年到2008年持续上升，并在全球化进程中经历了快速增长阶段。2008年以后，全球贸易规模经历了两次下降：一次是在2009年，因金融危机造成的全球经济衰退而导致的下降，持续时间为一年；另外一次是从2014年开始，因全球经济恢复缓慢、大宗商品价格疲软等而造成的下降，一直持续到2016年。中国的贸易规模走势与全球贸易规模走势基本一致，不过下降幅度较小。中国2017年上半年进、出口规模分别为70 900亿美元和85 400亿美元，较2016年同期分别下降2%和14%。受全球市场需求低迷、贸易保护主义抬头及政策的不确定性的影响，全球贸易复苏的道路依然坎坷。

我国对外贸易面临的问题主要包括外部需求不足、国内生产成本上升、国际政治的不确定性以及贸易保护主义的抬头。基于此，以下分别就这几个方面提出政策建议。

一、加大研发投入，降低生产成本

中国虽是世界第一制造大国，但国内劳动力、资本等要素成本的持续攀升，逐渐削弱了中国制造的竞争力。例如：中国周边新兴经济体劳动力成本远低于中国，且大幅度放宽外资准入，在土地、税收等方面实施引资优惠政策，积极吸引国际投资发展出口加工业。金融危机后，发达国家回归发展实体经济，推出“再工业化”战略，大力促进制造业回归，因此未来中国制造业将面临激烈的竞争。在此情况下，中国不应该被动地等待形势的变化，而应该主动出击，抓住机遇，寻找降低国内生产成本的可能性以及形成自己的新优势。

从国家层面看，政府可以从制度成本、税费成本、企业融资成本、创新成本等方面去降低企业生产成本。

首先，推进行政改革和简政放权，切实降低制度性交易成本。根据世界银行发布的《2017 年营商环境报告》，其中各项指标衡量了项目办理所需的程序、成本、时间以及供应质量。我国营商环境便利度在 190 个国家中排名第 78 位，较 2016 年上升 2 位，其中各项排名见表 7 - 3。从表 7 - 3 可以看出，虽然在整体排名上中国有微幅上升，但并不是所有指标均上升，其中除了开办企业、获得信贷排名有所上升外，其余各指标排名均有不同程度的下降或不变，且很多指标排名比较靠后，如办理施工许可证、保护少数投资者、纳税等，这说明我国的营商环境并没有大幅改善。要降低企业制度性交易成本，需进一步加快简政放权、放松管制、优化政府管理、提高管理效率，促进政府公共服务职能的转变，为企业营造良好的经营环境，激发各微观市场主体的积极性和创造性。

表 7 - 3　　2016 年和 2017 年中国营商环境各指标排名

	2016 年排名	2017 年排名
开办企业	134	127
办理施工许可证	175	177
获得电力	92	97
登记财产	42	42
获得信贷	78	62
保护少数投资者	118	123
纳税	127	131
跨境贸易	94	96
执行合同	4	5
办理破产	53	53

资料来源：世界银行《2017 年营商环境报告》。

其次，进一步推进税制改革、完善税收机制，切实降低企业税费负担。2016 年 5 月 1 日起，中国全面推开“营改增”试点，实现了财税体制的一次深刻变革。增值税只对产品或者服务的增值部分征税，减少了重复纳税的环节，能够减轻企业的税收负担。为了彰显了国家对降低企业税收负担的决心，还可以进一步出台更多针对特定行业的税收优惠政策，加大对新兴产业的减税力度，进一步扩大对中小企业的税收优惠政策面，清理各种不合理的收费，如不合理的政府性基金收费等。

再次，推进金融改革、完善融资机制，切实降低企业财务成本。改革现有银行盈利模式，使金融资本真正服务于实体经济，大力发展股票和债券市场，并进行市场化改革，使企业的融资渠道更加多元化，从而降低中小企业的融资难度。

最后，制定政策支持企业创新，降低企业的创新成本。在融资、税收等方面给予创新企业更多优惠，建立相应的创新基金，制定合理的奖励机制。鼓励企业与高校、科研单位合作，共建研发中心，鼓励科技成果产业化。促进生产性服务业的发展，规范生产性服务业更好地服务于制造业，以提高制造业的生产效率、降低生产成本、提高创新能力。

从企业层面看，企业可以从劳动力效率、资产利用率、品牌和质量建设与创新等方面去降低企业生产成本。首先，加强对员工的培训，提高劳动力效率。在我国劳动力成本上升的背景下，要通过科学而合理的培训，提高劳动力的生产效率，降低单位产品劳动力成本。虽然培训也有成本，但提高劳动生产率带来的益处更大。其次，制订合理计划以提高资产利用率。为了提高固定资产利用率，可以出租闲置资产，使闲置资产得到有效利用。与其他企业合作，通过置换的方式，各取所需以提高资产利用率。加强对现金、应收账款、存货等的管理。再次，提高产品质量，加强品牌的建设。由于质量和品牌的不足，中国在国际市场的话语权和产品定价权不足。企业内部可以制定更高的质量标准，向国际标准看齐。学习国际企业品牌建设的经验，加强自身品牌的建设。最后，提高研发投入，加强创新。要想从根本上提升企业的竞争力，就要掌握核心技术，并加强生产的创新性，降低生产成本。

二、加强高新技术的开发，摆脱“低端锁定”

高新技术是指那些对一个国家或地区的政治、经济和军事等各方面的进步产生深远影响并能形成产业的先进技术，具有高智力、高收益、高战略、高群落、高渗透、高投资、高竞争、高风险等特点。高新技术包括电子与信息技术、生物工程和新医药技术、新材料及应用技术、先进制造技术、航空航天技术、现代农业技术、新能源与高效节能技术、环境保护技术、海洋工程技术等。

随着我国贸易结构的不断改善，高科技产品出口规模虽然不断上升，并逐渐趋于平稳（见图 7－3），但我国并不掌握核心技术，主要参与全球分工中低附加值的组装加工环节，处在全球贸易价值链的低端。以《商品名称及编码协调制度的国际公约》

第16类第84章中品目为8471的产品为例，该产品是包括计算机等产品在内的高科技产品。计算机及通信设备是我国主要的出口产品，从表7-4中可以看出，大部分的8471产品的出口属于加工贸易出口，即使加工贸易出口所占比重在不断下降，但在2016年仍有80%的占比。这说明我国在高科技产品、高新技术的开放上还有很长一段路要走。

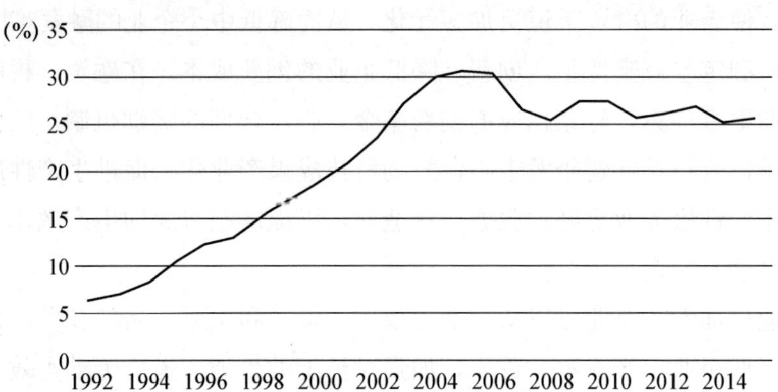

图7-3　1992—2015年中国高科技产品出口占制成品出口的百分比

资料来源：世界银行世界发展指标。

表7-4　2007—2016年中国HS：8471产品出口总额和加工贸易出口额

年份	总出口（百亿美元）	加工贸易出口（百亿美元）	加工贸易占比
2007	9.35	9.14	98%
2008	10.56	10.28	97%
2009	10.16	9.79	96%
2010	13.91	13.25	95%
2011	15.19	14.31	94%
2012	16.34	14.77	90%
2013	16.17	14.05	87%
2014	16.34	13.68	84%
2015	13.73	11.31	82%
2016	12.51	10.01	80%

资料来源：国际贸易研究及决策支持系统。

伴随着经济全球化浪潮与工程技术的进步，国际分工深入产品内部各个工序和环节，垂直专业化分工逐步取代传统的水平分工，成为新型国际分工的主要形式。改革开放后，我国积极融入国际分工体系，依靠较低的劳动力成本，长期保持劳动密集型产品的比较优势。然而，中国加工贸易主要承担生产环节中的低附加值环节，在全球价值链中处于从属地位，“低端锁定”成为我国制造业进一步发展的主要瓶颈。突破“低端锁定”最根本的手段就是加大创新，开发高新技术，掌握核心技术，以达到向全球价值链上游攀升的目标。

根据工业和信息化部赛迪研究院的相关研究，我国高新技术产业的发展主要面临以下几个问题：一是技术创新的瓶颈依然制约着我国高新技术产业做大做强，具体表现为创新资源碎片化和高新技术协同创新体系不完善；二是知识产权运用问题制约着我国高新技术产业的自主创新，具体表现为我国高新技术企业知识产权运用能力偏低、管理经验不足等；三是质量、品牌影响着我国高新技术产业的国际竞争力，具体表现为质量安全事故时有发生等，2016 年 Interbrand 世界品牌排行中，只有华为和联想两个国内企业入围前 100 强，分别排名第 72 和第 99，这与中国的世界第二大经济体的地位不符；四是高新技术产业发展的政策环境需要进一步优化，具体表现为一些地方政府为了片面追求政绩，产业布局设置得不够合理，缺乏完善的相关产业公共服务平台。

针对以上问题，提出以下政策建议：首先，完善创新驱动战略，进一步优化科技资源配置，发挥市场机制作用，强化资源整合，促进科技成果转化，推进智能化、数字化在制造业中的运用，打造中国先进的高新技术产业体系。其次，加快推进制造业创新中心工程建设，带动高新技术产业的发展。再次，加强知识产权保护意识，加大知识产权宣传力度，帮助企业提升在知识产权创造、运用、保护和管理方面的综合能力，加强产学研合作，推动技术成果产业化。最后，持续推进质量、品牌相关工作，要提升质量控制技术、完善质量管理机制、优化质量发展环境，鼓励企业追求卓越品质。开展品牌建设，强化品牌的保护、服务和推广功能，形成国际化品牌，树立中国制造品牌的良好形象。

三、努力发展服务业，加强服务贸易

近年来，随着经济全球化的不断发展和信息技术的广泛使用，服务的可贸易程度不断提高，服务贸易快速发展。在全球经济不稳定和我国比较优势变化的新形势下，发展服务贸易对我国对外贸易和经济发展具有重大意义。

首先，相较于货物贸易，服务贸易能够减少资源和能源的消耗，可以促进我国对外贸易增长方式的转变，推动我国从贸易大国向贸易强国迈进。其次，发展服务贸易，可以加快推进工业化发展进程，提升我国制造业在国际产业分工和价值链中的地位。再次，发展服务贸易，可以通过引进新商业模式、国际化人才、服务体制的改革来提升我国现代服务业发展水平，进一步促进中国的服务贸易。最后，发展服务贸易，可以通过生产性服务部门的出口带动我国的货物贸易。

改革开放以来，我国跟上全球服务贸易快速发展的步伐，大力发展服务贸易。1982年我国服务贸易对外进出口总额只有44亿美元，进、出口额分别为19亿美元和25亿美元。随着我国服务贸易的发展，我国服务贸易进出口总额在2014年达到最大规模，为6 300亿美元，其中进、出口额分别为2 000亿美元和4 300亿美元，如表7-5所示。

表7-5　2005—2016年中国服务贸易进出口情况

年份	进出口总额			出口额			进口额		
	金额（百亿美元）	同比增长（%）	占世界比重（%）	金额（百亿美元）	同比增长（%）	占世界比重（%）	金额（百亿美元）	同比增长（%）	占世界比重（%）
2005	15	—	3.0	6	—	2.6	8	—	3.4
2006	18	21.2	3.2	8	22.2	2.8	10	20.4	3.6
2007	23	30.0	3.5	10	32.8	3.1	13	27.8	3.9
2008	28	18.7	3.7	12	15.6	3.2	16	21.2	4.2
2009	25	−11.4	3.7	10	−17.5	2.9	15	−6.7	4.4
2010	34	40.5	4.7	15	52.1	4.1	19	32.5	5.3
2011	42	22.1	5.1	17	14.2	4.2	25	28.3	6.1
2012	45	8.2	5.3	17	0.6	4.1	28	13.6	6.6
2013	51	12.5	5.7	18	4.4	4.0	33	17.6	7.4
2014	63	22.6	6.4	20	7.7	4.0	43	30.8	8.9
2015	62	−0.5	6.8	19	−2.1	4.2	43	0.3	9.5
2016	63	1.1	6.8	18	−4.6	4.0	45	3.7	9.8

资料来源：WTO国际贸易统计数据库。

但我国服务贸易发展是不平衡的，从表7-5和图7-4可以看出，我国服务贸易一直处于逆差状态，且逆差规模逐年递增，在2016年达到了2 700亿美元。其中部分逆差来源于旅游行业，2016年我国旅游行业进、出口额分别为2 600亿美元和400亿美元，不考虑旅游行业的服务贸易，我国其他行业的服务贸易逆差约为500亿美元。大量的服务贸易进口可以为我国引入新的商业模式、培养国际化的人才，推动我国服务体制的改革，带动我国服务业水平的发展。但长期逆差说明我国部分服务消费从国内市场转移到国外市场，不利于我国对外贸易增长方式的转变，不利于我国经济结构的调整，从而制约我国的贸易和经济的发展。

造成我国服务贸易长期失衡的第一个原因是我国服务业发展水平不高。表7-6列出了2016年世界服务贸易额排名前十的出口和进口国家或地区，在最后一列列出了各国服务业附加值占GDP的比重，可以看出发达国家的服务业发展水平

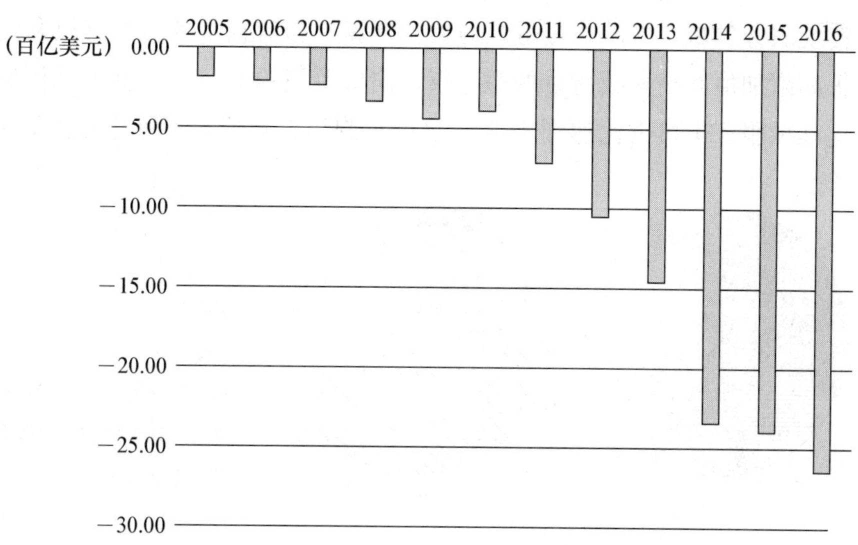

图 7－4　2005—2016 年中国服务贸易差额情况

资料来源：WTO 国际贸易统计数据库。

普遍较高，在表 7－6 所列出的国家中，我国服务业附加值占 GDP 的比重最低，仅为 51.6％。

表 7－6　　2016 年世界服务贸易额排名前十的出口和进口国家或地区

排名	出口国家	金额（百亿美元）	比重（％）	排名	进口国家	金额（百亿美元）	比重（％）	服务业附加值占 GDP 的比例（％）
1	美国	71	15.2	1	美国	47	10.3	78.9
2	英国	32	6.9	2	中国	45	9.8	51.6
3	德国	25	5.5	3	德国	30	6.5	68.9
4	法国	22	4.8	4	法国	22	4.8	79.2
5	中国	18	4.0	5	英国	19	4.2	80.2
6	荷兰	17	3.6	6	爱尔兰	19	4.2	57.5
7	日本	17	3.6	7	日本	17	3.8	70.0
8	印度	16	3.5	8	荷兰	16	3.6	78.5
9	爱尔兰	14	3.1	9	新加坡	15	3.4	73.8
10	新加坡	14	3.1	10	印度	13	2.9	53.8

资料来源：服务贸易数据来自 WTO 国际贸易统计数据库。服务业附加值占 GDP 的比重来自世界银行世界发展指标，其中美国和日本为 2015 年数据，其余国家为 2016 年数据。

造成我国服务贸易长期失衡的第二个原因是我国服务贸易结构不合理。在我国服务贸易出口中，仍然以传统服务贸易为主，现代服务贸易出口所占比重较小。如图 7－5 所示，2016 年，我国服务贸易出口中有 86％集中在旅游、运输和其他商业服务等传统服务领域，保险，金融，通信、计算机和信息服务，专有权利使用费和特许费等高附加值和高科技含量的服务仅占出口总额的11.6%，而发达国家以美国为例，这几项服务出口占比达到44%。这严重制约着我国服务贸易的竞争力。

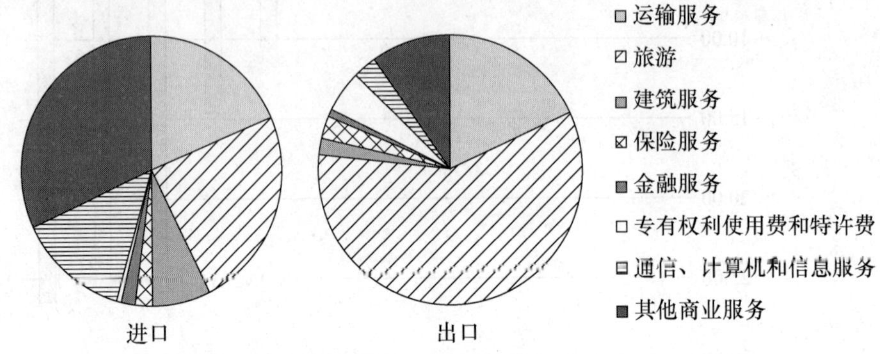

图7-5　2016年中国服务贸易进出口行业分布

资料来源：WTO国际贸易统计数据库。

为了促进我国服务贸易的发展，基于上文的分析，提出以下政策建议：

第一，大力扶植服务业和服务贸易发展。国家可以出台相关支持政策，从财税、信贷等方面进一步完善服务业发展的政策体系。拓宽服务业的投资和融资渠道，支持符合条件的服务业企业上市融资和发行债券。发展规划目录应有重点发展领域，重点支持服务业关键领域、薄弱环节的发展和自主创新能力的提升。制定优惠政策促进出口贸易，如服务出口退税、税收等方面。加快推进服务贸易创新与变革，重点支持技术密集型、知识密集型服务产业，同时要改造提升传统服务业。促进服务贸易的便利化，建立并完善服务贸易促进平台。

第二，推动服务领域市场化改革。政府要简政放权，促进服务行业的公平竞争，创造良好的营商环境。进一步放宽服务行业的市场准入，加快服务行业的市场化，让市场在服务行业发挥优化资源配置的决定性作用，激发市场主体的活力。对于知识密集型服务业，要完善知识产权保护的法律法规，加大监管力度。

第三，加强对服务业和服务贸易高端人才的培养。加大对服务贸易相关领域教育的投资，完善企业与高校之间的产学研合作机制，建立高质量的服务贸易人才培训机构。建立和完善人才奖励机制以及高端人才的薪酬机制，吸引国内外高端人才。建立服务贸易智库，加强对服务贸易理论与实践的研究。

四、利用对外直接投资带动国内出口

上文分析了如何利用对外直接投资来规避贸易摩擦，以下将分析如何利用对外直接投资来促进国内的出口。

首先，对外直接投资对我国出口有直接的带动作用。根据蒋冠宏等（2014）的研究，中国企业对外直接投资总体促进了企业出口；商贸服务类投资显著促进了企业出口；与其他东道国相比，投资高收入国家的“出口效应”最为明显；企业对外直接投资的“出口效应”先上升后下降，呈倒“U”形；企业对外直接投资不仅增加了出口的深度边际，还扩展了出口的广度边际。根据毛其淋等（2014）的研究，对外直接投资不仅显著地提高了企业出口占销售的比重，还提高了企业出口的概率；对外直接投资显著降低了企业退出出口市场的风险，即倾向于延长企业出口持续期。

其次，对外直接投资对我国有逆向溢出效应，可以提高技术水平和生产效率，间接促进我国出口并优化出口结构。根据李梅等（2012）的研究，对外直接投资对我国东部地区的全要素生产率、技术进步和技术效率产生了显著的逆向溢出效应，对中西部地区没有逆向溢出效应的原因是逆向溢出效应的产生需要一定水平的吸收能力。根据王恕立（2014）的研究，我国对发达国家的技术寻求型对外直接投资具有逆向技术溢出效应，而资源寻求型、市场寻求型对外直接投资没有逆向溢出效应。

自提出“走出去”战略以来，我国对外直接投资飞速发展，如图 7－6 所示。根据商务部的统计，2016 年中国对外直接投资 1 701 亿美元。其中，对“一带一路”沿线国家和地区投资 145.3 亿美元。对制造业、信息传输、软件和信息技术服务业、科学研究和技术服务等领域的投资比重上升，说明我国对外直接投资行业结构进一步优化。2016 年对外承包项目带动我国设备材料出口 133 亿美元。

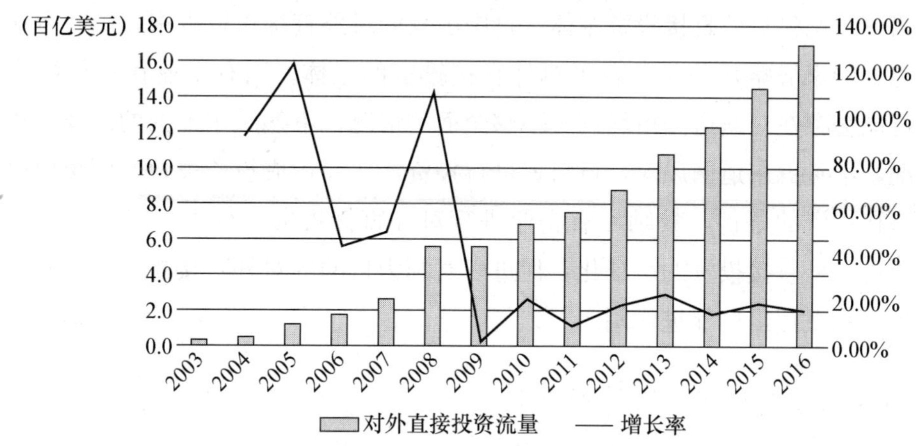

图 7－6　2003—2016 年我国对外直接投资流量情况

资料来源：2003—2016 年各年度《中国对外直接投资统计公报》、商务部。

在我国对外直接投资发展的大好形势下，关于如何利用对外直接投资促进我国的出口，首先需要区分不同类型的对外直接投资。因为不同类型的对外直接投资可能会产生不同的影响，技术寻求型更可能促进国内出口，而市场寻求型更可能帮助规避贸易摩擦，所以区分不同类型的对外直接投资至关重要。技术寻求型对外直接投资主要是为了获取东道国的技术信息、管理经验、智力资本、研发装备等科技资源，以提升企业技术竞争力。市场寻求型对外直接投资是为规避贸易保护和贸易壁垒以及开辟新的市场。资源寻求型对外直接投资的主要目的是寻求国内稀缺的资源以及维持原料来源的稳定性。基于促进出口的目的，提出以下政策建议。

第一，促进技术寻求型对外直接投资的发展。发达国家的科技发展水平比较高，但个别发达国家，如美国，对中国对其高新技术产业投资的警惕性较高，限制较多，往往导致中国投资的失败。在这种情况下，国家应该出面与相关国家进行协商，以期达成合理的市场准入，签订双边投资协定。企业在发达国家对高新技术行业进行投资时，需要全面研究东道国知识产权保护的相关法律法规，以免陷入不必要的冲突与纠纷。企业在东道国进行研发时，也要注意利用东道国的知识产权保护法维护自己的合法权益。为了更好地吸收对外直接投资的逆向溢出效应，国内要加强研发投入和人才的培养。

第二，优化对外直接投资地区与行业结构。2016 年我国对外直接投资在地区和行业方面的优化取得了一定的成绩，但为了发挥促进我国贸易的作用，仍需要进一步优化。国家可以根据我国及东道国经济的发展状况，制定对外直接投资目录，并做到及时更新，对东道国突发的经济下行风险或其他风险，做到及时公布信息。对有利于优化地区与行业结构的投资制定相应的优惠政策。

第三，调整对外直接投资主体。自中国发展对外直接投资以来，国有企业承担了大部分国家战略任务，是我国对外直接投资的主体。国有企业在执行国家战略时，可能会存在对东道国市场调查不够全面的情况，不熟悉东道国的法律法规、市场情况，不考虑东道国风险，盲目地进行投资，从而造成投资失败。国家应该放宽对外直接投资的条件，鼓励私有企业进行对外直接投资，给予一定的优惠政策支持，促进对外直接投资的市场化，促进以营利为目的的对外直接投资，使对外直接投资更好地发挥出口促进作用。

五、缔结自贸协定以促进贸易发展

自由贸易协定是两国（地区）或多国（地区）签署的为消除贸易壁垒以促进经济一体化的有法律约束力的契约。FTA 的贸易效应从短期即静态角度有贸易创造效应和贸易转移效应，从中长期即动态角度有规模经济效应、竞争刺激效应、风险降低效应、技术刺激效应、区域内经济结构调整效应。贸易创造效应是指成员之间贸易由于具有更低的关税，国内成本高的产品为贸易伙伴成本低的产品所替代，即由国内生产变为从伙伴处进口。贸易转移效应是针对协定之外的第三方，协定内的低关税使贸易伙伴产品价格具有优势，由从第三方进口成本较低的产品改为从伙伴处进口成本较高的产品。

FTA 如何影响我国贸易发展是签订自贸协定需要考虑的一个关键问题。根据李荣林等（2012）的研究，通过分析中国当时参与的 9 个 FTA，发现中国参与 FTA 产生的贸易创造效应明显，而贸易转移效应较小；中国参与 FTA 明显推动了中国出口；FTA 成立时间越长，体现出的贸易创造与贸易转移效应越明显；FTA 伙伴经济越发达，贸易创造效应越明显，伙伴经济发展水平较低时，更可能导致生产和投资向伙伴集聚，从而减少贸易额；FTA 伙伴地理距离越近，贸易效应越明显。

截至 2017 年底，我国已签订的自由贸易协定为 16 个，涉及 24 个国家和地区；正在谈判的自由贸易协定有 11 个；正在研究的自由贸易协定有 11 个。剔除签署自由贸易协定的重复合作国家后，我国签订自由贸易协定的合作伙伴中，发展中国家占 75%，发达国家占 20.83%，转型经济体占 4.17%；地区分布中，亚洲占 66.7%，大洋洲占 8.33%，欧洲占 12.5%，南美洲占 12.5%。可以看出，虽然我国在积极与贸易伙伴签订自由贸易协定，但主要合作对象为亚洲的发展中国家。

综合以上分析，我国应该积极与其他经济体展开 FTA 谈判与合作来促进我国贸易的进一步发展，并且需要注意以下几点：第一，在谈判之前，应就目标经济体的市场潜力、资源禀赋、与我国经济的互补性等方面进行全面而详细的调查，以确保符合我国未来经贸的发展目标；第二，为了我国贸易与经济的良好发展，我国需要积极调整合作对象，在保证与发展中国家的友好合作的基础上，积极开展与发达国家的经济合作；第三，建立更广泛的区域经济合作伙伴关系，扩大区域经济合作的地域范围，以周边国家或地区为依托，不断向非洲等地区拓展。

六、推进“一带一路”，确保贸易畅通

自“一带一路”倡议提出以来，中国与沿线国家和地区经贸合作取得了可喜的成绩。根据《“一带一路”贸易合作大数据报告 2017》，在全球贸易与中国整体贸易规模下降的背景下，2016 年中国与“一带一路”沿线国家和地区的进出口总额为 9 534 亿美元，占中国贸易总额的 25.7%，较 2015 年上升 0.3 个百分点，贸易额下降 4.9%。其中，出口额 5 874.7 亿美元，下降 4.4%，占中国总出口额的比重为

27.8%，进口额 3 661.1 亿美元，下降 5.7%，占中国总进口额的比重为 23%。各地区 2016 年贸易详情如表 7－7 和表 7－8 所示。根据商务部的统计，2016 年，中国在“一带一路”沿线国家和地区新签对外承包工程合同的规模达 1 260 亿美元，增长 36%，对“一带一路”沿线国家和地区直接投资 145 亿美元，占中国对外直接投资总额的 8.5%。另外，2015 年 11 月中国与东盟签订了自贸区协定的升级版，2017 年 5 月中国与格鲁吉亚签订了自贸协定。

表 7－7　2016 年中国与“一带一路”沿线地区贸易情况

地区	进出口			中国出口			中国进口		
	金额（亿美元）	占比（%）	增长率（%）	金额（亿美元）	占比（%）	增长率（%）	金额（亿美元）	占比（%）	增长率（%）
东南亚	4 554.4	47.8	－3.5	2 591.6	44.1	－6.6	1 962.8	53.6	0.9
西亚北非	2 150	22.6	－13.3	1 259.1	21.4	－11.5	892.9	24.4	15.7
东欧	1 368.2	14.3	2.7	867.8	14.8	6.8	500.4	13.7	－3.6
南亚	1 115	11.7	0.3	966.6	16.5	2.6	148.3	4.1	－12.6
中亚	300.5	3.2	－7.9	179.7	3.1	2.3	120.7	3.3	－19.7
东亚	45.9	0.5	－14.3	9.9	0.1	－37.1	36	0.9	－4.1

资料来源：《“一带一路”贸易合作大数据报告 2017》。

中国与“一带一路”沿线国家和地区主要出口产品为机械机电产品，主要参与主体为：民营企业占 58.9%，外商投资企业和国有企业占比分别为 27.8%和 13.1%。主要贸易方式为：一般贸易占 63.5%，加工贸易占 20.1%。进口主要产品为资源能源产品，其中外商投资企业、国有企业和民营企业占比分别为 37%、31.6%和 28.2%。主要贸易方式为：一般贸易占 55.7%，加工贸易占 21.2%，海关特殊监管区域为 18.1%。各地区详细情况见表 7－8。

表 7－8　2016 年中国与“一带一路”沿线地区贸易产品、参与主体、贸易方式情况

地区	中国出口			中国进口		
	主要产品	主要企业类型	主要贸易方式	主要产品	主要企业类型	主要贸易方式
东南亚	机电产品	民营企业	一般贸易	机电产品	国有企业	一般贸易
西亚北非	机械机电产品	民营企业	一般贸易	能源产品	国有企业	一般贸易
东欧	机械机电产品	民营企业	一般贸易	能源产品	国有企业	一般贸易
南亚	机电产品	民营企业	一般贸易	贵金属、棉花	外商投资企业	一般贸易
中亚	鞋靴	民营企业	边境小贸易	资源能源产品	国有企业	一般贸易
东亚	锅炉、机器机械	民营企业	一般贸易	资源能源产品	民营企业	一般贸易

资料来源：《“一带一路”贸易合作大数据报告 2017》。

目前，推进“一带一路”建设面临的主要问题有：一是全球经济复苏不稳定，

“一带一路”沿线国家和地区受外部经济环境的影响较大；二是贸易便利化条件水平不高，沿线国家和地区基础设施水平、政府公共服务水平较低；三是贸易保护主义泛滥，贸易摩擦时有发生，尤其是印度；四是缺乏统一的经贸规则，虽然“一带一路”倡议得到普遍认可，但因缺乏统一的经贸规则而制约了其发展。

基于此，提出如下政策建议：第一，具体细化与“一带一路”沿线各国（地区）合作的目标与方案。各国（地区）经济发展水平、文化背景与发展需求不同，应制定更加具体的适应各国发展的方案，与沿线各国（地区）进行协调磋商，加强“一带一路”的吸引力。第二，加强沿线国家（地区）基础设施的建设。我国可以通过国际产能合作促进东道国基础设施的建设，促进沿线国家和地区之间的互联互通，提高各国海关通关报关效率，建立沿线国家贸易合作平台，促进贸易便利化条件的优化。第三，加强沟通，建立双边或多边合作机制。加强交流，减少语言和文化差异对经贸活动的阻碍。宣传“一带一路”，以促进各国（地区）经济发展为目标，增强其出口能力，减少双边贸易不平衡。与沿线各国（地区）建立双边或多边合作机制，提高贸易的自由化，减少贸易摩擦。第四，探索“一带一路”经贸规则。与各国（地区）协商，探索以发展中国家为主体的多边贸易体制。第五，建立与完善风险识别与防范体系。有效识别各国（地区）经济、市场、政治等风险，能够保障沿线各国（地区）经贸合作有序进行。各国（地区）加强信息沟通，减少信息不对称，建立保险机构，保证“一带一路”建设的顺利进行。

第三节　中国在世界贸易规则重构中的角色

关税与贸易总协定（GATT）从 1947 年到 1994 年共举行了八轮多边贸易谈判，缔约方从第一轮的 23 个变为第八轮的 117 个，前五轮谈判涉及的主要是货物贸易关税的减让，第六轮和第七轮谈判将非关税措施纳入谈判，第八轮谈判即乌拉圭回合，除了之前各回合纳入的主题，又将服务贸易、知识产权、投资主题纳入谈判，并决定建立世界贸易组织取代 GATT。

第二次世界大战后，国际经济萧条，国际贸易秩序混乱，以美国为首的 23 个缔约方为了使经济走上正轨，为了促进经济的快速发展，签订了 GATT。GATT 是当代世界贸易规则发展初期的成果，是货物贸易规则从无到有的过程。由于前四轮谈判涉及的谈判内容较少，参与方较少，各方促进贸易自由化的目标清晰，均在 8 月之内完成了谈判。随着谈判内容以及参与方的增加，谈判难度越来越大，耗时越来越长，不过由于很多规则仍处于形成的初期阶段，如反倾销、服务贸易等，后四轮谈判也顺利地签订了相关协议。这八轮谈判为推动全球贸易自由化进程发挥了重要作用。

从1995年进入WTO时代后，WTO在2001年发起了第一轮多边贸易谈判，即多哈回合谈判，确定了农业、非农产品市场准入、服务、知识产权、规则、争端解决、贸易与环境、贸易和发展问题8个领域，谈判内容及谈判参与方数量达到空前水平。由于发达经济体与发展中经济体在农业与非农产品市场准入领域存在很大的分歧，谈判一度陷入僵局，并在2006年陷入全面中止状态。2013年，WTO第九届部长级会议发表了《巴厘部长宣言》，达成“巴厘一揽子协定”，打破了多哈回合谈判12年的僵局，实现了WTO成立以来多边谈判的“零突破”。

在WTO多边贸易谈判陷入僵局的同时，各经济体并没有将贸易发展议题搁置，而是转向区域经济一体化，包括优惠贸易安排、自由贸易协定、关税同盟、共同市场、经济同盟、经济一体化等形式，其中自由贸易协定由于自由化程度高，加之不需要成员大幅度让渡主权，成为最主要的区域经济合作形式。

美国分别于2008年和2013年启动《跨太平洋伙伴关系协定》（TPP）与《跨大西洋贸易和投资伙伴关系协定》（TTIP），前者反映了美国重返亚太、制定亚洲贸易规则的企图，后者体现了美国与欧盟两大经济体的强强联合。虽然特朗普上台后随即宣布退出TPP，但这两个协定制定了世界贸易新规则，代表了当前世界贸易规则的最高标准，如更高的开放程度、环境与劳工条款、竞争政策等边境内措施。

在特朗普宣布美国退出TPP的同时，美国重启北美自由贸易协定（NAFTA），反映了其在对外贸易政策上从多边向双边的转变。2017年3月1日，美国贸易代表办公室（USTR）在向美国国会提交的《2017年贸易政策议程报告》中称，“不会原封不动遵守”WTO争端解决程序，明确了美国将无视由其主导制定的WTO规则，转而走国内法优先的路线，推出了脱离WTO规则、对贸易伙伴征收高额税的贸易保护主义政策。USTR在报告中还指出“现行的WTO规则对中国有利”，自中国加入WTO后，美国经济增速明显放缓。

面对美国对中国极其不友好的贸易保护政策，中国应该改变世界贸易规则遵循者的角色，积极主动参与世界贸易规则的制定，避免在对外贸易中处于不利的地位。下文将从中国参与世界贸易规则制定的现状出发，分析所面临的问题，最终提出提升中国在世界贸易规则重构中的地位及话语权的政策建议。

一、我国参与世界贸易规则制定的现状

中国在2001年加入WTO后，积极参与WTO规则的制定。在多哈回合谈判

中，中国全面参与了各个领域的谈判，至 2011 年，中国独立提交 60 多份提案，联合其他成员提交 100 余份提案，其中，2003 年中国提交了 65 份书面意见，仅次于欧盟和美国；中国先后加入了以发展中成员为主的“农业谈判协调小组集团”和“农业特殊产品和特殊保障机制协调小组”等重要谈判集团，积极参与了核心议题；在 2008 年 7 月的小型部长级会议期间，中国首次作为七方谈判集团成员进入 WTO 谈判核心圈。据不完全统计，2003—2011 年，中国针对贸易救济向 WTO 至少提交了 18 份提案；《贸易便利化协定》是中国加入 WTO 后参与并达成的首个多边货物贸易协定，在谈判过程中，中国先后提交和参与联署了 8 份提案；2016 年，中国向 WTO 提交了关于电子商务发展的提案。

在 WTO 多边贸易谈判停滞不前的背景下，中国积极与其他经济体开展区域经济合作。相较于 WTO 多边贸易规则的谈判，在区域经济一体化谈判过程中，由于对谈判伙伴的选择、谈判目标的确定、规则制定的方向更明确，主导性更强，因此在谈判中，我国更加主动，话语权更大，有利于将我国发展理念转化为贸易规则，有利于我国在新的全球治理体系中发挥更为重要的作用。

近年来，我国引领世界贸易规则的一个重大举措是“一带一路”的建设。“一带一路”沿线国家和地区众多，其中东亚国家 1 个，东南亚国家 11 个，南亚国家 8 个，中亚国家 5 个，西亚北非国家 19 个，东欧国家 20 个，占全球 GDP 的 16%，占全球人口的 43.4%，占全球贸易总额的 21%。“一带一路”倡议涉及国际贸易、货币金融和对外投资等诸多方面的内容，是中国引领世界贸易规则重构的良好时机。一方面，我国建设“一带一路”有利于重构更加平衡的世界贸易新规则。面对由发达国家主导建立的世界贸易新规则，我国代表发展中国家参与规则的制定，有利于建立更加均衡的全球治理格局，使发展中国家在规则制定中获得平等地位，获得更多的制度性权利。另一方面，我国建设“一带一路”有利于重构国际货币金融规则。伴随“一带一路”建设，亚洲基础设施投资银行（简称亚投行）也在我国的倡导下成立并运行，提供了一个全球多边的区域性投融资平台。在国际货币基金组织（IMF）中，美国拥有一票否决权，而亚投行的建立可以改变由发达国家主导的国际货币金融规则。

二、我国参与世界贸易规则制定面临的问题

随着对世界经贸增长贡献率逐渐提高，我国也承担了越来越多的大国责任，参与解决日趋严重的全球失衡和环境问题、全球经济与发展问题、全球安全问题等。面对世界贸易规则重构的局面，我国虽然也积极参与其中，通过中美、中欧投资协

定谈判来牵制欧美的主导权，发起“一带一路”倡议、设立亚投行及金砖国家新开发银行逐步削弱欧美的主导权，并尝试形成新的世界贸易规则，但应该清醒地认识到我国在世界贸易规则重构中面临的问题。

第一，世界贸易新规则的高标准。由欧美主导的区域性贸易谈判使世界贸易规则上升到了一个新高度，表7-9列出了WTO标准与TPP标准的关键不同之处，如公平竞争规则中，TPP制定了更严格的竞争政策和国有企业竞争中立规则，以及更严格的环境、知识产权保护、劳工标准和原产地规则。其中，原产地规则是确定货物原产地的规则，TPP针对不同产品设定了不同比例的原产地要求，只有符合要求才能享受免税待遇。从表7-10可以看出一些规则并不符合发展中国家的发展阶段，如环境、知识产权保护、劳动标准等，严格实施将阻碍发展中国家的发展。现行的世界贸易规则为中国参与世界贸易规则的重构指明了方向，也对中国制定适应发展中国家发展阶段的世界贸易规则提出了挑战。

表7-9　WTO标准与TPP标准比较

	WTO标准	TPP标准
公平竞争规则	贸易救济措施、知识产权保护、环保标准、技术标准、政府采购规则等	竞争政策、竞争中立规则
投资条款	正面清单、准入后国民待遇	负面清单、准入前国民待遇、更严格的争端解决机制
服务贸易规则	正面清单、有保留的国民待遇、无条件的最惠国待遇、市场准入不得实施数量限制范围为做出市场准入承诺的部门、国内规则缺乏“必要性”测试	负面清单、国民待遇、有条件的最惠国待遇、市场准入不得实施数量限制范围为负面清单的部门、国内规则“必要性”测试、不适用规则更具透明性、禁止反转机制、跨境金融服务、通信服务
环境规则	融入各个协议中，无单独环境协议	环境规则独立成章、环保领域更广、环境与贸易冲突解决机制、多边环境条约等
知识产权保护	商标、著作权、专利等	保护范围更广时间更长、禁止平行进口、边境执法措施、执法更严、数字环境执法
劳工标准	无	有
原产地规则	宽松	严格
政府采购规则	GPA不属于加入WTO所需签订的一揽子协议的范围，只约束签字方	基于GPA，更强调公平、透明和反腐败、对中小企业的保护

注：本表只对WTO标准和TPP标准的关键区别进行了对比。

第二，发展中国家受发达国家牵制的局面还有待改善。由于历史和现实原因，欧美发达国家在经济发达程度、市场经济完善程度、法制建设等方面远远领先于发展中国家，在国际贸易中仍然掌握着规则制定权，迫使发展中国家不得不成为其主导制定的现行国际经贸规则的适应者和遵循者。制约发展中国家话语权的因素是多方面的。首先是经济实力不足。发展中国家较小的国际贸易额和国内市场、对贸易大国市场的严重依赖程度使得其无法与发达国家抗衡。其次是发展中国家的态度。发展中国家对多边贸易体制的消极态度和过于狭隘的视野在一定程度上使它们将话语权拱手相让。最后是发展中国家专业人才的缺乏。由于专业人才、专业知识储备、谈判经验的欠缺，协调磋商机制的不健全、与国际标准的脱轨，发展中国家参与规则制定的能力受到限制，从而无法在谈判、规则解释与执行中维护自己的话语权。随着发展中国家经济的发展，发展中国家的地位逐步提升，面对发达国家不公平的贸易规则，发展中国家越来越倾向于提出要求，但最终结果还是受制于发达国家。如 TPP 谈判，TPP 在环保、劳工等方面的高标准条款均超过了参与谈判的发展中国家的现实情况和承受能力，对美国的发展更为有利，但最终参与谈判的发展中国家还是签订了 TPP。

第三，贸易保护主义抬头。由于世界经济复苏缓慢、大宗商品价格不稳定、英国“脱欧”、地缘政治局势紧张等不确定性因素，各国为了发展国内经济而纷纷采取贸易保护措施。据 WTO 统计，从 2015 年 10 月到 2016 年 5 月，二十国集团（G20）出台的各项贸易保护主义措施多达 145 项，即达到了平均每周出台 5 项限制举措。又如中国入世 15 周年后，替代国价格条款自动失效，而美国、欧盟等国家和地区拒不执行，并尝试出台针对中国的贸易制裁新规则。一方面，贸易保护主义非但不会促使世界经济复苏，反而会使世界经济陷于更大的困境，会进一步抑制世界贸易的发展。另一方面，贸易保护主义的抬头将加大经贸合作谈判的难度，不利于公平、平衡的贸易规则的形成。

三、提升我国在世界贸易规则制定中的地位与话语权

第一，加强国内经济体制改革。

从上文的分析中可以看出，我国市场在竞争政策、竞争中立规则方面与发达国家相比还有一定的差距。竞争政策不仅要求市场公平竞争，还规定了竞争政策的程序公正原则和透明度原则，对竞争协调机制、技术合作、消费者保护等方面都做了规定。竞争政策的目标在于维护国内企业竞争秩序、优化缔约方市场环境、提升消费者福利，竞争政策的一般原则为非歧视原则、透明度原则、程序公正原则。竞争中立原则要求国有企业行使政府职能时不仅要遵守政策基础规范，还需要承担更多的国家义务。TPP 将国有企业的定义为国家股权超过 50%的企业，这会令其受到诸多限制。

虽然TPP中的竞争政策、竞争中立规则可能不适用于发展中国家，但市场经济体制走向公平竞争是经济发展的一个必经过程。改革开放以来，我国经济飞速发展，具备了一定的经济基础。随着经济进入“新常态”，我国也应该为经济的发展添加新动力，进一步推动市场化，减少政府干预，促进市场的公平竞争，以优化资源配置，促进企业提高生产率、加大创新。同时，深化国有企业改革，为我国国有企业参与国际市场的公平竞争扫清障碍。推动反垄断法最大限度地适用于国有企业，这有助于改善长期以来国有企业治理方式偏重于产业政策而忽视竞争政策的缺陷。

第二，完善国内法制建设。

TPP中制定了高标准的劳工、环境和知识产权保护规则，对我国未来发展具有一定的借鉴意义。随着我国劳动法的逐步健全，劳工状况得到了极大改善，8个国际核心劳工公约我国批准了4个①，涉及禁止童工劳动和消除就业与职业歧视等，4个优先劳工公约我国批准了2个②，国内也通过立法保障劳工权益，但仍具有改善的余地。我国应当将现行国际劳动标准中尊重和保障工人权利的有益成分吸纳到我国的劳动法中，推动我国劳动法制的建设。

TPP环境规则中涉及濒危野生动植物贸易、臭氧层保护等规则，而我国还未制定相关机制和法律。TPP环境条款要求建立公众参与机构，全面提升公众参与制度建设的深度与广度，对我国目前的公众参与体制与实践构成挑战。我国应当尽快针对相关领域进行立法，并逐步完善公众参与环境保护机制。这不仅有利于缓解我国在贸易规则中面临的限制，还有利于国内环境的改善，符合可持续发展战略。

在知识产权保护方面，TPP保护的范围更广、时间更长，并且禁止平行进口，这使得发展中国家无法以维护公共健康为由继续支持平行进口；边境执法措施方面，适用范围从进口货物扩大到转运货物及具有商业性质的小件商品。面对这些新规则，我国应该根据自身经济发展水平，不断改善知识产权保护体系，并逐步与国际知识产权保护水平接轨，减少国际贸易中的知识产权争端。

第三，提升国际规则制定的能力。

发展中国家国际规则制定的能力水平不高是发展中国家受制于发达国家的原因

① 结社自由和集体谈判公约：《结社自由与保障组织权利公约》《组织权与集体谈判权公约》。废除强迫或强制劳动公约：《强迫劳动公约》《废除强迫劳动公约》。禁止童工劳动公约：《最低就业年龄公约》《禁止和立即行动消除最恶劣形式的童工劳动公约》。消除就业与职业歧视公约：《同工同酬公约》《（就业与职业）歧视公约》。中国已批准后4个公约。

② 中国已批准《就业政策公约》《三方协商促进履行国际劳工标准公约》，中国未批准《工商业劳动监察公约》《（农业）劳动监察公约》。

之一。虽然我国随着综合实力的增强和国际话语权的提升，在参与国际规则制定方面取得了一定的成效，但客观地看，我国参与国际规则制定还处于起步阶段。参与国际规则制定需要大量的专业人才从事国际问题的研究，参与国际组织的工作和管理，但我国在国际组织中的工作人员少，高级管理人员数量更少。很多重要规则的形成是基于相关国际组织的研究和协调，没有中国代表参与的研究小组很难提出兼顾中国具体国情和利益的规则建议，因此我国应当加强国际化人才培养，努力向国际组织输送更多的管理人才。从基础教育入手，调整高等院校有关专业的设置，培养参与国际管理的综合型人才。对我国政府和企业广大涉外部门的工作人员进行岗位培训。研究国际组织与国内机构人才的互动机制，积极为国际组织输送管理人才。

谈判能力是提升国际规则制定能力必不可少的因素，我国应持续推进国际经贸谈判新机制的建立与完善，统筹谈判资源和筹码，培养优秀的谈判人才，使谈判机制更有序、高效、协调、科学，加强谈判方案的执行、监督和绩效评价，提高对外谈判力度和有效性，完善国际经贸谈判授权和批准制度。

第四，加强对国际贸易新议题的研究。

我国要更加重视国际问题的研究，强化独立研究、超前研究的能力，从实际出发，结合自身利益，及时提出解决问题的方案，向国际有关机构提交提案。对多哈回合谈判久拖未决、国际贸易发展缓慢、针对我国的贸易摩擦频发、贸易保护主义抬头等议题，我国应在这些方面做一些及时和前瞻性的研究，提出具有可行性的解决方案，提升我国在国际经济治理上的地位和话语权。打造对外开放战略智库，做好人才培养和对策研究，增强我国在国际经济治理中主动设置议题并提出建设性倡议的能力，以提升自己的国际影响力。观察和研究发达国家在世界贸易规则谈判中的经验和技巧，洞察发达国家在贸易谈判中惯用的伎俩，如通过施压或回旋来使对方接受协定。

密切跟踪世界贸易规则重构的新动向，深入研究 TPP、TTIP、TISA 等谈判涉及的世界贸易新规则，分析对中国的影响及挑战，研究相关规则在国内实施的可能性，以及未来我国进行 FTA 谈判时相关规则是否具有积极的借鉴意义，尽早做出应对预案及战略的调整。重视欧美对技术标准、知识产权、监管规制、贸易规则的变化趋势，尤其是对中国不利的规则，尽快制定应对政策，减少不确定性因素的影响。研究国内相关法律法规与发达国家实施的标准的差距，并吸取可以促进我国经贸发展的先进制度，减少与发达国家之间的差距。

第五，联合发展中国家增加谈判力量。

由于发达国家与发展中国家处于不同的发展阶段，经济发展的短期目标有差异，因此由发达国家主导制定的贸易规则往往不利于发展中国的发展，如 TPP 中的竞争中立规则。面对这种情况，我国要勇于挑战不合理的贸易规则，与面临同样困境的发展中国家积极对话，提高联合程度，扩大影响力，增强自身在谈判中的博弈力量，缩小与发达国家谈判实力的差距，共同寻找适合自身发展和利益的贸易规则。为了避免发展中国家之间的冲突，我国应提议各国注重利益的整合，寻找相同的利益偏好，协调解决发展中国家之间因经济规模不同、发展水平不同而造成的利益分化局面，加强与发展中国家的合作。

第六，加快推进高水平的自贸协定谈判。

表 7－10 列出了中国已生效的 16 个 FTA 中关于劳工标准、环境标准、知识产权和竞争政策的设定情况。从中可以看出这 16 个 FTA 均不涉及劳工标准的设置；之前的 FTA 不设置环境标准，直到 2013 年与瑞士签订的 FTA 才开始涉及环境标准；各国比较注重知识产权的保护，涉及知识产权保护规则的 FTA 占中国 FTA 总数的 75%；竞争政策从 2009 年与秘鲁签订 FTA 才开始出现。总而言之，我国自贸协定的水平虽不断提升，但还具有发展的空间，与 TPP 标准还有一定的差距。

表 7－10　　中国已生效 FTA 四类规则设置情况

	劳工标准	环境标准	知识产权	竞争政策
马尔代夫	无	无	无	无
格鲁吉亚	无	有	有	有
澳大利亚	无	无	有	无
韩国	无	有	有	有
瑞士	无	有	有	有
冰岛	无	无	有	有
哥斯达黎加	无	无	有	有
秘鲁	无	无	有	有
新加坡	无	无	无	无
新西兰	无	无	有	无
巴基斯坦	无	无	无	无
智利	无	无	有	无
东盟	无	无	有	无
中国港澳地区	无	无	无	无
东盟（升级）	无	无	有	无
智利（升级）	无	无	有	无

注：本表根据规则的有无、是否单独成章或成条来判断。

资料来源：根据中国自由贸易区服务网公开信息整理。

在未来自贸协定的谈判中，我国应主动适应国际贸易规则的高标准，结合我国和谈判方的发展水平，适当提升自贸协定的水平，将劳工标准纳入自贸协定的谈判范围，建立更严格的环境标准、知识产权保护规则和竞争政策，推广服务贸易准入负面清单、投资准入前国民待遇和负面清单的使用。协调国内改革，加快国内自贸试验区的建设，紧跟世界贸易规则重构的新趋势，广泛参与全球经济治理和世界贸易规则的制定，提高我国在全球经济治理中的话语权。

第七，借力“一带一路”，制定代表发展中国家权益的贸易新规则。

我国自建设“一带一路”以来，已经取得了可喜的成绩，但缺乏统一的经贸规则，我国可以此为契机，引领发展中国家制定符合发展中国家权益的世界贸易新规则，减轻发达国家对发展中国家的限制。加强与“一带一路”沿线国家和地区FTA建设的规则导向，提升各国规则制定的参与度，提出既符合自身利益，又可令谈判各方接受的世界贸易新规则。在尊重各国主权的基础上，促进各国自愿开放，建立具有宽松灵活性、广泛适应性、包容性和非排他性的贸易新规则，兼顾大多数国家和地区的贸易利益，发挥各国的经济互补性和比较优势，促进各国共同发展。制定更宽容的贸易规则的同时，也应该认识到市场经济规律和发展趋势的重要性，根据各国的发展水平，逐步提高贸易的自由化水平，提高政策及实施的透明度，减少信息不对称性，提高贸易便利化水平，推广先进的贸易新规则。保证亚洲基础设施投资银行、丝绸之路发展基金、金砖国家新开发银行等金融机构的公正性，完善“一带一路”沿线有需求国家的基础设施建设，为“一带一路”沿线国家和地区间贸易及贸易规则的重构奠定基础，建立符合发展中国家发展阶段的贸易新规则。

参考文献

[1] IMF. 世界经济展望 [R/OL]. [2017－01－16]. http://images.mofcom.gov.cn/gn/201701/20170117192413928.pdf.

[2] 世界银行. 全球经济展望 [R/OL]. [2017－01－19]. http://www.199it.com/archives/558218.html.

[3] 中国商务部. 中国对外贸易形势报告（2017 年春季）[R]. [2017－05－04].

[4] 张金荣，朱颖. "一带一路"贸易新格局与新秩序 [J]. 河南社会科学，2017，25（10）.

[5] 韩剑，闫芸，王灿. 中国与"一带一路"国家自贸区网络体系构建和规则机制研究 [J]. 国际贸易，2017（7）.

[6] 赵航. 中国自贸协定的贸易便利化水平测度及对贸易规模的影响 [D]. 杭州：浙江大学，2017.

[7] 国家统计局释经组. 世界经济低速运行　复苏基础趋于稳固——2016 年世界经济回顾及 2017 年展望 [J]. 全球化，2017（5）.

[8] 鞠建东. 贸易新常态下的全球经济治理新框架和中国对外开放战略研究 [J]. 南京财经大学学报，2017（2）.

[9] 马涛. 全球贸易趋势与国际经贸治理研究 [J]. 国际经济合作，2017（3）.

[10] 梁达. 我国外贸 2016 年回顾和 2017 年展望 [J]. 宏观经济管理，2017（3）.

[11] 王备. 经济新常态下的贸易强国评价体系与战略实施路径文献综述 [J].

对外经贸，2017 (2).

［12］陈文玲，颜少君. 2016—2017年世界经济形势分析与展望［J］. 全球化，2017 (2).

［13］颜少君. 2016—2017年我国外贸形势分析与展望［J］. 中国经贸导刊，2017 (5).

［14］张燕生. 主动适应外贸新形势［J］. 国际贸易，2017 (2).

［15］王灏晨. 2016年欧洲经济形势分析及2017年展望［J］. 宏观经济管理，2017 (2).

［16］梁艳芬. 2016—2017年世界经济贸易形势及相关问题［J］. 对外经贸实务，2016 (12).

［17］全毅. 中国自贸园区发展进程与福建自贸区建设策论［J］. 发展研究，2016 (11).

［18］何帆，邹静娴. 国际宏观经济政策的协调［J］. 中国金融，2016 (20).

［19］代玉簪，王春艳. 新常态下中国对外贸易发展思路分析［J］. 中国人口·资源与环境，2016，26 (S1).

［20］毕吉耀. 当前世界经济形势及对我国的影响［J］. 国际问题研究，2016 (4).

［21］裴长洪. 中国特色开放型经济理论研究纲要［J］. 经济研究，2016，51 (4).

［22］刘志中. 外贸"新常态"下跨境电子商务的发展［J］. 现代经济探讨，2015 (12).

［23］张亚雄，张晓兰. 从"十三五"时期国际经济环境看我国经济发展面临的机遇与挑战［J］. 经济纵横，2015 (11).

［24］张琳. 国际经贸新规则：中国自贸区的实践与探索［J］. 世界经济与政治论坛，2015 (5).

［25］戴翔，张二震. 中国外贸发展"新常态"：表现、成因及对策［J］. 贵州社会科学，2015 (7).

［26］裴长洪. 经济新常态下中国扩大开放的绩效评价［J］. 经济研究，2015，50 (4).

［27］姜荣春. 新时期构建开放型经济新体制的理论宗旨、逻辑主线与主要内容［J］. 国际贸易，2015 (2).

［28］张二震. 中国外贸转型：加工贸易、"微笑曲线"及产业选择［J］. 当代

经济研究，2014（7）.

［29］裴长洪，郑文. 中国开放型经济新体制的基本目标和主要特征［J］. 经济学动态，2014（4）.

［30］唐海燕. 开放型经济新体制“新”在哪里？［J］. 经济研究，2014，49（1）.

［31］张宇燕，卢锋，张礼卿，等. 中国入世十周年：总结与展望［J］. 国际经济评论，2011（5）.

［32］江小娟. 中国对外开放进入新阶段：更均衡合理地融入全球经济［J］. 经济前沿，2007（6）.

［33］王禹亭，邱丹阳.“一带一路”场域中区域合作范式深化与重构［J］. 河南社会科学，2017，25（10）.

［34］袁波，宋志勇，白光裕，等. 对我国当前自贸区建设区域布局的思考与建议［J］. 国际贸易，2017（7）.

［35］李钢，王拓.“一带一路”经贸合作发展的现状与前景［J］. 开发性金融研究，2017，13（3）.

［36］张玉荣，王瑛.“一带一路”倡议背景下加快推进中国自贸区战略发展的策略选择［J］. 对外经贸实务，2017（6）.

［37］王明禹. 十八大以来党的对外开放思想研究［D］. 锦州：辽宁工业大学，2017.

［38］宋志鑫. 关于“一带一路”战略下对外开放新格局的探讨［J］. 当代经济，2016（36）.

［39］费文斌. 关于农村留守儿童问题及解决对策的探讨［J］. 改革与开放，2010（2）.

［40］广东国际战略研究院课题组. 中国参与全球经济治理的战略：未来10—15年［J］. 改革，2014（5）.

［41］姜安印.“一带一路”建设中中国发展经验的互鉴性——以基础设施建设为例［J］. 中国流通经济，2015（12）.

［42］李平，孟寒，黎艳. 双边投资协定对中国对外直接投资的实证分析——基于制度距离的视角［J］. 世界经济研究，2014（12）.

［43］刘卫民，任淑云. 加入WTO对我国高等教育的影响及对策探讨［J］. 交通高教研究，2000（4）.

［44］卢红飚. 中国加入WTO对教育的影响及其对策［J］. 福建教育学院学

报，2001 (4).

[45] 马光明，刘春生. 中国贸易方式转型与制造业就业结构关联性研究 [J]. 财经研究，2016，42 (3).

[46] 孙元欣. 外资负面清单管理的国际镜鉴：上海自贸区例证 [J]. 改革，2014 (10).

[47] 王火灿. 融入·共赢·转变——中国加入 WTO 十周年回顾与展望 [J]. 世界贸易组织动态与研究，2011，18 (6).

[48] 魏龙，王磊. 从嵌入全球价值链到主导区域价值链——"一带一路"战略的经济可行性分析 [J]. 国际贸易问题，2016 (5).

[49] 吴坚. 当前农村留守儿童问题与解决对策 [J]. 理论学习，2012 (4).

[50] 张川川. "中等教育陷阱"——出口扩张、就业增长与个体教育决策 [J]. 经济研究，2015，50 (12).

[51] 张磊. 上海自贸区"负面清单"管理模式：国际经验与借鉴 [J]. 复旦国际关系评论，2014 (2).

[52] 郑家亨. 加入 WTO 后的中国经济与统计 [J]. 统计研究，2000 (10).

[53] Liu Q., Larry D. Intermediate input imports and innovations: Evidence from Chinese firm's patent filings [J]. Journal of International Economics, 2016 (103).

[54] Johnson R. C., Noguera G. Accounting for intermediates: Production sharing and trade in value added [J]. Journal of International Economics, 2012, 86 (2).

[55] Koopman R., Wang Z., Wei S. J. Tracing value-added and double counting in gross exports [J]. American Economic Review, 2014, 104 (2).

[56] Hummels D., Ishii J., Yi K. M. The nature and growth of vertical specialization in world trade [J]. Journal of International Economics, 2001, 54 (1).

[57] Wang Z., Wei S. J., Zhu K. Quantifying international production sharing at the bilateral and sector levels [R]. National Bureau of Economic Research, 2013.

[58] Upward R., Wang Z., Zheng J. Weighing China's export basket: The domestic content and technology intensity of Chinese exports [J]. Journal of Comparative Economics, 2013, 41 (2).

[59] Kee H. L., Tang H. Domestic value added in exports: Theory and firm evidence from China [J]. American Economic Review, 2016, 106 (6).

［60］ Fally T. Production staging：measurement and facts ［R］. Boulder，Colorado，University of Colorado Boulder，2012.

［61］ Antràs P.，Chor D.，Fally T.，et al. Measuring the upstreamness of production and trade flows ［J］. American Economic Review，2012，102 (3).

［62］ Antràs P.，Chor D. Organizing the global value chain ［J］. Econometrica，2013，81 (6).

［63］ Chor D.，Manova K.，Yu Z. The Global production line position of Chinese firms ［R］. Mimeo，2014.

［64］ Koopman R.，Powers W.，Wang Z. Give credit where credit is due：Tracing value added in global production chains ［R］. National Bureau of Economic Research，2010.

［65］ Balassa B. Trade liberalisation and "revealed" comparative advantage ［J］. The Manchester School，1965，33 (2).

［66］ Lenger A.，Taymaz E. To innovate or to transfer? ［J］. Journal of Evolutionary Economics，2006，16 (1/2).

图书在版编目（CIP）数据

中国对外贸易环境与贸易摩擦研究报告. 2018 / 王孝松著. —北京：中国人民大学出版社，2018.9

（中国人民大学研究报告系列）

ISBN 978-7-300-26191-1

Ⅰ. ①中… Ⅱ. ①王… Ⅲ. ①对外贸易-研究报告-中国 Ⅳ. ①F752

中国版本图书馆 CIP 数据核字（2018）第 202079 号

中国人民大学研究报告系列

中国对外贸易环境与贸易摩擦研究报告（2018）

王孝松　著

Zhongguo Duiwai Maoyi Huanjing Yu Maoyi Moca Yanjiu Baogao（2018）

出版发行	中国人民大学出版社		
社　　址	北京中关村大街 31 号	**邮政编码**	100080
电　　话	010－62511242（总编室）		010－62511770（质管部）
	010－82501766（邮购部）		010－62514148（门市部）
	010－62515195（发行公司）		010－62515275（盗版举报）
网　　址	http://www.crup.com.cn		
	http://www.ttrnet.com(人大教研网)		
经　　销	新华书店		
印　　刷	北京玺诚印务有限公司		
规　　格	185mm×260mm　16 开本	**版　　次**	2018 年 9 月第 1 版
印　　张	14.5 插页 1	**印　　次**	2018 年 9 月第 1 次印刷
字　　数	258 000	**定　　价**	58.00 元